Fehlermanagement

Frank Witte

Fehlermanagement

Optimierung der Qualität im Software-Lebenszyklus

Frank Witte
Landshut, Deutschland

ISBN 978-3-658-51917-9 ISBN 978-3-658-51918-6 (eBook)
https://doi.org/10.1007/978-3-658-51918-6

Die Deutsche Nationalbibliothek verzeichnet diese Publikation in der Deutschen Nationalbibliografie; detaillierte bibliografische Daten sind im Internet über https://portal.dnb.de abrufbar.

Planung/Lektorat: Petra Steinmueller
Springer Vieweg ist ein Imprint der eingetragenen Gesellschaft Springer Fachmedien Wiesbaden GmbH und ist ein Teil von Springer Nature.
Die Anschrift der Gesellschaft ist: Abraham-Lincoln-Str. 46, 65189 Wiesbaden, Germany

Vorwort

Ein fehlgeschlagener Versuch der Riesenrakete Starship hat Elon Musk einige Häme eingebracht. Dabei verdient Musk Bewunderung. Der Technikunternehmer hat die größte und leistungsstärkste Rakete in der Geschichte der Menschheit gebaut. Es ist ein Riesenerfolg, dass der 120 m hohe und 5000 t schwere Koloss überhaupt abgehoben ist. Elon Musk hat der Welt gezeigt, dass bei ihm visionäre Ideen nicht nur schöne Versprechungen sind, sondern er sie auch umsetzt.

Es ist ein relativ kleiner Fehler, dass nicht alle 33 Triebwerke funktionierten. Nach vier Minuten Flug musste Starship daher gesprengt werden. Doch durch den Test gewann Musk wertvolle Daten. Dadurch konnte der nächste Versuch ein paar Monate später noch besser laufen.

Die Hauptsache ist: Starship ist geflogen und eben nicht am Startplatz explodiert oder nach wenigen Sekunden auseinandergebrochen – das kann nicht hoch genug eingeschätzt werden. Wer den Versuch als Misserfolg interpretiert, hat von Raumfahrttechnik wenig Ahnung. Es gehört zu Musks Erfolgsformel, dass er über Versuche und Fehlschläge ambitionierte Ziele ansteuert. Die Wiederverwendbarkeit der Rakete wird die Startkosten weiter senken. Mit Starship sollen Flüge zum Mond und Mars möglich werden. Die NASA hat für ihre erste bemannte Mondlandung nach über 50 Jahren bereits bei Musk bestellt. Eines Tages könnten 100 Astronauten Platz in der Rakete finden oder 150 t Fracht [WELT2026].

Gerade in Deutschland werden solche Fehlversuche heftig kritisiert. Da lässt ein durchgeknallter Multimilliardär einfach eine Rakete verbrennen? Dabei wird übersehen, dass eben nur durch solche Testergebnisse neue Erkenntnisse gewonnen werden konnten und Innovation weitergeführt werden kann. Der Schaden ohne den fehlgeschlagenen Test wäre also erheblich größer gewesen.

Fehler sind nicht grundsätzlich schlecht. Fehler gehören zum Leben dazu, Narben in der eigenen Entwicklung führen zu mehr innerer Reife. Menschen, die Fehlschläge hinnehmen mussten, gehen im Allgemeinen bewusster und achtsamer durchs Leben. Nur Rückschläge in der persönlichen Entwicklung lassen uns überlegter und erfahrener werden. Nicht umsonst werden zur Rettung von Großprojekten, die in Schieflage gekommen sind, oft Experten herangezogen, die bereits kurz vor dem Ruhestand stehen. Sie müssen sich nicht mehr beweisen, sondern können aus ihrer Lebenserfahrung wertvolle Hinweise geben.

Abb. 1 Menschliche Entwicklung

So ähnlich verhält es sich auch in der technischen Entwicklung und speziell mit Software-Entwicklung: Fehlschläge sind notwendig, um wirkliche Innovationen hervorzubringen.

Die menschliche Entwicklung läuft spiralförmig und nicht linear (siehe Abb. 1). Dazu muss aber dieses Bewusstsein von klein auf gefördert werden. Fehler zu machen muss explizit erlaubt und sogar erwünscht sein, denn Fehler helfen beim Lernen. Bleistift und Radiergummis, die wir als Kind noch regelmäßig benutzt haben, benötigen wir nicht mehr in der IT – aber gerade diese Dinge symbolisieren die Notwendigkeit des Löschens.

Edison war zunächst mit seinen Versuchen einer elektrischen Glühlampe nicht erfolgreich. Aus dieser Zeit stammt sein Zitat: „Ich habe nicht versagt. Ich habe nur 10.000 Wege gefunden, wie es nicht funktioniert." Diese Aussage sind eine der wichtigsten Aspekte im Innovationsprozess. Es braucht stetiges Experimentieren, Lernen und Anpassen [COMP2026].

Wichtig bleibt also, nicht aufzugeben und Fehlschläge eher als Ermutigung zu einem neuen Anlauf zu sehen als ein vernichtendes Urteil über mangelnde Fähigkeiten. Fehler sollen zum Weiterforschen mit veränderten Parametern ermutigen, nicht zum Aufgeben.

Es war bisher nicht unsere zentrale Kompetenz, mit Neuland souverän umzugehen. Jahrtausendelang war Bildung das Tor zur Zukunft gewesen, letztlich die Fähigkeit, sich eine lebensgelingende Kompetenz anzueignen. Doch erlerntes Wissen zählt in Zeiten von Internet und Künstlicher Intelligenz nicht mehr viel. „Wir haben mehr Wissen als jemals zuvor und verstehen weniger als jemals zuvor", konstatiert Zukunftsforscher Druyen. Früher haben sich Wissen und Kompetenz aus der Vergangenheit ergeben, heute kommen die Impulse aus der Zukunft. Das wird derzeit deutlich bei der Standortsuche für ein Endlager für den Atommüll: alle die sich dem Thema befassen, müssen eine neue, agile Fähigkeit entwickeln, die mit Unvorhersehbarkeit, Überraschungen und ständiger Verwandlung – also mit dem unbekannten Kommenden – vorausschauend umgehen kann. Die Zukunft war noch nie vorhersehbar. Aber es bedarf einer besseren Kompetenz, mit Veränderungen, Schnelligkeit, neuen Lösungen, mit Überraschungen und radikal veränderten Geschwindigkeiten umzugehen. Eine Kompetenz, die durchaus erlernbar ist. Die neue Anpassungsfähigkeit liegt im Ausprobieren, im Experimentieren, im Fehlermachen sowie im wiederholten Ziehen weiterführender Schlüsse.

Gerade dafür benötigt man eine neue Fehlerkultur. Es geht darum, Fehler zu akzeptieren, sie einzupreisen, sich nicht zuerst mit Verantwortung, Zuständigkeiten und Schuldzuweisungen zu beschäftigen, sondern schnörkellose Schlüsse aus Irrtümern zu ziehen, die es zwangsläufig geben wird. Es geht darum, Erkenntnisse zu gewinnen und sie umgehend praktisch umzusetzen. Aber genau das wird eine besondere Herausforderung bleiben. Druyen: „Für eine Kultur, die Fehler seit Jahrzehnten als Feind betrachtet hat, ist diese Umstellung nicht leicht. Man muss sich daran gewöhnen, in einer „permanenten Vorläufigkeit" zu arbeiten" [EINB2024].

Lt. einer NASA-Studie unterläuft uns alle vier Minuten im Alltag unbewusst ein mehr oder weniger geringfügiger Fehler. Neu geschriebene Software enthält im Durchschnitt ca. 1 bis 5 Fehler pro 100 Anweisungen. Diese grobe Schätzung entspricht auch der Erfahrung mit Rechtschreibfehlern in neu erfassten Texten. Fehler sind also allgegenwärtig.

Fehler sind in der Projektplanung von IT-Projekten leider meist gar nicht vorgesehen. Entwicklung wird oft als linearer Weg verstanden, der von Anfang an planbar ist. Das ist einer der Hauptgründe, warum so viel Projekte nicht termingerecht fertig werden, länger dauern und/oder mehr kosten. Der Prozess ist oft länger und der Weg meist steiniger; es gibt Rückschläge, Neuplanungen, unvorsehbare Probleme, neue Bedingungen während der Entwicklung. Dass eine gewisse Lernkurve, zu denen auch Rückschläge und Fehler gehören, nicht von Anfang an mit eingeplant werden, bedeutet im Umkehrschluss viel mehr, dass Projekte nicht realistisch geplant werden. Prozesse und Abhängigkeiten, Missverständnisse und Kommunikationsprobleme werden ignoriert, auch um kritischen Rückfragen aus dem Weg zu gehen.

Fehlermanagement in der Softwareentwicklung hängt eng mit Testaktivitäten zusammen. Softwaretests werden auf den ersten Blick eher als destruktiv empfunden. Man möchte lieber beeindruckende Prototypen bewundern, neue Features schnell auf den Markt bringen und ist über die warnenden Hinweise der Tester und die zusätzlichen Schleifen, die man wegen extra Versionen unterbringen muss, eher genervt. Der Test deckt dabei aber nur die wahren Probleme auf, die im Produkt verborgen sind. Wenn Probleme unter den Teppich gekehrt werden, können die Folgen weitaus größer sein als sie zu akzeptieren und dann neue Wege zur Optimierung des Testobjekts zu finden.

Besonders schwerwiegende Softwarefehler bedeuten ungeplante Kosten, Projektverzug und Imageverlust. Es ist daher entscheidend, Fehler bereits in einer frühen Projektphase zu finden und aufzudecken.

Fehler sind immer schwieriger einzugestehen als Erfolge. Man will oft nur positive Nachrichten im Projekt hören – besonders im Management, aber teilweise auch unter den einzelnen Stakeholdern. Rückschläge werden als Frustration empfunden anstatt als Motivation zur Suche nach neuen Lösungen. Innovation, Entwicklung, Fortschritt sind aber ohne Rückschläge nicht möglich. In diesem Sachverhalt liegt schon eine der Hauptursachen für mangelnde Entwicklung. Dabei werden oft Projektampeln auf dem Weg nach oben hin verwässert. Bei den Projektampeln, die den Status eines Projekts mit den Farben rot, gelb und grün signalisieren sollen, wird das oft deutlich: was für den Tester als deutliches Fehlverhalten einer Software als „rot“ erscheint, über mehrere Hierarchiestufen dann erst zu „gelb“ und auf Vorstandsebene zu „grün“. Die Angst davor, für Fehler gemaßregelt zu werden, führt schließlich dazu, dass Fehler verschwiegen werden, in der Hoffnung, dass sie das Management nicht bemerkt. Von zentraler Bedeutung ist es ja, das Produkt termingerecht auszuliefern und keine zusätzlichen Kosten zu erzeugen. Gerade diese Einstellung hemmt aber Innovation und Neugier und frustriert am Ende die Mitarbeiter. Wenn man sich selbst belügt und die Wahrheit nicht wissen will, also die Diagnose besser gar nicht hören will, nimmt man sich auch die Chance, Dinge dauerhaft zu verbessern und durch Innovationen wirklich zu wachsen.

Für Fehler gilt wie für alle anderen Gründe für Verzögerungen im Projektablauf: die Ursache ist fast immer in der Kommunikation zu suchen. Ob es sich um missverständliche und interpretierbare Anforderungen, zu wenig relevante Testszenarien, Unstimmigkeiten bei der Interpretation des Testergebnisses oder den erfassten Problemmeldungen handelt – Projekte scheitern so gut wie nie an mathematischen oder technischen Herausforderungen, sondern fast immer an der Kommunikation. Die Kommunikation im Projekt wie auch die Kommunikation von Fehlern sind daher wesentliche Kriterien für den Umgang mit Fehlern.

Problematisch ist es, wenn die Leistung von Mitarbeiter an den von ihnen verursachten Fehlern gemessen wird. Im Allgemeinen möchten die Mitarbeiter nicht ge- bzw. vermessen werden. Es liegt im besten Interesse einer Organisation, festzulegen, dass Messungen nicht dazu verwendet werden, einzelne Personen anstelle der Produkte, Prozesse oder Projekte zu bewerten. Wenn die Mitarbeiter auf diese Absicht der Organisation bauen können, wird auch keine Zeit verloren, um Messergebnisse zu manipulieren oder zu sabotieren. Die Messung persönlicher Attribute, wie z. B. die Produktivität, sollte sich daher eher auf Teams als auf einzelne Personen beziehen, und dadurch die Privatsphäre des Einzelnen geschützt bleibt (neben den ohnehin bestehenden Anforderungen des Betriebsrats). Außerdem bedeutet Messungen in der Regel zusätzliche Arbeit für die Mitarbeiter.

Ein allgemein beobachtetes menschliches Phänomen, mit dem sorgfältig umgegangen werden muss, ist der sogenannte **„Hawthorne-Effekt“** . Die wissenschaftliche Grundlage dieses Effekts wurde eher zufällig entdeckt. Zwischen 1924 und 1932 wurden in den Hawthorne-Werken in Chicago Studien durchgeführt, um herauszufinden, wie man die Leistungen von Arbeitern steigern kann. In der damaligen Untersuchung bildete man Arbeitsgruppen und variierte die Beleuchtung der Arbeitsplätze. Verblüfft stellte man fest, dass die Arbeitsleistung bei allen Variationen der Lichtbedingungen anstieg. Schließlich fand man heraus, dass das Ergebnis nicht von der Variation des Lichts abhing. Vielmehr gingen die positiven Effekte vollständig auf die Experimentalsituation selbst zurück: Schon das Wissen, zu einem exklusiven Kreis Auserwählter zu gehören und ernst genommen zu werden, verstärkt die emotionale Bindung zu einem Unternehmen oder Programm und erhöht die Motivation der Beteiligten bzw. steigert deren Arbeitsleistung. Bei Messungen und den darauffolgenden durchgeführten Maßnahmen wurden Qualitäts- bzw. Produktivitätssteigerungen festgestellt, weil diese Personen wahrnahmen, dass sie und ihre Anstrengungen unter besonderer Beobachtung (z. B. durch Datensammlung) standen.

Daher sollten Software-Qualitätsingenieure sich immer bemühen für ihre Mess- und Verbesserungsprogramme ausreichend Aufmerksamkeit bzw. Verpflichtung des Managements und der relevanten Mitarbeiter zu erhalten, um eine nachhaltige und intensive Wirkung zu erzielen [WALL2011].

Wo immer Menschen zusammenkommen und kooperieren, kristallisiert sich ein bestimmter Umgang mit Fehlern heraus.

Die Tendenz, sich bei Fehlern schuldig zu fühlen, bewirkt auch, dass man Fehler der Vergangenheit als verpasste Chancen ansieht und dann darüber hadert, wie einem das passieren konnte. Fehlern der Vergangenheit kann man aber nicht mehr beheben. Auch das ist ein Trend in einer Gesellschaft, die Fehler stark mit Schuld zusammenbringt. Wenn man jedoch in diesem Denken verhaftet bleibt, pflanzt sich das in verzagtem Handeln und Mutlosigkeit für künftige Aktivitäten aus. Im schlimmsten Fall werden Mitarbeiter dafür geächtet, wenn sie Fehler ehrlich zugeben, bzw. der Fehler wird ihnen vorgeworfen und nachgetragen. Oder aber die Mitarbeiter bekommen wegen des Fehlers keine Gehaltserhöhung und keine Beförderung und spüren dadurch die Konsequenzen finanziell. Somit geraten sie in einen Rechtfertigungsdruck und werden dann in Zukunft versuchen, Fehler zu vertuschen und nicht mehr zuzugeben und falls diese Fehler dennoch bemerkt werden, sie anderen in die Schuhe zu schieben. Vor allem bei komplexen Großprojekten mit unterschiedlichen Vertragspartnern geschieht das leider häufig, bis hin zu gerichtlichen Auseinandersetzungen. Die Atmosphäre zur weiteren notwendigen Zusammenarbeit innerhalb des Projekts ist dann aber nachhaltig vergiftet.

Selbst erfahrene Softwaretester mit vielen Jahren Berufserfahrung übersehen immer wieder Fehler und können nachträglich gar nicht verstehen, warum ihnen das nicht vorher aufgefallen ist. Manchmal haben wir einfach blinde Flecken in unserer Wahrnehmung und blenden Dinge aus, weil unsere Aufmerksamkeit abgelenkt ist oder weil wir sie vielleicht (unbewusst?) auch gar nicht sehen wollen. Das trifft für eigene charakterliche Schwächen genauso zu wie für Softwarefehler. Wenn Fehler übersehen werden, hat das immer auch mit uns selbst und unserer eigenen Wahrnehmung zu tun. Ich habe dieses Buch mehrmals Korrektur gelesen, und beim dritten Mal Korrektur lesen sind mir immer noch Fehler aufgefallen, und ich bin fast davon überzeugt, dass sich auch nach dem Lektorat noch irgendwo ein Fehler versteckt halten werden … man kann Fehler minimieren aber in der Regel nie ganz ausmerzen.

Die Redewendung „Man sieht den Wald vor Bäumen nicht“ bedeutet, dass jemand etwas vollkommen Offensichtliches nicht sieht oder die nächstliegende Lösung seines Problems vor lauter Auswahlmöglichkeiten nicht erkennt. So passiert es auch immer wieder bei der Entwicklung von Software. Unser Muster prägt unser Denken – dadurch sind wir manchmal sehr aufmerksam und unser Alarmsystem schlägt bei Auffälligkeiten direkt an, übersehen aber andererseits auch an anderen Stellen Fehler die uns unterlaufen.

Unsere Wahrnehmung ist selektiv: Die aktuelle Wissenschaft besagt, dass ein absoluter Großteil unserer Wahrnehmung unbewusst ist. Das bedeutet konkret in Zahlen, dass unser Gehirn pro Sekunde ca. 11 Mio. Sinneseindrücke verarbeitet, von denen wir jedoch nur etwa 40 bewusst wahrnehmen. Unser Organismus filtert also im Vorfeld all die verschiedenen Reize aus. Sind wir sicher, dass unser Filter wirklich die für uns relevanten 40 (oder auch in etwa 0,0003 %) verarbeitet, oder vielleicht wichtige Informationen einfach von vornherein ausblendet? Das bedeutet, dass wir Signale übersehen, Prioritäten falsch setzen oder wesentliche Fakten nicht beachten.

Fehler offen einzugestehen ist für uns aufgrund unserer Sozialisation oft schwierig, lieber winden wir uns in Ausreden oder Schuldzuweisungen. Wenn man sich aber überwindet und ehrlich Fehler zugibt, gewinnt man in der Auseinandersetzung gewinnt man erheblich an Glaubwürdigkeit, weil man seine eigenen Schwächen offen eingesteht. Das habe ich selbst mehrfach erfahren.

Fehlermanagement bedeutet zunächst, Fehler anzuerkennen und ihre Ursachen zu verstehen und zu analysieren. Danach erst kann man prüfen, wie man durch diese Erkenntnisse Innovationen gewinnen kann und Fehler in Zukunft vermieden werden können. Fehlervermeidung bedeutet zunächst anzuerkennen, dass Fehler notwendig und sinnvoll sind. Nur wenn man Fehler akzeptiert und die Situation umfassend analysiert, wenn man Objektivität und Neutralität gewinnt, kann man zielgerichtet handeln. Das bedeutet, sich von Emotionen und Urteilen zu befreien und sich vollkommen unabhängig von der eigenen persönlichen Meinung einen Überblick durch Daten und Fakten zu verschaffen. Manchmal hilft es, etwas Abstand zu gewinnen, um neue Ideen zur Lösungsfindung bekommen. Das bedeutet, sich auf eine „Meta-Ebene“ zu begeben und die eigenen Gefühle, Gedanken, Ideen wahrzunehmen, die Resultate zusammenzutragen und als Basis für zukünftige Handlungen zu verwenden.

Künstliche Intelligenz wird zunehmend neue Methoden für Entwicklung und Test hervorbringen; die Entwicklung von KI hat in den letzten Jahren auch für alle Bereiche des Softwaretests enorm an Fahrt aufgenommen. Die Art und Weise der Softwareentwicklung hat sich in den letzten Jahrzehnten stark verändert und wird sich weiter verändern. Es ist heute noch gar nicht absehbar, wie sehr sich KI auf betriebliche Prozesse auswirken wird. Es ist nur heute schon klar, dass es sich um eine erneute technische Revolution handelt, vergleichbar mit der Einführung des Fließbands zur Massenfertigung, der Computer in den Büros Anfang der 1970er-Jahre oder des Internets. Software hat längst alle unsere Lebensbereiche durchzogen und Softwareentwicklung bleibt eine wesentliche Herausforderung gerade auch in Zeiten der KI mit völlig neuen Möglichkeiten. Auch die Entwicklung und der Einsatz von Quantencomputern, was sich nach aktuellen Prognosen um das Jahr 2040 herum auf breiter Front auswirken wird, sind Zukunftsperspektiven in der Softwareindustrie die sowohl neue Möglichkeiten aber auch neue Rückschläge mit sich bringen werden. Wenn der richtige Umgang mit den dabei entstehenden Fehlern und ein richtig umgesetztes Fehlermanagement diesen Prozess begleitet, ist dadurch eine nachhaltige Entwicklung möglich. In diesem Buch sollen die Methoden, Vorgehensweisen und möglichen Optimierungsmaßnahmen rund um das Fehlermanagement vertieft werden. Der Einsatz von KI ist dann erfolgreich, wenn zusätzliche Wertschöpfungspotenziale gehoben werden und es nicht nur zu Einsparung von Kosten kommt. Künstliche Intelligenz muss dazu gezielt in die IT-Strategie integriert werden. Es muss gelingen, das unternehmensübergreifende Fehlermanagement durch den Einsatz spezifischer Anwendungen von Methoden der KI entlang ausgewählter Bereiche der industriellen Wertschöpfungskette zu verbessern. Dazu müssen Werkzeuge für den wertschöpfungsübergreifenden Wissensaustausch und das prozessübergreifende Lernen aus vergangenen Problemen genutzt werden, um die Fehlerursachen entlang der Wertschöpfungskette zu identifizieren und nachhaltig zu beseitigen [SCHO2026]. Das bedeutet große Herausforderungen aber auch enorme Perspektiven für die Softwareentwicklung und damit auch für das Fehlermanagement.

Wenn im Folgenden von Testmanagern, Testkoordinatoren, Testern … die Rede ist, habe ich zur leichteren Lesbarkeit die männliche Form verwendet. Sofern keine explizite Unterscheidung getroffen wird, sind daher stets sowohl Frauen, Diverse als auch Männer sowie Menschen jeder Herkunft und Nation gemeint.

Landshut, Deutschland　　　　Frank Witte

Literatur

[WELT2026]: https://www.welt.de/debatte/kommentare/article244931682/Musk-Wer-die-explodierte-Rakete-als-Misserfolg-sieht-hat-wenig-Ahnung.html, zugegriffen am 02.01.2026

[COMP2026]: https://www.companypirate.de/2018/06/24/wie-es-nicht-funktioniert/, zugegriffen am 02.01.2026

[WALL2011]: Wallmüller: Software Quality Engineering, Carl Hanser Verlag München 2011

[EINB2024]: Einblicke, Gesucht: Standort des Endlagers für hochradioaktive Abfälle, Nr. 22/November 2024

[SCHO2026]: https://www.wzl.rwth-aachen.de/cms/wzl/forschung/forschungsumfeld/forschungsprojekte/projekte/~bftgzj/vorausschauendes-fehlermanagement-mit-ki/, zugegriffen am 09.01.2026

Interessenkonflikt Der/die Autor*in hat keine relevanten Interessenskonflikte im Zusammenhang mit dieser Publikation.

Inhaltsverzeichnis

1 Fehlerkultur und Bedeutung von Fehlern

Eine fehlerfreundliche Kultur ist ein Umfeld, in dem Fehler offen kommuniziert, sachlich analysiert und als Lernchance genutzt werden, anstatt Schuldige zu suchen und zu bestrafen. Diese Fehlerkultur fördert Innovation, Mitarbeiterzufriedenheit und Agilität, indem sie Angst vor Sanktionen reduziert und ein Umfeld schafft, in dem Mitarbeiter bereit sind, Fehler zuzugeben und daraus zu lernen. Das bedeutet im Umkehrschluß aber nicht, dass das Qualitätsmanagement darunter leidet, sondern ganz im Gegenteil, dass die Qualität steigt und ein innovationsfreundliches Klima entsteht. Das gilt im Besonderen auch für die global stark vernetzte Softwareindustrie.

1.1 Fehlerkultur

Unter **Fehlerkultur** in einem Unternehmen versteht man die Art und Weise, wie Führungskräfte und Mitarbeiter im Betrieb mit Fehlern umgehen. Der Begriff „Fehlerkultur" stammt ursprünglich aus den Wirtschafts- und Sozialwissenschaften und hat insbesondere seit der Finanzkrise 2008/09 an Bedeutung gewonnen.

Grundsätzlich geht man bei einer Fehlerkultur der Definition nach davon aus, dass Menschen in einem Unternehmen gelegentlich Fehler machen. Im Vordergrund steht allerdings stets die Frage, wie Organisationseinheiten möglichst produktiv mit Fehlern umgehen können. Viele Experten betrachten eine positive Fehlerkultur als Grundvoraussetzung dafür, dass Unternehmen und alle Beteiligten aus Fehlern lernen.

Die beiden Begriffe „Fehlermanagement" und „Fehlerkultur" werden umgangssprachlich oft synonym verwendet. Allerdings bezieht sich Fehlermanagement auf diejenigen Maßnahmen, die gezielt ergriffen werden, um eine Fehlerkultur zu etablieren, während die Fehlerkultur ein wichtiger Aspekt im Bereich der **Mitarbeiterführung** ist. Es geht hierbei keineswegs darum, fehlerhaftes Verhalten zu dulden oder zu fördern. Vielmehr steht der

F. Witte, *Fehlermanagement*, https://doi.org/10.1007/978-3-658-51918-6_1

konstruktive Umgang mit Fehlern und die Möglichkeit, aus Fehlern zu lernen, bei einer positiven Fehlerkultur im Fokus des Interesses [RAND2026].

Auch wenn zunehmend ein Umdenken zu beobachten ist, orientiert man sich häufig noch an der traditionellen, personenzentrierten **Fehleraufarbeitung**. Hierbei steht die Person im Fokus, der der Fehler unterlaufen ist. Es kommt zu individuellen Schuldzuweisungen, Ermahnungen oder sogar Bestrafungen. Dabei wird außer Acht gelassen, dass die Fehler Einzelner oft nur symptomatisch sind für Sicherheitslücken und Unzulänglichkeiten im Arbeitsprozess und es nur eine Frage der Zeit ist, bis einem anderen Mitarbeiter ein ähnlicher Fehler unterläuft. Die Herausforderung besteht darin, Fehler von Personen zu trennen. In der positiven Fehlerkultur geht es nicht darum, wer den Fehler gemacht hat, sondern warum der Fehler aufgetreten ist [RECR2026]. Das fällt uns schwer, weil wir in der Regel von klein auf mit Strafen konfrontiert waren, wenn uns ein Fehler unterlaufen ist. Das ist auch mit ein Grund, warum Fehler vor Vorgesetzten nicht zugegeben werden, und warum wiederum Mitarbeiter häufig die Meinung haben, dass Vorgesetzte ihre Fehler nicht zugeben. In klassischen Hierarchien wird die Verantwortung für Fehler nach unten durchgereicht. Erfolge hingegen bleiben das Aushängeschild des Vorstands. Umso wichtiger ist es, eine Fehlerkultur vom Topmanagement einzuführen und im Unternehmen zu etablieren.

Die Fehlerkultur hängt mit der Kultur eines Landes unmittelbar zusammen. So gilt zum Beispiel in den USA viel stärker als in Deutschland die Überzeugung, dass Fehler keine Misserfolge darstellen, sondern im Gegenteil Chancen für Wachstum und Innovation sind. Eine positive Fehlerkultur kann Kreativität und Resilienz stärken. In den USA (insbesondere in Innovationshochburgen wie dem Silicon Valley) wird seit jeher ein anderer Umgang mit Fehlern gelebt, nämlich ein konstruktiver und wachstumsfokussierter. Amerikanische Unternehmen zeigen, dass die wahre Kunst des Fortschritts nicht darin liegt, Fehler generell zu vermeiden, sondern darin, aus ihnen zu lernen und sie als Ausgangspunkt für Innovation zu nutzen. Die positive Fehlerkultur in amerikanischen Unternehmen lässt sich teilweise durch die kulturellen Werte und die gesellschaftliche Einstellung in den USA erklären, die stark von Idealen wie Individualismus, Optimismus, und der Überzeugung geprägt sind, dass Erfolg oft durch Ausdauer und das Überwinden von Rückschlägen erreicht wird. Diese kulturellen Aspekte fördern eine Umgebung, in der Fehler als notwendige Schritte auf dem Weg zum Erfolg angesehen werden. Hinzu kommt, dass in den USA ein starkes unternehmerisches Ethos herrscht, das Risikobereitschaft und Innovation belohnt [COPE2026]. Das gilt auch für viele andere Länder, mit denen Europa und speziell Deutschland im globalen Wettbewerb steht.

Wenn ein Unternehmen insolvent wird, ist das in Deutschland oft als dauerhaftes persönliches Scheitern angesehen. Eine Pleite in den USA bewirkt eher, dass man von einem Investor mehr Geld bekommt als bei einer früheren Finanzierung vor der aktuellen Insolvenz. Das zeigt die deutsche Sprache eindrücklich an ihrer Ähnlichkeit der Wörter „Schulden" und „Schuld". Auch wenn man (z. B. in einer Rolle als Tester) auf Fehler aufmerksam macht, nehmen das manche Mitarbeiter persönlich und sind getroffen und beleidigt, weil sie sich in ihrer Kompetenz herabgewürdigt sehen.

Menschen werden immer Fehler machen. Schon allein aufgrund der Funktion und azität des Gehirns: „Von der Art und Weise, wie wir Informationen verarbeiten, müssen wir Fehler machen", spricht der Wirtschaftspsychologe und -forscher Professor Michael Frese ganz nüchtern ein mit negativen Emotionen besetztes Thema an. Die meisten Unternehmen in Deutschland dagegen haben eine höchst zwiespältige Beziehung zu Fehlern. Bei einer Studie der Leuphana Universität Lüneburg landete Deutschland in puncto positive Fehlerkultur weit abgeschlagen auf einem 60. Platz. Fehler und Misserfolge, so viel ist klar, werden in der deutschen Wirtschaft tunlichst vermieden und meist unnachsichtig geahndet. Auch eingestanden werden sie höchst widerwillig – man denke etwa an das Sündenbock-Pingpong im Diesel-Skandal von 2015. Wo Sanktionen oder zumindest Peinlichkeit drohen, traut sich kaum jemand, Fehler offen einzugestehen – mit zum Teil fatalen Folgen. Kritik muss also erlaubt und sogar erwünscht sein.

Nicht nur der wirtschaftliche Erfolg und die Effizienz von Unternehmen sowie öffentlichen Einrichtungen leiden darunter. Auch die Sicherheit und Gesundheit von Menschen sind dadurch gefährdet. In deutschen Krankenhäusern werden bis zu 680.000 Patienten jährlich Opfer von Behandlungsfehlern oder einer mangelnden Sorgfaltspflicht durch Ärzte und Pfleger. Aus diesem Grund sterben 17.000 Patienten pro Jahr aufgrund vermeidbarer Fehler. Das übersteigt die Zahl der durch Verkehrsunfälle Getöteten bei weitem: 2025 starben in Deutschland 2780 Personen im Straßenverkehr [PERS2026].

Zusammenfassend kennzeichnen nachfolgende Merkmale eine offene Fehlerkultur und können dabei unterstützen diese zu etablieren:

- Keine Vermeidung von Fehlersituationen
- Keine Bewertung von Fehlersituationen (kein Bloßstellen einzelner Mitarbeiter)
- Fehler sind erlaubt (Hemmungsabbau)
- Ermutigung der „Lernenden" (Fehler als Chance)
- An Fehlern wird gearbeitet
- Umgang mit Fehlern wird geübt
- Führungskräfte agieren als Vorbild [ZFMB2026]

1.2 Fehler und Innovation

Die legendären Geschichten von Entdeckungen und Erfindungen, die aus „Fehlern" geboren wurden, sind echte Beispiele dafür, wie eine positive Fehlerkultur nicht nur den Weg für bahnbrechende Innovationen ebnet, sondern auch eine tiefere Resilienz und Anpassungsfähigkeit innerhalb von Organisationen fördert. Fehler müssen als unvermeidliche Bestandteile des Lernprozesses und der persönlichen Entwicklung verstanden werden. Diese Einstellung fördert ein Umfeld, in dem Mitarbeiter ermutigt werden, neue Ideen auszuprobieren und aus ihren Erfahrungen zu lernen, ohne Angst vor negativen Konsequenzen. Der **„Fail-Fast-Ansatz"** bedeutet, dass ein schnelles Scheitern als Mittel zum schnellen Lernen und zur Beschleunigung der Innovation gesehen wird. Erfolgreiche Unternehmen ermutigen ihre Mitarbeiter aktiv, Risiken einzugehen und sehen Misserfolge als notwendige Schritte auf dem Weg zu bahnbrechenden Innovationen. Damit verbunden ist, dass auf Transparenz und offene Kommunikation über aufgetretene Fehler Wert gelegt wird. Indem Fehler offen diskutiert werden, können sie kollektive Lernprozesse fördern und sicherstellen, dass wertvolle Einsichten geteilt und genutzt werden, um ähnliche Fehler in der Zukunft zu vermeiden.

Anbei einige Beispiele, bei denen Fehler **Innovation** gefördert haben:

- 3M Post-it Notes: Ursprünglich war der Klebstoff, der für Post-it Notes verwendet wird, ein Fehlschlag, da er nicht stark genug war, um als effektiver Klebstoff zu dienen. Anstatt das Projekt jedoch als Misserfolg abzutun, erkannten die Entwickler bei 3M das Potenzial für eine neue Art von Notizzettel, der sicher haftet, aber leicht entfernt und repositioniert werden kann.
- Penicillin: Die Entdeckung von Penicillin durch Alexander Fleming war das Ergebnis eines glücklichen Unfalls, als Schimmel zufällig eine seiner Staphylokokken-Kulturen kontaminierte und Fleming beobachtete, dass der Schimmel das Wachstum der Bakterien hemmte. Diese „Fehler" führte zur Entwicklung des ersten wahren Antibiotikums.
- Dyson Staubsauger: James Dyson entwickelte 5126 Prototypen seines Staubsaugers, bevor er zum endgültigen, erfolgreichen Modell kam. Jeder „Fehler" in den frühen Prototypen trug dazu bei, das Design und die Funktion zu verbessern, bis er einen Staubsauger ohne Beutel entwickelte, der den Markt revolutionierte [COPE2026].

Zusammengefasst gibt es fünf wesentliche Gründe für eine positive Fehlerkultur in einer Organisation:

- Agilität und Schnelligkeit auf dem Markt
- Möglichkeit für echte Innovationen
- Transparenz über die Fehlerursachen
- Schnelle Behebung durch Vertrauen, Fehler einzugestehen
- Schaffen einer Lerngelegenheit nach Fehlentscheidungen [PERS2026]

Diese positive Fehlerkultur muss vom Topmanagement gefördert werden. Die Fehlerkultur im Unternehmen zu verändern, bedeutet kontinuierliche Arbeit, denn die Fehlerkultur betrifft alle Unternehmensbereiche. Nur wenn das Ausprobieren und Scheitern als Weg nach vorn verstanden wird, ist Entwicklung wirklich möglich. Scheitern gehört zum Teil jedes Optimierungsprozesses – in persönlicher genauso wie in technischer Entwicklung.

Man muss andererseits eingestehen, dass die Angst, Fehler zu machen, in der Evolution tief verwurzelt ist. Angst ist nicht immer negativ – die „Angsthasen" haben in der Steinzeit überlebt, nicht diejenigen, die besonders mutig waren und den Säbelzahntiger zum Kampf herausgefordert haben. Zwischen ängstlicher Unterschätzung und illusionärer Überschätzung der eigenen Fähigkeiten muss man immer wieder neu seinen Weg finden. Dies gelingt nur dann, wenn sich der Mensch Forderung nach Entwicklung und Wandlung, die das Leben ständig an ihn stellt, bewusst wird.

1.3 Umgang mit Fehlern

Eine positive **Fehlerkultur** bewirkt einen anderen und besseren Umgang mit Fehlern. Folgende vier Schritte sind beim Umgang mit Fehlern zu empfehlen:

- Registrieren: Meldesysteme und eine Fehlerkultur schaffen, durch die Mitarbeiter Fehler mitteilen können und ein Austausch stattfinden kann.
- Lernen: Ursachen erkennen und korrigieren, damit Fehler nicht zweimal passieren. Um Schuld geht es nicht – es sei denn der Fehltritt erfolgt absichtlich und wiederholt. Wenn das der Fall ist, liegen die Ursachen oft tiefer. Eine Bestrafung des Mitarbeiters (etwa eine außerplanmäßige Kündigung) mag dann im Einzelfall erforderlich sein, aber auch in diesem Fall ist es wichtig, die wahre Fehlerursache zu erforschen und abzustellen.
- Kommunizieren: Fehler, die Konsequenzen haben und damit nach außen spürbar sind, müssen erklärt werden. Eine Entschuldigung gehört dazu. Das gilt umso mehr, wenn bereits Beteiligte außerhalb der eigenen Organisation den Fehler bereits bemerkt haben.
- Reparieren: Zeigen, dass man es ernst meint, Fehler korrigiert, Produkte optimiert und dass man Kunden zufriedenstellen will [KOMD2026]

Ein systematisches Fehlermanagement und eine vertrauensvolle Betriebskultur sind die Bordmittel, mit denen sich in jeder beliebigen Branche mittelfristig Fehler reduzieren und die Sicherheit erhöhen lassen. Nur wenn Fehler offen eingestanden werden lassen sich die Entstehungsursachen ergründen. Erst dann haben Betriebe die Chance, Arbeitsabläufe und vorhandene Sicherheitsbarrieren überhaupt zu hinterfragen.

Nach dem Psychologen James Reason von der Universität Manchester sind mangelnde Sicherheitsbarrieren wie Löcher im Schweizer Käse. Liegen diese Löcher aufgrund besonderer Umstände direkt voreinander, kann eine vorhersehbare Gefahr oder eine abweichende Handlung die Barrieren überwinden und zu einem schweren Unfall oder einem anderen unerwünschten Ereignis führen. Die Löcher in den Barrieren entstehen laut Reasons Fehlertheorie durch aktives und latentes Versagen. Zudem können sich die Barrieren durch äußere Einflüsse und psychologische Vorläufer, etwa mangelnde Konzentration wegen Müdigkeit, dynamisch verschieben.

Dabei unterscheidet man:

- **Aktives Versagen**: Damit werden sogenannte **unsichere Handlungen** bezeichnet, sprich Fehler und Verstöße der Beschäftigten: etwa die Gabe eines falschen Medikaments oder das Manipulieren einer Maschine.
- **Latentes Versagen** entsteht durch Entscheidungen der Leitungsebene einer Organisation. Ein Beispiel: Ein Unternehmen schafft eine kostengünstige, aber

benutzerunfreundliche Maschine an, deren Sicherheitsvorkehrungen deshalb manipuliert werden. Latentes Versagen kann auch auf dem Ausfall von Ressourcen oder ungünstigen baulichen Gegebenheiten beruhen – Beispiel Lärmbelastung im Großraumbüro.

Das **Schweizer-Käse-Modell** bietet einen für viele deutsche Betriebe neuen und wertvollen Ansatz zur Ermittlung von Fehler- und Unfallursachen: Es geht weg vom rein persönlichen Versagen und öffnet den Blick für das Versagen des Systems. Selbst wenn negative Auswirkungen durch latentes Versagen sich zunächst nicht zeigen, begünstigen sie doch das Auftreten von aktiven Fehlern. Wichtiger als die Frage nach dem oder der Schuldigen ist bei diesem Modell die Frage, wie sich gefundene Fehler künftig vermeiden lassen. Statt der hierzulande vorherrschenden und weitgehend nutzlosen Schuldkultur führt ein systemischer Ansatz zu der im angelsächsischen Raum weitverbreiteten, pragmatischen Lern- und Fehlerkultur. Folgende Punkte sind für den Umgang mit Fehlern bei einer guten Fehlerkultur wesentlich:

1. Es gibt einen geschützten Rahmen für Eingeständnisse von Fehlern.
2. Fragen nach den Gründen für etwaige Fehler sind ergebnisoffen formuliert.
3. Beschäftigte werden nicht an den Pranger gestellt.
4. Vorgesetzte senden Ich-Botschaften, anstatt Ihre Sätze mit „Sie haben/dürfen nicht …“ etc. zu beginnen.
5. Kommunikation in beide Richtungen wird zugelassen – das Management nimmt Kritik am eigenen Handeln bzw. an eigenen Entscheidungen offen an.
6. Es werden verbindliche Regeln dafür geschaffen, was wie intern dokumentiert und kommuniziert wird.
7. Die Beschäftigten werden geschult, wie Fehler und unerwünschte Ereignisse nach außen kommuniziert werden können und sollen.

Eine gute Fehlerkultur setzt voraus, dass Belegschaft und Führungskräfte darauf vertrauen können, beim Eingeständnis eines unbeabsichtigten Fehlers nicht vorgeführt oder bestraft zu werden. Und genau da liegt das Problem: „Ein relativ großer Teil der Betriebe ist weit entfernt davon, eine **Vertrauenskultur** zu haben“, formuliert Dr. Marlen Cosmar vom Institut für Arbeit und Gesundheit der DGUV (IAG) ihre Erfahrung aus Schulungen zum Thema Fehlervermeidung [TOPE2026].

1.4 Bedeutung von Fehlern

Moderne Konzepte betrieblicher Arbeitsorganisation rechnen mit Umweltbedingungen steten Wandels und zunehmenden Wettbewerbs. Als entscheidende Erfolgsmerkmale wettbewerbsfähiger Betriebe werden Flexibilität und die Fähigkeit, sich rasch auf wechselnde Kundenbedürfnisse einzustellen, angesehen. Kernansatz der seit den 1990er-Jahren entwickelten Organisationskonzepte ist eine Dezentralisierung von Entscheidungsbefugnis und eine Deregulierung von betrieblichen Abläufen. Die Hierarchien wurden verflacht und betriebliche Kontrollinstanzen abgeschafft, damit die Beschäftigten in den ausführenden Tätigkeiten rasch auf neue Anforderungen reagieren können. In Folge der Delegation von Verantwortung stiegen gleichzeitig die Anforderungen an die Beschäftigten: Den neuen Ansätzen folgend müssen die Beschäftigten nun eine Vielzahl von Handlungsalternativen (und deren Nebeneffekte) erkennen und bewerten, bevor sie eine Entscheidung treffen. Sie folgen nicht mehr vorgegebenen Arbeitsschritten, sondern sie sind auf ihre individuelle Kompetenz angewiesen. Je mehr die Beschäftigten jedoch selbst für die konkrete Ausgestaltung von Arbeitsprozessen und deren Veränderung zuständig sind, desto mehr steigt auch die Wahrscheinlichkeit, dass Fehler geschehen, mit denen wiederum im Arbeitsalltag umgegangen werden muss. Es gibt Ansätze, die Fehler in komplexen Organisationen als unvermeidbar erachten. Um den Umgang mit Fehlern bewältigen zu können, benötigen die Beschäftigten ein höheres Maß individueller Kompetenz als dies in streng und zentral reglementierten Arbeitsorganisationen der Fall war.

Dass in der Management-Literatur von **Humankapital** und **Humanressourcen** gesprochen wird, zeigt die hohe Bedeutung, die der individuellen Kompetenz der Beschäftigten zugesprochen wird. Das neue Paradigma moderner Organisationskonzepte lässt sich wie folgt zusammenfassen:

- Beschäftigte verfügen zu einem gewissen Grad über Autonomie und Kontrolle über die eigenen Arbeitsaufgaben und -methoden. D. h. die Arbeitsaufgaben sind in einer Weise neu strukturiert, dass Beschäftigten Entscheidungen über den Arbeitsprozess übertragen werden.
- Von den Beschäftigten wird erwartet, dass sie sich in Projektgruppen einbinden, in deren Rahmen Problemlösungen erarbeitet werden. Zudem sollen sie sich an der Verbesserung betriebsinterner Abläufe beteiligen, insbesondere wenn Fehler zu Problemen führen. Die Beschäftigten müssen deshalb über professionelle Expertise verfügen, damit sie Probleme identifizieren und Lösungen kommunizieren können.
- Die Arbeit wird sowohl in selbstgesteuerten, in den Produktionsprozess integrierten Teams organisiert als auch in temporären, aus den regulären Abläufen herausgenommenen Projektgruppen kontrolliert.
- Von den Beschäftigten wird erwartet, dass sie aus betrieblichen Vorkommnissen und insbesondere aus Fehlern lernen. Aus diesem Paradigma ergibt sich die große Bedeutung, die einem lernförderlichen Umgang mit Fehlern sowie der Entwicklung einer lernförderlichen Fehlerkultur im Betrieb zukommt.

Die Bedeutung von Fehlern kann prinzipiell auf einem Kontinuum zwischen zwei Extrempositionen beschrieben werden: In der einen Extremposition werden Fehler als Übel und als möglichst zu vermeidende Vorfälle betrachtet. Diese Vorstellung findet sich in zahlreichen Ansätzen betrieblicher Arbeitsorganisation, insbesondere bei denen eine

Null-Fehler-Strategie ausgegeben und ein „reibungsloser Verlauf in allen Unternehmensbereichen“ gefordert wird.

Die andere Extremposition besteht darin, Fehler als nützliche, nutzbare, zumindest als grundsätzlich unvermeidbare Ereignisse anzusehen, die wichtige Informationen zur Verbesserung der bisherigen Vorgehensweise beinhalten. Vorstellungen dieser Art stehen in der Tradition systemischer Denkansätze. Gegen die Utopie einer Null-Fehler-Strategie spricht die Tatsache, dass Entscheidungen in Betrieben in der Regel in komplexen Zusammenhängen – und somit unter unvollständiger Information und nicht völliger Transparenz möglicher Auswirkungen – zu treffen sind. Dies spricht für die prinzipielle Fehleranfälligkeit betrieblicher Entscheidungen. Unter dieser Voraussetzung erscheint eine Strategie der Fehlervermeidung problematisch:

- Eine durch bürokratische und technische Strukturen zu gewährleistende Vermeidung von Fehlern versagt und zeigt umso schlimmere Folgen, je mehr die Akteure sich in vermeintlicher Sicherheit wiegen und nicht mit dem Auftreten von Fehlern rechnen; stellvertretend für alle anderen Fälle steht hier das Reaktorunglück in Tschernobyl.
- Wird in Betrieben eine ablehnende Haltung gegenüber Fehlern praktiziert, so führen auftretende Fehler wahrscheinlich zu Appellation von Verantwortung, Schuld und Sanktion. Das begünstigt die Reaktion, dass Betroffene versuchen, Fehler zu verheimlichen. Damit bestünde keine Möglichkeit mehr für Dritte, aus einem solchen Vorfall zu lernen.

Eine lernförderliche Fehlerkultur äußert sich darin, dass Fehler nicht im unbegründeten Sicherheitsgefühl aus dem Fokus der Aufmerksamkeit ausgeblendet werden und dass sie nicht zu Schuldzuweisungen und negativen Konsequenzen für die Akteure führen. Ein Beispiel professioneller Akteure zur Fehlervermeidung findet sich im Mannschaftssport. Der Trainer der Deutschen Fußball-Nationalmannschaft hatte die Spiele der Weltmeisterschaft 2006 zu Lerngelegenheiten erklärt. Seine Spieler hätten die Testbegegnungen als Ausgangspunkt für ihre individuelle Weiterentwicklung zu begreifen. Fehler seien erlaubt, da ohnehin unvermeidbar und angesichts jugendlicher Unerfahrenheit in der Mannschaft auch zwangsläufig.

Freilich ist es nicht Ziel von Unternehmen, Fehler zu begehen. Wenn man jedoch die Auffassung akzeptiert, dass sie sich nie ganz vermeiden lassen, dann gewinnen sie im betrieblichen Alltag die Bedeutung von informativen Ereignissen, die es zu analysieren und auf dieser Basis systematisch und wirksam zu „beherrschen“ gilt. Im Vordergrund steht dann die Frage, wie auf Fehler zu reagieren ist und nicht die Frage, wer für die Folgen zu haften hat. Stellungsfehler im Abwehrverhalten der deutschen Mannschaft dienen den Spielern als Information über eine angemessene Verhaltensänderung; in Produktionsbetrieben ist ein Maschinenstillstand ohne Fehleranalyse ein schicksalhaftes Ereignis, aber ein Maschinenstillstand bietet bei gründlicher Ursachenforschung reichhaltige Informationen zur Vermeidung weiterer Stillstände [PEDO2026].

Literatur

[RAND2026]: https://www.randstad.de/hr-portal/unternehmensfuehrung/fehlerkultur-unternehmen/, zugegriffen am 02.01.2026

[RECR2026]: https://recruitee.com/de-artikel/10-tipps-positive-fehlerkultur, zugegriffen am 02.01.2026

[KOMD2026]: https://www.kom.de/medien/mit-fehlern-umgehen-lernen/, zugegriffen am 02.01.2026

[COPE2026]: https://www.copetri.com/knowledgehub/fehlerkultur-fast-failure-culture/, zugegriffen am 02.01.2026

[PERS2026]: https://www.personio.de/hr-lexikon/so-verankern-sie-eine-positive-fehlerkultur/, zugegriffen am 02.01.2026

[PEDO2026]: https://www.pedocs.de/volltexte/2011/4141/pdf/SZBW_2006_H1_S111_Harteis_D_A.pdf, Schweizerische Zeitung für Bildungswissenschaften 28/2006, zugegriffen am 02.01.2026

[TOPE2026]: https://topeins.dguv.de/fuehrungskultur/zum-umgang-mit-fehlern-lernkultur-statt-schuldkultur/, zugegriffen am 02.01.2026

[ZFMB2026]: https://www.zfm-bonn.de/blog/fehler-sind-erlaubt-der-weg-zu-einer-fehlerkultur/, zugegriffen am 02.01.2026

Qualitätsmanagement und Fehlermanagement

2

Um den Untersuchungsgegenstand dieses Buches abzugrenzen und einzuordnen, muss zunächst der Begriff Fehlermanagement, wie er speziell in der IT angewendet wird, definiert und vom Begriff Qualitätsmanagement abgegrenzt werden. Fehlermanagement fasst Tätigkeiten zusammen, um in einem Mensch-Maschine-System auf einen Fehler zu reagieren, um den Fehler endgültig zu beheben oder zunächst die Auswirkungen des Fehlers zu begrenzen.

2.1 Qualitätsmanagement

Qualitätsmanagement (QM) beschreibt die systematische Planung und Steuerung von Abläufen mit Blick auf deren Qualität. Qualitätsmanagement ist dafür zuständig, dass Tätigkeiten und Maßnahmen darauf abzielen, eine geforderte Produkt- oder Dienstleistungsqualität zu erreichen. Darin sind alle organisatorischen Maßnahmen enthalten, die der Überwachung und Verbesserung der Prozessqualität, der Arbeitsqualität und damit der Produkt- und Dienstleistungsqualität dienen.

Während beim Testmanagement eher die Fehlerfindung und Behebung im Fokus steht, steht beim Qualitätsmanagement die Fehlervermeidung im Vordergrund. Die Qualität einer Software kann über Merkmale wie Funktionalität, Benutzbarkeit, Zuverlässigkeit, Effizienz, Wartbarkeit und Portabilität bestimmt werden.

Für die Qualitätssicherung existieren mehrere Normen. Die Normenreihe **ISO 9000** ff. ist ein internationaler Standard, der zentrale Begriffe und Grundsätze des Qualitätsmanagements definiert. Grundsätze des Qualitätsmanagements nach ISO 9000 sind:

- Kundenorientierung
- Führung und Leadership

F. Witte, *Fehlermanagement*, https://doi.org/10.1007/978-3-658-51918-6_2

- Engagement von Personen
- Prozessorientierter Ansatz
- Verbesserung (kontinuierlicher Verbesserungsprozess)
- Faktengestützte Entscheidungsfindung
- Beziehungsmanagement

Die Norm **ISO 9001** legt die Mindestanforderungen an ein QM-System fest. Sie ist in der Arbeit des Qualitätsmanagements von zentraler Bedeutung. Die QM-Anforderungen werden dabei in den Kontext der Organisation, Führung, Planung, Unterstützung, Betrieb, Bewertung der Leistung und Verbesserung eingeteilt [IFMB2026]. Die aktuell publizierte Version der ISO 9001 ist aus dem Jahre 2015, sie wird aktuell überarbeitet und soll noch in 2026 veröffentlicht werden, um das Qualitätsmanagement an moderne Anforderungen wie Nachhaltigkeit, Digitalisierung und Lieferkettendynamik anzupassen. Der DIS-Entwurf (Draft International Standard) liegt seit August 2025 vor, wobei der Fokus auf verbesserter Führung, Qualitätskultur, ethischem Verhalten und klarerer Trennung von Risiken und Chancen liegt.

Total-Quality-Management (TQM) bezeichnet die durchgängige, fortwährende und alle Bereiche einer Organisation erfassende, aufzeichnende, sichtende, organisierende und kontrollierende Tätigkeit, die dazu dient, Qualität als Systemziel einzuführen und dauerhaft zu garantieren. TQM wurde in der japanischen Automobilindustrie weiterentwickelt. Dabei wurden Modelle und Frameworks wie z. B. das EFQM-Modell entwickelt. Das **EFQM-Modell** ist ein weltweit anerkanntes Management-Framework, das Organisationen bei der Bewältigung von Veränderungen und bei der Leistungssteigerung Orientierung bietet. Eines der Teilkriterien von EFQM besteht darin, dass Produkte und Dienstleistungen entwickelt werden, um optimale Werte für Kunden zu schaffen.

Eine wesentliche Aufgabe des Qualitätsmanagements ist darin begründet, jedwede Art von Fehlverhalten vor der Auslieferung einer Software zu finden und das Auftreten von Fehlern beim Kunden zu vermeiden.

Ein **Fehlverhalten** zeigt sich dynamisch bei der Benutzung eines Produkts, also im Bereich von Softwareentwicklung bei der zu erstellenden Software. Im nächsten Schritt kann dann die Ursache des Fehlverhaltens, also der Fehler, gesucht werden. Dabei kann ein Fehler eine einzelne Programmzueile, aber auch das Zusammenspiel von Teilprogrammen oder ein falsches Verständnis der Anforderungen bedeuten [KLEU2019].

Generell wird beim Testen zwischen **Fehlverhalten**, Fehlern und **Fehlerursachen** unterschieden. Unter einer Fehlerursache versteht man eine menschliche Handlung, aufgrund derer ein Fehler entsteht. Ein Beispiel für eine Fehlerursache ist der Denkfehler eines Programmierers, der zu einem Fehler in Form einer falschen Anweisung oder Codezeile führt. Dieser Fehler ist von außen nicht sichtbar, selbst mit diesem Fehler kann sich das Programm korrekt verhalten, etwa falls die fehlerhafte Zeile nicht zur Ausführung kommt. Wird sie ausgeführt, resultiert daraus ein Fehlverhalten des Programms, welches von außen beobachtet werden kann.

Fehler müssen also nicht direkt zu immensen Kosten (wie beim prominenten Beispiel der Rakete „Ariane“, siehe Kap. 14) führen. Kosten werden immer durch das Fehlverhalten von Software verursacht, welches durch Fehler verursacht wird. Das bedeutet, dass ein aufgetretenes Fehlverhalten immer auf die Anwesenheit von Fehlern hinweist, die Anwesenheit von Fehlern jedoch nicht zwingend zu Fehlverhalten führt. Das hat praktische Auswirkungen für den Test: Wenn im Test kein Fehlverhalten der Software beobachtet wird, dann können trotzdem Fehler enthalten sein, die kein beobachtbares Fehlverhalten der Software provoziert haben [IESE2026]. Ein Test garantiert schließlich nicht die Abwesenheit von Fehlern, sondern nur, dass unter definierten Testprozeduren kein Fehler gefunden wurde.

Die Qualitätssicherung kann die Qualität in einem Software-Entwicklungsprojekt durch zahlreiche Maßnahmen beeinflussen. Softwaretests sind dabei ein zentraler Bestandteil, aber auch andere Parameter wie z. B. die Motivation und Qualifizierung der Mitarbeiter, die Auswahl der passenden Werkzeuge oder transparente und optimierte Prozesse steigern die Qualität.

Testverfahren können erst dann sinnvoll angewendet werden, wenn das Prüfobjekt (z. B. die Software) bereits entwickelt wurde und testbereit ist. Dieser Ansatz wird auch **analytische Qualitätssicherung** genannt.

Die Maßnahmen zur analytischen Qualitätssicherung lassen sich unterteilen in

- **statische Maßnahmen** (z. B. **Code Reviews** oder **statische Code-Analyse**), in denen der Code der erzeugten Anwendung überprüft wird, ohne die Software tatsächlich auszuführen. Je nach Art der Maßnahme erfolgt die Überprüfung zu unterschiedlichen Zeitpunkten, z. B. unmittelbar bei der Code-Entwicklung (z. B. **Pair Programming**) oder erst vor der Freigabe für Benutzertests. Dazu gehören auch Inspektionen, Reviews und Walk Throughs.
- **dynamische Softwaretests**, bei denen die erstellte Anwendung unter unterschiedlichsten Konstellationen mit Hilfe von Testfällen tatsächlich in einer Testumgebung ausgeführt werden und die dabei erzeugten tatsächlichen Ergebnisse mit den erwarteten Testergebnissen verglichen werden.

Die Qualität der Software befindet sich somit zu unterschiedlichen Zeitpunkten ihrer Entwicklung in unterschiedlichen Zuständen und soll bei ihrer tatsächlichen produktiven Verwendung allen definierten Anforderungen bzw. Kriterien entsprechen.

Der Ansatz, bereits vor der eigentlichen Arbeit Qualitätsrichtlinien auszugeben, wird **konstruktive Qualitätssicherung** genannt. Diese Vorgaben können die Erstellung einzelner Produkte, wie der des Ergebnisses der Anforderungsanalyse oder des Programmcodes, aber auch ganze Prozesse betreffen. Dazu gehören eine systematische Definition der Projektziele, eine detaillierte (und von den Projekt-Auftraggebern verbindlich verabschiedete) Anforderungsanalyse, die Benutzung etablierter bzw. festgelegter Programmierstandards und transparente Prozesse.

Generelle Prozessvorgaben ergeben sich für die gesamte Entwicklung durch die Auswahl des **Vorgehensmodells** (z. B. agile Entwicklung, Wasserfallmodell), da hier bereits die Zusammenhänge zwischen den Arbeitsschritten und die notwendigen Produkte festgelegt werden. Dabei können die Vorgehensmodelle als erste konstruktive Qualitätssicherungsmaßnahme an das individuelle Projekt angepasst werden.

Weitere Vorgaben sind für die individuellen Produkte formulierbar. Dabei kann man zwischen unterschiedlichen Formalisierungsgraden unterscheiden. Dabei kann z. B. eine Use Case-Dokumentationsschablone dadurch stärker formalisiert werden, dass ein Aktivitätsdiagramm zur Dokumentation ausgewählt werden soll. Weiterhin kann z. B. vorgegeben werden, wie Namen von Use Cases aussehen dürfen. Jede zusätzliche Formalisierung und Detaillierung bedeutet zunächst einen Entwicklungsaufwand für die Vorlage. Die Anforderungen müssen in der Folge von den Nutzern der Vorlage erfüllt werden. Dabei besteht ein schmaler Grat zwischen notwendiger Vorgabe und Behinderung der kreativen Arbeit des Entwicklers: wird eine Vorgabe zu formal, kann der positive Beitrag der Vorgabe zur einheitlichen Qualität wegen Verzögerung der Entwicklung oder unzufriedenen Nutzern verloren gehen.

Eine testweise Anwendung von Vorgaben des Entwicklungsmodells kann daher sehr nützlich sein, da dadurch Anpassungen in Form zusätzlicher Vorgaben oder Lockerungen basierend auf fachlichen Erfahrungen möglich sind [KLEU2019].

2.2 Fehlermanagement

Ein **Mensch-Maschine-System (MMS)** stellt die Beziehung beobachtbarer oder messbarer Prozesse, die bei der Verrichtung zielgerichteter, bewusst kontrollierter menschlicher Tätigkeiten zur Lösung vorgegebener oder selbst gewählter Aufgaben unter Einsatz von Maschinen auftreten, zu einem System dar. Mensch-Maschine-Systeme bestehen demnach aus mindestens zwei Komponenten: der handelnden Person sowie der benutzten Maschine. Zur vollständigen Beschreibung von MMSen gehört ferner die Beschreibung der zielgerichteten Tätigkeiten in Form von Aufgabenbeschreibungen, Zielvorgaben und Teilhandlungsschritten.

In diesem Zusammenhang beinhaltet das **Fehlermanagement** eine systematische Bewertung, Diagnose und Erkennung aufgetretener Fehler sowie Präventionsmaßnahmen und die Einleitung und Evaluierung von Gegenmaßnahmen, um dadurch die Wahrscheinlichkeit von schwerwiegenden Folgen zu vermindern.

Fehlermanagement ist eine wesentliche Methode zur Qualitätssicherung innerhalb des Qualitätsmanagements. Beim Fehlermanagement geht es um die Analyse und das Lernen aus konkreten, bereits stattgefundenen Fehlern. Das Ziel ist, eine Wiederholung des Fehlers zu vermeiden, indem eine vorbeugende Maßnahme eingeleitet wird.

Fehlermanagement bezeichnet dabei den Prozess, Fehler in einer Software oder einem System zu erkennen, zu beschreiben, zu kategorisieren, zu beurteilen und zu beheben. Der richtige Umgang mit Fehlern verlangt daher ein strukturiertes Management. Kernpunkte eines solchen Managements sind:

- Fehlermeldung mit Fehlererfassung (standardisierte Erfassung und Dokumentation des Fehlers)
- Fehlerbewertung (Klassifikation des aufgetretenen Fehlers)
- Fehlerbearbeitung (Einleiten konkreter Maßnahmen für den Fehlerfall)
- Fehlerkommunikation
- Fehlervermeidung (Klärung der Frage: „Wie kann ein solcher Fehler in Zukunft vermieden und/oder früher entdeckt werden?") [BITK2026]

Ziel des Fehlermanagements ist es, einen **Bug** frühzeitig zu erkennen, zu analysieren und zu beheben. Der gesamte Fehlerprozess sollte dabei so schnell und reibungslos wie möglich ablaufen. Fehlermanagement ist außerdem ein wichtiger Aspekt des **Testmanagements**. Testmanagement bedeutet die Planung, Überwachung und Dokumentation von Testaktivitäten, die zur Qualitätssicherung von Produkten dienen.

Das Fehlermanagement bezieht sich dabei auf den Prozess der Identifikation, Dokumentation, Verfolgung und Behebung von Fehlern in einer Softwareanwendung während der Testphase. Das Fehlermanagement ist ein entscheidender Schritt im Testmanagementprozess, da er sicherstellt, dass möglichst alle Probleme in der Softwareanwendung erkannt und behoben werden, bevor sie an die Endbenutzer ausgeliefert wird [TESB2026].

Ein effektives Testmanagement kann kontinuierliche Tests ermöglichen, die in Echtzeit Verbesserungsmöglichkeiten für die Produktqualität aufzeigen. Somit können Fixes noch während der Entwicklung eines Produkts vorgenommen werden was die Bereitstellung von Qualitätsprodukten beschleunigt. Vor allem kontinuierliche Tests während der Entwicklungsphase, wie sie in agilen Vorgehensmodellen vermehrt zum Einsatz kommen, bieten gute Möglichkeiten für eine stetige Optimierung des Fehlermanagements und dadurch zu einer Verbesserung der Softwarequalität.

Der systematische Umgang mit Fehlern („Fehlermanagement") ist außerdem ein wesentlicher Aspekt des **Risikomanagements** . Risikomanagement bezeichnet die systematische Erfassung und Bewertung von Risiken für den Geschäftsbetrieb eines Unternehmens. Risikomanagement hilft Unternehmen, operative, rechtliche und prozessuale Risiken zu identifizieren und durch vorbeugende Maßnahmen zu vermindern. Risikomanagement trägt damit dazu bei, die langfristige Stabilität und Rentabilität des Unternehmens zu sichern und die Widerstandsfähigkeit gegenüber unvorhergesehenen Ereignissen zu stärken. Risikomanagement hilft Unternehmen, operative, rechtliche und prozessuale Risiken zu identifizieren und durch vorbeugende Maßnahmen zu vermindern.

Zum Fehlermanagement gehört das Erkennen und Nutzen von Fehlern und unerwünschten Ereignissen zur Einleitung von Verbesserungsprozessen in der Praxis. **Fehlermeldesysteme** sind ein Instrument des Fehlermanagements. Ziel ist die Prävention von Fehlern und Schäden durch Lernen aus kritischen Ereignissen, damit diese künftig und auch für andere vermieden werden können. Die Fehlermeldungen werden dabei systematisch aufgearbeitet. Handlungsempfehlungen zur Prävention werden abgeleitet, umgesetzt und deren Wirksamkeit im Rahmen des Risikomanagements evaluiert [KVWL2026].

Wichtig ist eine Abgrenzung der einzelnen Aufgaben von Qualitätsmanagement, Testmanagement, Fehlermanagement und Projektleitung: Immer dann, wenn die Aufgaben des Qualitätsmanagements und/oder des Testmanagements dem Projektleiter überantwortet werden, entsteht ein klassischer Zielkonflikt. Während der Projektleiter meist primär Kosten und Termin gegenüber dem Auftraggeber zu verantworten hat, richten das Testmanagement und das Fehlermanagement den Fokus auf das Erreichen der definierten Produktqualität. Das Qualitätsmanagement wiederum zielt vorrangig auf die Qualitätssicherung aller vereinbarten Prozesse und deren Ergebnisse ab. Der Softwaretest ist ein konstruktiv-analytischer Bestandteil des Software-Produktionsprozesses und unterliegt somit selbst dem Qualitätsmanagement. Missverständnisse und Fehlannahmen führen dazu, dass jeder Stakeholder davon ausgeht, ein anderer Mitarbeiter verantworte den Test und stelle somit die Qualität sicher: der Entwickler erwartet dies vom Tester, der oft nur Organisator oder Endanwender ist; der Projektleiter von der Qualitätssicherung, das Steuerungsgremium vom Projektleiter usw. [SNEE2012].

Abweichungsmanagement (Deviation Control) beschreibt den Prozess der Identifikation, Analyse und Behebung von Abweichungszuständen. Das umfasst die Protokollierung und Einordnung der Fehler und Abweichungen sowie deren Kontrolle. Es ist ein wichtiger Bereich im Qualitätsmanagement. Das Abweichungsmanagement steht in engem Zusammenhang zum Fehlermanagement.

Kommt es zu Abweichungen, ist ein Abweichungsbericht zu erstellen. Eine Abweichung ist jedes unerwünschte Ereignis, das von den genehmigten Prozessen, Verfahren, Anweisungen, Spezifikationen oder festgelegten Standards abweicht. Dabei muss es sich nicht unbedingt um einen tatsächlichen Fehler handeln. Denkbar ist auch, dass die identifizierte Abweichung mit der Test- oder Produktionsumgebung zusammenhängt, oder dass beim Test nur unzureichende Daten vorhanden sind. Im engeren Sinne gehören zu den Abweichungen etwa technische Fehler, Fehler der Parametrisierung oder eine Programmierung, die nicht dem Konzept entspricht. Fehler der Anwender oder Probleme in der fachlichen Fragestellung zählen nicht zu den Abweichungen im Sinne des Abweichungsmanagements [DILS2026].

Mithilfe des Fehlermanagements können Abweichungen rechtzeitig identifiziert und systematisch aufgearbeitet werden, um im Idealfall ihr erneutes Auftreten zu vermeiden [QMPI2026].

2.3 Grundsätze des Softwaretestens und Fehlermanagement

Zur Planung von Testaktivitäten beim Softwaretest sind einige Grundsätze zu beachten. Sie dienen als Leitlinie, um das System möglichst nachhaltig zu verbessern. Diese Grundsätze sind daher auch Grundlagen des Fehlermanagements:

- Testen zeigt die Anwesenheit von Fehlern: Mit Softwaretests können Fehlerzustände ausfindig gemacht werden. Dadurch kann das System verbessert werden und die Wahrscheinlichkeit, dass unentdeckte Fehlerzustände auftreten, wird reduziert. Mit Softwaretests kann jedoch nicht bewiesen werden, dass das System fehlerfrei ist – ein Softwaretest ist kein mathematischer Beweis.
- Vollständiges Testen ist unmöglich: Systeme wachsen stetig in ihrer Komplexität. Vollständiges Testen würde bedeuten alle möglichen Testfälle durchzuführen. Durch eine hohe Anzahl der Testfälle, steigt aber auch die benötigte Zeit und somit die Kosten, weshalb der Testaufwand immer unter Berücksichtigung des Risikos und der Priorität angepasst werden muss. Tests sind deshalb auch immer nur Stichproben. Testautomatisierung kann die Testabdeckung gegenüber manueller Testdurchführung zwar erheblich steigern, jedoch ebenfalls nicht vollständig testen.
- Mit dem Test möglichst frühzeitig beginnen: Je früher Fehlerzustände erkannt werden, desto günstiger ist deren Behebung. Deshalb sollen Testaktivitäten im Softwarelebenszyklus so früh wie möglich beginnen.
- Häufung von Fehlern: Ein Fehler kommt selten allein. Hat man bereits eine Fehlerwirkung nachgewiesen, kann es in diesem Modul zu weiteren Fehlern kommen. Die Anzahl der Testfälle soll deshalb proportional an die zu erwartende Fehlerdichte der Module angepasst werden. Weicht die zu erwartende Fehlerdichte von der beobachteten Fehlerdichte ab, muss der Testaufwand flexibel angepasst werden können.
- Regelmäßige Pflege von Testfällen: Eine Wiederholung eines Tests führt grundsätzlich zu keinen neuen Erkenntnissen, es sei denn, die Testumgebung oder das Testobjekt haben sich geändert. Testfälle müssen deshalb regelmäßig überprüft und bei Bedarf geändert werden. Auch neue Testfälle müssen, wenn nötig, ergänzt werden.
- Testen ist abhängig vom Umfeld: Das bedeutet, dass z. B. Medizingeräte oder sicherheitskritische militärische Systeme anders getestet werden müssen als eine Website zur Unterhaltung. Softwaretests sind also immer an ihr Umfeld und dessen Kontext anzupassen.
- Auch wenn keine Fehler erkennbar vorhanden sind, muss das System deswegen noch lange nicht brauchbar sein: Allein das Beheben aller Fehlerzustände führt noch lange nicht zu einem brauchbaren System. Die Benutzbarkeit, die Anforderungen des Kunden und deren Sinnhaftigkeit müssen zwingend berücksichtigt werden [MEDT2026].

Literatur

[KLEU2019]: Kleuker: Qualitätssicherung durch Softwaretests, Springer-Vieweg Verlag Wiesbaden 2019

[IFMB2026]: https://ifm-business.de/aktuelles/business-news/qualitaetsmanagement-als-berufsfeld-definition-aufgaben-und-aussichten.html, zugegriffen am 02.01.2026

[KVWL2026]: https://www.kvwl.de/fileadmin/user_upload/pdf/Mitglieder/Qualitaetssicherung/Qualitaetsmanagement_KPQM/kpqm_5_38.pdf, zugegriffen am 02.01.2026

[DILS2026]: https://www.digital-ls.de/loesungen/deviation-control/abweichungsmanagement-effiziente-loesungen-dvelop-life-sciences/, zugegriffen am 02.01.2026

[QMPI2026]: https://www.qm-pilot.ch/fehlerarten-qualitaetsmanagement.html, zugegriffen am 02.01.2026

[TESB2026]: https://testbee.com/software-qualitaetssicherung/defect-management/, zugegriffen am 02.01.2026

[SNEE2012]: Sneed, Baumgartner, Seidl: Der Systemtest, Hanser-Verlag München 2012

[MEDT2026]: https://medtech-ingenieur.de/die-sieben-grundsaetze-des-softwaretestens/, zugegriffen am 02.01.2026

[BITK2026]: https://www.bitkom.org/sites/default/files/file/import/080118-Fehlerklassifikation-fuer-Software-haftung.pdf, zugegriffen am 02.01.2026

[IESE2026]: https://publica-rest.fraunhofer.de/server/api/core/bitstreams/2d136645-ef69-4978-962c-6c73182467a1/content, Stand der Forschung von Software-Tests und deren Automatisierung, zugegriffen am 02.01.2026

Fehlerarten beim Softwaretest

3

Um Fehler und Fehlerursachen zielgerichtet analysieren zu können und Softwarefehler näher zu untersuchen, ist es erforderlich, sie nach geeigneten Aspekten zu klassifizieren. Fehler lassen sich dabei nach unterschiedlichen Kriterien differenzieren.

3.1 Klassifikation nach der Fehlerherkunft

Eine Klassifikation von Fehlerarten kann nach der **Fehlerherkunft** vorgenommen werden:

- Softwarefehler
- Datenfehler
- Fehler in der Konfiguration
- Fehler in der Testumgebung
- Anforderungsfehler

Programmfehler oder **Softwarefehler** oder **Software-Anomalie**, häufig auch **Bug** genannt, sind Begriffe aus der Softwaretechnik, die alle Abweichungen von Software-Systemkomponenten zu einem geforderten oder gewünschten Sollzustand bezeichnet werden.

Softwarefehler können dabei werden nach weiteren Typen unterschieden:

- **Lexikalische Fehler**: nicht interpretierbare Zeichenketten, also undefinierte Bezeichner (Variablen, Funktionen, Literale…)
- **Syntaxfehler**: Verstöße gegen die grammatischen Regeln der benutzten Programmiersprache, wie die falsche Verwendung reservierter Symbole (z. B. fehlende Klammern), Typkonflikte, falsche Anzahl Parameter. Syntaxfehler gehören zu den häufigsten

F. Witte, *Fehlermanagement*, https://doi.org/10.1007/978-3-658-51918-6_3

Softwarefehlern und verhindern die korrekte Kompilierung der Anwendung. Dieser Fehler entsteht durch ein falsches oder fehlendes Zeichen im Quellcode, was die Kompilierung beeinträchtigt. Bereits ein kleiner Fehler, wie beispielsweise eine fehlende oder überzählige Klammer, kann dieses Problem verursachen. Das Entwicklungs- oder Testteam bemerkt diesen Fehler während der Kompilierung und analysiert den Quellcode, um die fehlenden oder falschen Zeichen zu korrigieren.

Lexikalische und Syntaxfehler verhindern in der Regel die Kompilierung des fehlerhaften Programms und werden daher frühzeitig erkannt. Bei Programmiersprachen, die sequenziell interpretiert werden, bricht das Programm üblicherweise erst an der syntaktisch/lexikalisch fehlerhaften Stelle ab.

- **Semantische Fehler** sind Fehler, in denen eine programmierte Anweisung zwar syntaktisch fehlerfrei, aber inhaltlich trotzdem fehlerhaft ist, zum Beispiel Verwechslung des Befehlscodes oder syntaktisch nicht erkennbare falsche Parameterreihenfolge.
- **Logische Fehler** bestehen in einem im Detail falschen Problemlösungsansatz, beispielsweise auf Grund eines Fehlschlusses, einer falsch interpretierten Spezifikation oder einfach eines Versehens oder Schreibfehlers. Beispiele: plus statt minus, kleiner statt kleiner/gleich usw. Die Toleranz gegenüber solchen Fehlern ist je nach verwendeter Programmiersprache unterschiedlich. Die Attributgrammatik höherer Programmiersprachen achtet oft auf die Zuweisungskompatibilität von Datentypen. Fehler in diesem Bereich können schwierig zu überschauende Sicherheitslücken und Programmabstürze verursachen.
- **Laufzeitfehler**: Während die vorgenannten Fehler ein tatsächlich fehlerhaftes Programm bedeuten, das entweder nicht ausführbar ist oder fehlerhafte Ergebnisse liefert, kann auch ein „korrektes" Programm bei seiner Ausführung zu Fehlern führen. Laufzeitfehler sind alle Arten von Fehlern, die auftreten, während das Programm abgearbeitet wird. Die Ursache eines Laufzeitfehlers kann beispielsweise eine unpassende Programmumgebung sein (z. B. eine falsche Betriebssystem-Version, falsche Parameter bei Programmaufruf oder beim Aufruf als Unterprogramm, falsche Eingabedaten).
- Fehler im **Compiler**, der **Laufzeitumgebung** oder sonstigen **Bibliotheken** . Solche Fehler sind meist besonders schwer nachzuvollziehen, da das Verhalten des Programms in solchen Fällen nicht seiner Semantik entspricht. Insbesondere von Compiler und Laufzeitumgebung wird daher besondere Zuverlässigkeit erwartet.
- **Performancefehler**: Softwarefehler, die zu einer verminderten Geschwindigkeit, Stabilität, längeren Reaktionszeiten und einem höheren Ressourcenverbrauch führen, gelten als Performancefehler. Das auffälligste Anzeichen für einen Performancefehler ist die Feststellung einer langsameren Ladegeschwindigkeit als gewöhnlich oder eine zu langsame Reaktionszeit bei Interaktionen mit dem System. Früher ging man im Allgemeinen davon aus, sich beim Test einer Anwendung zunächst auf eine umfassende Funktionalität konzentrieren und die Performance zurückstellen sollte. Man geht aber seit mehreren Jahren verstärkt dazu über, Performancetests schon in früheren

Projektphasen durchzuführen. Wenn die Antwortzeiten oder Zugriffszeiten völlig indiskutabel sind, kann das nämlich auch auf eine unglückliche Systemarchitektur hindeuten und Fehler an dieser Stelle behebt man besser in einer frühen Projektphase. Wenn man nämlich am Ende eine funktionsfähige, aber leider viel zu langsame Software hat, kann das Anpassungen in der Dateistruktur oder bei Datenbankzugriffen zur Folge haben, die einen hohen Änderungsaufwand bewirken können, wodurch man den gesamten Test noch einmal neu aufrollen und die Entwicklung zeitintensiv nachbessern muss.
- **Sicherheitsfehler**: Bei der Verwendung von Software ist die Sicherheit das wichtigste Anliegen. Software mit mangelhafter Sicherheit gefährdet nicht nur die Daten der Benutzer, sondern schädigt auch das Gesamtimage des Unternehmens, und die Wiederherstellung eines schlechten Rufs kann Jahre dauern kann. Aufgrund ihrer hohen Schwere gelten **Sicherheitslücken** als die sensibelsten Softwarefehler. Sicherheitslücken können die Software anfällig für Cyber-Bedrohungen machen. **XSS-Schwachstellen** (**Cross-Site Scripting** , eine Schwachstelle bei der ein Angreifer sich als legitimer Benutzer ausgibt), logische Fehler und **Verschlüsselungsfehler** gehören zu den häufigsten Sicherheitslücken.
- **Usabilityfehler**: Ein Usabilityfehler kann dazu führen, dass die Software nicht optimal funktioniert oder sie völlig unbrauchbar ist, sodass auch Usabilityfehler zu den besonders schwerwiegenden Softwarefehlern gehören. Beispiele für diese Fehler beim Softwaretest sind Fehler bei der Anmeldung am Benutzerkonto oder eine verwirrende oder umständliche Benutzeroberfläche.
- **Kompatibilitätsfehler**: Wenn eine Software nicht mit der Hardware oder einem Betriebssystem kompatibel ist, wird dies als Kompatibilitätsfehler betrachtet. Das Finden eines Kompatibilitätsfehlers ist keine gängige Praxis, da er beim Test möglicherweise zunächst gar nicht auftaucht, und darum sehr aufwändige Analysen nach sich ziehen kann [THIN2026].

Datenfehler

Unter **Testdaten** versteht man im Softwaretest jene Eingaben, welche im Prozess- bzw. Testfalldurchlauf eingegeben werden, um einerseits den Prozess und andererseits die Korrektheit des Durchlaufs sicherstellen zu können.

Die Anforderungen an die Testdaten müssen dabei möglichst präzise und eindeutig festgeschrieben werden. Dies ist für die Dokumentation und Wiederausführung von Testfällen mindestens genauso wichtig wie die Dokumentation des Prozessdurchlaufs, der getestet werden soll. Zuerst ist zu untersuchen, ob die gewählten Testdaten überhaupt für die Testszenarien sinnvoll sind und praxisrelevante Testfälle abdecken.

Bei der Erhebung von Testdaten sind Produktivdaten grundsätzlich geeignet; es muss in diesem Zusammenhang aber die **Datenschutz-Grundverordnung (DSGVO)** zu beachten, die vor allem für die Nutzung personenbezogener Testdaten sehr enge Grenzen setzt. Häufig ist eine Verfremdung dieser Daten erforderlich, bevor sie zu Testzwecken verwendet werden dürfen. Eine automatische Generierung synthetischer Testdaten ist ebenfalls abhängig vom Testobjekt und den Testdaten möglich.

Grundsätzlich geeignete Testdaten können aber im Laufe der Testdurchführung ihre ursprüngliche Eignung zur Testdurchführung verlieren: die Testdaten können bereits für andere Testfälle verbraucht bzw. verändert worden sein. Es kann auch vorkommen, dass sich Testdaten der eigenen Testfälle gegenseitig beeinflussen. Auch die Alterung von Testdaten seit dem letzten Testlauf kann eine Ursache dafür sein, dass sie nicht mehr sinnvoll verwendbar sind [SUXX2026].

In diesem Zusammenhang ist der Bereich relevant in dem der Fehler aufgetreten ist: Handelt es sich um einen funktionalen Fehler, also um das Fehlen von Eigenschaften in einem Feature oder liegt ein nichtfunktionaler Fehler (Performance, Laufzeit, Lastverhalten) vor?

Das Testobjekt an sich ist häufig eine Anwendung mit unterschiedlichen Teilfunktionen. Man kann die Fehler nach Teilfunktionen bzw. Testclustern aufteilen. Damit wird auch evident, welche Teilfunktionen eine hohe Komplexität aufweisen und daher besonders fehleranfällig sind. Bei Regressionstest ist es daher besonders wichtig, diese Teilbereiche intensiver zu testen und die Testabdeckung zu erhöhen.

Es empfiehlt sich, die einzelnen Fehlerarten im Ticket zu dokumentieren, um sie statistisch (z. B. mit Hilfe von Metriken und Vergleichen) analysieren und dadurch wichtige Optimierungsmaßnahmen ableiten zu können.

3.2 Klassifikation nach der Fehlerschwere

Eine weitere Möglichkeit für die Klassifikation von Fehlerursachen ist eine Differenzierung nach der **Fehlerschwere** (siehe auch Kap. 6), um die Priorität der Fehlerbehebung besser eingrenzen zu können. Dabei kann man sowohl die Priorität der Fehlerbehebung als auch die Auswirkung der Fehler bewerten. Schwere Fehler können das Produkt generell unbrauchbar machen oder Workarounds für den Betrieb verursachen, die den Arbeitsablauf verschlechtern oder auch die Produktabnahme unmöglich machen und dadurch Zahlungen verhindern. Daher ist es in der Regel sinnvoll, sich zunächst auf die Behebung der schweren Fehler zu konzentrieren.

Fehler **geringer Schwere** beeinträchtigen die Softwarefunktion nicht wesentlich, da sie primär die Benutzeroberfläche betreffen. Beispielsweise weicht die Schriftart des Programmtextes von der eingestellten ab. Diese Fehler lassen sich leicht beheben und sind unbedenklich.

Fehler, die die Funktionalität der Software geringfügig beeinträchtigen können, gelten als Fehler mit **mittlerer Schwere**. Solche Fehler führen dazu, dass die Software anders funktioniert als vorgesehen. Obwohl sie ebenfalls nicht gravierend sind, sollten sie für eine bessere Benutzererfahrung behoben werden.

Schwerwiegende Fehler beeinträchtigen die Funktionalität der Software und führen dazu, dass sie sich anders verhält als programmiert. Solche Fehler schädigen nicht nur die Software, sondern machen sie mitunter für den Benutzer völlig unbrauchbar.

Kritische Fehler sind die schwerwiegendsten Fehler in dieser Kategorie und können die Funktionalität der gesamten Software beeinträchtigen. Sie gelten als besonders schädlich, da weitere Tests der Software unmöglich sind, solange diese Fehler vorhanden sind. Ein kritischer Fehler liegt zum Beispiel dann vor, wenn die Anwendung gar nicht startet und ein gesamtes Testteam mit der geplanten Testdurchführung gar nicht beginnen kann und dadurch in seiner Arbeit blockiert ist.

Fehlerschwere und Priorität stimmen zwar in vielen Fällen überein, müssen aber nicht zwingend gleich sein. Das ist zum Beispiel dann der Fall, wenn ein leichter Fehler den Test weiterer Funktionen verhindert. Daher sollten sowohl die Fehlerschwere als auch die Priorität im Fehlertool erfasst werden, um auch diese Informationen für Metriken und Auswertungen nutzbar machen zu können.

3.3 Klassifikation nach den Fehlerkosten

Eine leicht abgewandelte Form der Klassifikation nach der Fehlerschwere ist die Klassifikation nach den **Fehlerkosten**. Dazu müssen aber die Kosten des Fehlers bekannt sein, die sich nicht immer eindeutig bestimmen lassen, wodurch die Klassifikation nach den Fehlerkosten schnell an ihre Grenzen kommt. Während beispielsweise im Laufe der Entwicklungsphase einer Software 200 Fehler offen sind und zum Nachtest anstehen, ist es durchaus sinnvoll, sie in mehreren Releases zu bereinigen und jeweils die einzelnen Releases zum Nachtest an die Testabteilung zu übergeben. Teilweise sind die Fehler auch in unterschiedlichen Modulen und die Integration aller Module zum jeweils selben Zeitpunkt schwierig. Wenn man in diesem Fall jeden einzelnen Fehler nach den Fehlerkosten bewerten würde, wäre die Ermittlung der Priorität für die Behebung zu kompliziert und würde zusätzlichen Aufwand bedeuten, den man besser in eine beschleunigte Fehlerbehebung investiert. Wenn das Produkt bereits ausgeliefert wurde, kann man nicht ohne weiteres bestimmen, welcher Fehler wie häufig in der Praxis auftritt und wie er wahrgenommen wird. Manchmal hilft es in diesen Fällen, den Kunden direkt zu befragen, welche Fehlerbehebung für ihn eine höhere Priorität hat, wenn die Alternativen sehr klar formuliert ist. Das ist aber stark vom Nutzerkreis abhängig und in der Regel auch nicht möglich, wenn das Produkt bereits an viele Kunden ausgeliefert wurde.

Literatur

[SUXX2026]: https://www.suxxesso.com/die-rolle-von-testdaten-im-softwaretest/, zugegriffen am 02.01.2026

[THIN2026]: https://thinksys.com/qa-testing/types-software-testing-bugs/, zugegriffen am 02.01.2026

Ursachen für Softwarefehler 4

In der Folge wird ein Entwicklungs- und Testprozess in seinen typischen Phasen aufgezeigt und die Ursachen für Fehler anhand der Prozesskette betrachtet.

4.1 Anforderungen

Aus meiner Sicht liegt die wichtigste Ursache für Softwarefehler bereits am Anfang der Prozesskette der Softwareentwicklung – in interpretierbaren, unvollständigen oder widersprüchlichen **Anforderungen**. Wenn das Ziel nicht klar ist, wohin man will, können alle weiteren Stationen im Projektablauf das Vorhaben nur noch bedingt heilen.

Das bedeutet allerdings viel intensive Arbeit am Beginn eines Projekts, die oft schwer darstellbar ist. Es ist zu empfehlen, die einzelnen Weichenstellungen in Form eines Fragenkatalogs transparent zu machen. Der Aufwand, der dafür in der Anfangsphase investiert wird, hat aber den größten Return on Invest.

Während im Wasserfallmodell und V-Modell diese Phasen mit kurzen Rückkoppelungen im Idealfall nur einmal durchlaufen werden, erfolgt eine iterative Wiederholung der Phasen in der evolutionären Softwareentwicklung. Entscheidend dabei ist, dass während der Analyse möglichst alle Anforderungen an die zu entwickelnde Software erkannt werden. Später auftretende Änderungen können nach dem Entwurf der Software oft nur schlecht oder unter hohem Kostenaufwand berücksichtigt werden. Aus dieser Darstellung ergibt sich die auf Barry Boehm zurückgehende Kostenkurve (siehe auch Kap. 15):

Diese zeigt, dass später auftretende Anforderungen wesentlich höhere Kosten (exponentieller Anstieg) verursachen als frühzeitig erkannte Anforderungen. Deshalb wird in der klassischen Softwareentwicklung der Schwerpunkt auf die Analyse gelegt, um möglichst alle Anforderungen zu erkennen. Darin inbegriffen ist die These, dass die

F. Witte, *Fehlermanagement*, https://doi.org/10.1007/978-3-658-51918-6_4

Softwarearchitektur nur schwer änderbar ist und somit nur unter hohen Kosten Änderungen der Anforderungen berücksichtigt werden können.

Dieses Vorgehen findet sich in einer Reihe von Ingenieurdisziplinen wieder. Für die Softwareentwicklung wird oftmals die Metapher des Hausbaus benutzt. Bevor mit dem eigentlichen Bau begonnen werden kann, muss zuerst eine Architektur (Entwurf) anhand der Anforderungen der späteren Bewohner erarbeitet werden. Diese Architektur kann dann durch eine Baufirma realisiert werden. Sollten sich während der Bauausführung Änderungen ergeben, können diese nur schwer berücksichtigt werden, da größere Änderungen eine Überarbeitung der Architektur erfordern würden.

In der Praxis werden noch viel zu häufig Anforderungen nur von einer Norm übernommen oder im schlimmsten Fall auf eine Norm verwiesen, ohne die betrieblichen Belange und die individuellen Bedürfnisse des Auftraggebers zu berücksichtigen. Das reicht aber definitiv nicht aus. Gute Anforderungen müssen testbar, vollständig, relevant, konsistent, eindeutig, kontextfrei und möglichst atomar sein.

Zusammengefasst sind Anforderungsdokumente die prinzipielle Ursache von Softwarefehlern. Im Prinzip können sie folgende Mängel enthalten:

- falsch definierte Anforderungen
- fehlende zentrale Anforderungen
- unvollständig beschriebene Anforderungen
- Probleme in der Kunde-Entwickler-Kommunikation
- Missverständnisse bei der Interpretation des Dokuments durch den Auftragnehmer [KNBK2026]

Es empfiehlt sich die Anforderungen an das Testobjekt auf folgende Kriterien hin im Vorfeld zu prüfen, um von Anfang an Fehlerquellen auszuschließen, die sich durch die gesamte Prozesskette hindurchziehen (siehe Tab. 4.1):

Bei der Formulierung der Anforderungen kann man viel falsch machen. Idealerweise setzt man Satzschablonen ein, sodass die Qualität der Anforderungen deutlich erhöht wird. Dabei baut man die Anforderungen immer nach dem gleichen Schema auf. Die zugrunde liegende Frage zu den Anforderungen kann mit „Wer muss wann was tun" formuliert werden [MEDT2015].

Mangelnde oder interpretierbare Anforderungen in Lasten- und Pflichtenheften sind häufige Ursachen sowohl für vermeintliche Fehler als auch für mangelnde Testabdeckung. Wenn Fehler aufgetreten sind, muss auch immer das Lasten- und Pflichtenheft geprüft und ggf. nachgezogen werden.

Die Widersprüche zwischen einzelnen Anforderungen sind manchmal schwer zu ermitteln. Bei Hunderten oder Tausenden von **Requirements**. Fallen Widersprüche nicht direkt auf, wenn die Anforderungen nicht im selben Abschnitt dokumentiert sind. Daher ist es sehr wichtig, die Anforderungen logisch und klar zu strukturieren. Da teilweise unterschiedliche Perspektiven eingenommen und dadurch ähnliche Anforderungen auf unterschiedlichen Ebenen existieren, besteht teilweise das Problem von Widersprüchen oder

Tab. 4.1 Eigenschaften von Anforderungen

Eigenschaft	Erklärung
Testbar	Jede Anforderung wird abgeprüft. Wenn kein sinnvoller Testfall möglich ist, dann ist die Anforderung nicht gut.
Vollständig	Alle Aspekte der Anforderung sind dokumentiert. Das verbessert die Testtiefe.
Relevant	Es sind nur Anforderungen formuliert, die für die Komponente oder das System relevant sind. Es ist nicht relevant, welche Bauteile eingesetzt werden oder wie die Umsetzung konkret erfolgt.
Konsistent	Es bestehen keine Widersprüche zwischen einzelnen Anforderungen, die einzelnen Anforderungen passen zusammen.
Eindeutig	Anforderungen sind eindeutig formuliert, sodass es keinen Raum für Interpretationen gibt.
Kontextfrei	Die Anforderungen sind so formuliert, dass sie auch ohne den Kontext verstanden werden kann, also für sich alleinstehend verständlich ist.
Atomar	Die Anforderung ist kurz und knapp gehalten. Dadurch werden Anforderungen verständlicher, lesbarer und leichter testbar.

Redundanzen. Bei einer Änderung von Anforderungen sollte jedoch unbedingt vermieden werden, dass sie an mehreren Stellen geändert werden muss.

Es ist außerdem von zentraler Bedeutung, die Testabteilung bereits bei Erstellung der Lasten- und Pflichtenhefte mit einzubinden. Dadurch kann optimal sichergestellt werden, dass die Anforderungen auch korrekt getestet werden und Testfälle entworfen werden, die die Erfüllung der Anforderungen umfassend und treffsicher nachweisen. Spätere Rückfragen verzögern den Ablauf und führen ggf. zu Überarbeitungszyklen.

Selbst wenn Anforderungen auf den ersten Blick inhaltlich als nicht sinnvoll erscheinen, ist es Aufgabe des Tests sie zu prüfen. **Verifizierung** bedeutet, durch objektive Nachweise die Erfüllung festgelegter Anforderungen, Spezifikationen oder die Richtigkeit von Informationen, Identitäten oder Produkten zu bestätigen und dafür einen Überprüfungsprozess durchzuführen. Mit **Validierung** wird ein dokumentierter Prozess bezeichnet, der beweist, dass ein System, Prozess oder Produkt die festgelegten Anforderungen erfüllt und für seinen beabsichtigten Zweck geeignet ist – es geht um die „Richtigkeit" der Anwendung im Gegensatz zur Verifizierung (richtige Umsetzung der Spezifikation). Dieser Unterschied ist bei jedem Testprozess zu berücksichtigen.

4.2 Systemdesign

Eine schlechte Planung oder Architektur der Software kann einen Designfehler hervorrufen. Diese Fehler können funktionale Fehler, nichtfunktionale Fehler oder kosmetische Fehler umfassen. Zum Beispiel kann ein Designfehler sein, dass die Software zu kompliziert ist, nicht den Anforderungen entspricht oder nicht konsistent ist.

Folgende Fehler treten häufig im Systemdesign auf:

- Nicht normgerechte Bedienelemente auf der Nutzeroberfläche (z. B. Verwendung unterschiedlicher Begriffe für denselben Sachverhalt) und inkonsistentes Layout
- Design von Objekten oder Drag-and-Drop-Techniken
- Mangelndes Feedback (z. B. fehlender Fortschrittsbalken) an den Nutzer nach einer durchgeführten Aktion
- Missverständliche und nicht aussagefähige Fehlermeldungen (die Fehlermeldung erklärt nicht den Weg, wie man das Problem lösen kann)
- Wiederholte Frage nach derselben Information
- Fehlende Standard-Voreinstellungen
- Abfrage von Informationen, ohne mitzuteilen, wofür sie verwendet werden
- Zurücksetzen in Web-Formularen und Löschen aller bisher eingegebenen Informationen

Ein Fehler im Bedienkonzept liegt dann vor, wenn das Programm sich anders verhält als es einzelne oder viele Anwender erwarten, obwohl der Programmcode technisch an sich fehlerfrei ist.

Es ist zu empfehlen, das Systemdesign zu reviewen und mit den Anforderungen abzugleichen, bevor mit der eigentlichen Programmentwicklung begonnen wird. Man kann diesen Vorgang wie die Prüfung eines Bauplans zu betrachten. Die dazu benötigte Zeit wird meist zu wenig in der Projektplanung berücksichtigt – man startet also vorschnell bereits mit der Programmierung, weil man ja auch schnell einen Prototyp vorweisen möchte. Das Review nützt aber in späteren Entwicklungsphasen erheblich zu einer stringenteren Vorgehensweise.

4.3 Entwicklung

Programmierfehler sind Fehler, die durch menschliche Fehler oder Unwissenheit beim Schreiben des Programmcodes verursacht werden.

Folgende Fehlerarten beziehen sich auf die Entwicklung:

a) **Syntaxfehler**: Syntaxfehler verhindern bereits das Kompilieren des Programms. Das ist zum Beispiel eine fehlende schließende Klammer in einer Abfrage. Sie verhindern die weitere Testdurchführung von Anfang an.
b) **Logische Fehler**: In diesem Fall kann der Code kompiliert werden, das Ergebnis wird aber falsch oder unerwartet sein. Beispiel:

```
a = 100
while a < 10;
a = a+1
print a
```

Der Code sieht korrekt aus, aber die Schleife wird nie ausgeführt werden, weil der Parameter „a“ initial bereits auf 100 gesetzt wurde.

c) **Laufzeitfehler**: Während der Code erstellt wird, müssen Laufzeitfehler behoben werden, um Programmabstürze zu verhindern. Beispielsweise muss ein Programm getestet werden, dass den Durchschnitt einer Liste von Zahlen berechnet.

   Angenommen, dieses Programm hat einen Fehler wegen einer Division durch Null oder ein Grenzwertproblem, wodurch verhindert wird, dass ein Element einbezogen wird, das hätte eingefügt werden sollen. Dann wird das Programm in diesem Fall mit einem Laufzeitfehler beendet. In diesem Fall tritt der Programmfehler nicht zwangsläufig auf, sondern ist von den Eingabedaten abhängig. Zu dieser Fehlerursache zählen auch häufig vorkommende Zahlenüberläufe und Rundungsfehler. Besondere Aufmerksamkeit empfiehlt sich beim Test auch auf unterschiedliche Zeitzonen, Navigieren im Browser oder die Refresh-Taste des Browsers während einer Aktualisierung zu drücken [FRAN2007].
d) **Speicherfehler**: Speicherfehler treten auf, wenn ein Programm versucht, auf einen Teil des Computerspeichers zuzugreifen, der dafür nicht vorgesehen ist. Aufgrund dieser Fehler können vertrauliche Informationen verloren gehen. Ein Speicherproblem wird gut durch den Pufferüberlauf veranschaulicht: Beispielsweise versucht das Programm, Daten in einen temporären Speicherpuffer zu schreiben, der diese Daten nicht aufnehmen kann. Wenn dieser Zustand nicht sorgfältig abgefangen wird, kann es vorkommen, dass das Programm einen nahegelegenen Speicher überschreibt, was zu unvorhersehbaren Folgen führen kann. Daher müssen während der Entwicklung Eingabevalidierungen, Plausibilitätsprüfungen und laufende Code Reviews durchgeführt werden, um diese Probleme zu beseitigen.
e) **Eingabevalidierungsfehler**: Wenn ein Benutzer Daten eingibt, die nicht mit dem System kompatibel sind, treten Eingabevalidierungsfehler auf. Zum Beispiel gibt es in einer Anwendung ein Feld für die Eingabe des Alters. Das Alter muss zwischen 10 und 20 Jahren liegen und es dürfen nur numerische Zahlen gemäß den Systemanforderungen eingegeben werden. Benutzer erhalten bei der Eingabe einen Eingabevalidierungsfehler, wenn im Feld „vierzehn“ oder 21 erfasst wird. Diese Fehler sollten mit einer verständlichen und korrekten Fehlermeldung abgefangen werden. Besonders zu beachten sind Fälle, bei denen die Eingabewerte mehrerer Felder zusammen validiert werden müssen, um eine plausible Eingabe zu ergeben.
f) **Grenzwertfehler**: Diese Fehler treten auf, wenn das System nicht dafür ausgelegt ist, Werte an den Grenzen zu verarbeiten, die als äußere Grenzen definiert wurden. Beispielsweise schätzt ein Programm die durchschnittliche Anwesenheit von Arbeitnehmern, die zwischen 1000 € und 20.000 € pro Monat verdienen, über einen Zeitraum von fünf Jahren. Da das Programm keine Eingabe von 1000 € akzeptieren kann, wenn ein Angestellter genau 1000 € verdient, kann das System diese möglicherweise nicht berechnen. Wenn ein Mitarbeiter analog dem vorherigen Beispiel genau 20.000 € pro Monat verdient, kann das System seine Anwesenheit nicht ermitteln, da es keine Werte verarbeiten kann, die diesen Betrag überschreiten.
g) **Berechnungsfehler**: Berechnungsfehler treten gelegentlich auf und können dadurch verursacht werden, dass das Programm eine falsche mathematische Formel verwendet.

Die häufigsten Ursachen dieser Probleme sind unter anderem der Einsatz ungeeigneter Algorithmen, fehlerhafte Zahlenrundungen sowie Datenüber- oder -unterlauf. Ein Beispiel ist der Test einer Formel zur Zinsberechnung: *Zinsen = Kapital x (Zinssatz/100) x Zeit*. Angenommen, in diesem Fall werden die Zinsen mit 200 ausgegeben, während 205 der richtige Betrag wäre. Möglicherweise ist eine falsche Abrundung des ermittelten Ausgabewertes die Ursache für diesen Fehler.

h) **Kompatibilitätsfehler**: Diese Fehler treten auf, wenn Exceltabellen oder Programme aktualisiert werden. Die Funktionen dieser Anwendungen werden dadurch gegenüber früheren Versionen verändert. Dann zeigen Werte, die mit der neueren Version gespeichert sind, möglicherweise ein abweichendes Systemverhalten, wenn sie mit früheren Versionen geöffnet werden. Wenn z. B. ein Programm nur mit Windows 11 kompatibel ist, dann kann es beim Versuch, dasselbe Programm unter einer anderen Windows-Version zu verwenden, zu Kompatibilitätsproblemen kommen.

i) **Performancefehler**: Eine Webanwendung ist darauf ausgelegt, dass 1000 aktive Benutzer gleichzeitig auf die Oberfläche zugreifen können, ohne dass Performanceprobleme auftreten. Laufzeittests mit einem Simulationsprogramm ergeben jedoch, dass das Programm bereits deutlich langsamer wird, sobald es 700 aktive Benutzer gleichzeitig verwenden. Damit ist die Systemanforderung nicht erfüllt; ein Performancefehler liegt vor [THIN2026]. Mit Hilfe von automatisierten Skripten lassen sich Massenzugriffe simulieren. Aktivitäten zur Performancemessung sollten daher bei größeren Webprojekten oder Anwendungen mit vielen gleichzeitigen Zugriffen einer Vielzahl von Nutzern (z. B. bei Geldautomaten) immer mit bedacht werden.

4.4 Integration

Das Zusammenspiel von vielen Programmen führt oft zu Fehlern aufgrund der Komplexität und der Vielzahl von Abhängigkeiten, die zwischen den unterschiedlichen Softwareprodukten bestehen. Wenn verschiedene Programme miteinander interagieren, müssen sie über Schnittstellen kommunizieren, die auf bestimmten Protokollen und Datenformaten basieren. Diese Schnittstellen müssen korrekt implementiert und konfiguriert sein, damit die Programme reibungslos zusammenarbeiten können.

Kompatibiliätsprobleme werden durch eine mangelnde Übereinstimmung oder Integration der Software mit anderen Softwarekomponenten, Hardwarekomponenten, Betriebssystemen, Netzwerken oder Standards verursacht. Zum Beispiel kann ein Kompatibilitätsproblem darin bestehen, dass die Software nicht auf einem bestimmten Gerät oder Browser funktioniert, sie nicht mit einer anderen Software kommuniziert oder dass die Software nicht den Richtlinien oder Vorschriften entspricht.

Wenn Fehler bei der Implementierung der benötigten Softwarekomponenten auftreten, können Leistungsprobleme auftreten, weil die Programme möglicherweise nicht effizient miteinander kommunizieren können. Darüber hinaus können Darstellungsprobleme auftreten, wenn die Algorithmen, die von den Programmen verwendet werden, nicht konsistent sind oder wenn es Konflikte in den Datenformaten gibt, die zu Inkonsistenzen oder fehlerhaften Anzeigeelementen führen können.

Die Komplexität des Zusammenspiels von vielen Programmen erhöht die Wahrscheinlichkeit von Konflikten und Fehlern erheblich, da jede Software ihre eigenen Anforderungen und Einschränkungen hat, die berücksichtigt werden müssen, um ein reibungsloses Zusammenspiel zu gewährleisten. So kann schon eine kleine Änderung in einem der beteiligten Programme zu unerwarteten Auswirkungen auf andere Programme und somit zu Fehlfunktionen im Gesamtsystem führen. Dies macht es schwierig, das Zusammenspiel von vielen Programmen zu managen und erfordert eine sorgfältige Planung der Abläufe bei der Software-Integration und kontinuierliche Überwachung, um potenzielle Probleme frühzeitig zu erkennen und zu beheben [DEVD2026].

Bei der Integration von Programmteilen verhält es sich analog der Kommunikation im Projekt mit unterschiedlichen Stakeholdern: viele Fehler haben ihre Ursache in Kommunikationsproblemen – und bei Software-Integration geht es um die Kommunikation unterschiedlicher Programmteile, unterschiedliche Datenformate, also um Schnittstellenprobleme.

Je besser in der Systemarchitektur die Modularität der einzelnen Programme berücksichtigt wurde, desto eher gelingt Softwareintegration. Dazu wiederum ist die exakte Beschreibung der Anforderungen jedes einzelnen Programms erforderlich.

Besondere Herausforderungen treten auf, wenn ein neues Programm mit bereits bestehenden Programmen integriert werden muss oder wenn ein neues Programm aktuell in eine bereits bestehende Applikation integriert werden muss, die Ablösung dieses Programms aber bereits mittelfristig geplant ist und man dadurch auch für das Nachfolgeprodukt offen sein muss. Gute detaillierte Schnittstellenbeschreibungen sind dann wesentlich.

Ein Integrationstest ist vor allem bei der Integration mehrerer Subsysteme, die in der Regel nacheinander inkrementell bereitgestellt werden, unbedingt vorzunehmen, bevor man das Gesamtsystem testet. Der Integrationstest kann zwar zeitaufwändig werden, trägt aber erheblich zur Risikominderung bei, da man sonst nur sehr schwer feststellen kann, bei welchen Subsystemen Inkompatibilitäten vorhanden sind und an welchen Schnittstellen ggf. noch Felder nicht oder mit falschen Formaten übergeben werden. Ein „Big bang", also die komplette Integration aller Systemkomponenten mit anschließendem Test direkt nach der Entwicklung der Einzelteile, führt zu umso schwierigerer Fehlersuche und damit weiterem Zeitverzug und Anstieg der Projektkosten. Softwareintegration bleibt ein komplexes und schwieriges Unterfangen, was gerade bei komplexen technischen Systemen immer wieder zu hohen und meist unterschätzten Aufwänden führt.

Eine besondere Problematik besteht dann, wenn die einzelnen Subsysteme von verschiedenen Unternehmen entwickelt wurden, da dann jedes der Unternehmen bemüht sein wird, nicht die eigene Komponente ändern zu müssen und es dabei auch zu firmenpolitischen Verwicklungen kommen kann. Bei Systemintegrationstests kann es hier auch vorkommen, dass man aus Geheimhaltungsgründen oder vertraglichen Einschränkungen zu wenig Informationen vom Zulieferer bekommt, um den Systemintegrationstest zielführend durchführen und abschließen zu können.

4.5 Konfiguration

Inkonsistenzen in Systemkonfigurationen sind eine der Hauptursachen für Datenschutzverletzungen und Internetangriffe in Unternehmen. Gartner geht in einer Studie von der Tatsache aus, dass ca. 99 % sämtlicher Cloud-Sicherheitsvorfälle im Jahr 2023 auf Konfigurationsfehler oder Benutzerfehler zurückgehen. Außerdem kommt erschwerend hinzu, dass einige Firmen Probleme haben, jene weitreichend zu entdecken sowie zu beheben [BEEI2026]. Ein besonders schwerer Fehler in der Konfiguration liegt dann vor, wenn beschädigte Systemdateien die ordnungsgemäße Funktion des Computers beeinträchtigen. Solche Fehler können zu Abstürzen und Leistungsproblemen führen.

Konfigurationsmanagement bezeichnet die disziplinierte Verwaltung von Konfigurationselementen eines Systems, um Änderungen zu kontrollieren und die Integrität und **Traceability** (Verfolgbarkeit) der Konfiguration im gesamten Lebenszyklus des Systems sicherzustellen. Es umfasst die Identifizierung, Dokumentation, Verifizierung und Überwachung der Änderungen an Konfigurationselementen wie Software, Hardware und Dokumentation. Ein effizientes Konfigurationsmanagement mit klaren Verantwortlichkeiten geeigneten Tools ist daher unerlässlich um schwere Fehler im Entwicklungsprozess, aber auch in der Produktion zu vermeiden. In jedem Integrationsprojekt sollte daher (mindestens) ein Konfigurationsmanager namentlich dafür verantwortlich sein, jederzeit einen Überblick über den aktuellen Integrationsstand liefern zu können. Die Hauptziele dabei sind:

- Sicherstellen, dass alle Systemkonfigurationen und Änderungen nachvollziehbar sind
- Gewährleistung der Konsistenz der Systemleistung während des gesamten Lebenszyklus
- Reduktion von Fehlern durch unbeabsichtigte Inkonsistenzen

Ein effektives Konfigurationsmanagement erleichtert nicht nur die Fehlerbehebung und Systemaktualisierungen, sondern verbessert auch die Qualität und Zuverlässigkeit des Systems [STUD2026].

4.6 Testplanung und Testfallspezifikation

Zur **Testplanung** stehen nicht immer sämtliche Daten zur Verfügung, sodass der Testaufwand in Summe häufig unterschätzt wird. Die Prozesskette und die Dauer der Rückkopplungsprozesse während der Testdurchführung werden dabei meist zu gering angesetzt. Es unterbleibt (teilweise aus politischen Gründen), eine realistische Anzahl an Fehlerzyklen von Anfang an einzuplanen. Aber erst mit einer gewissen Erfahrung kommt man zu realistischen Annahmen. Durch die zu optimistische Planung kommt das Testteam ins Hintertreffen, und der allgemeine Fachkräftemangel verstärkt den Projektstress. Gerade Testautomatisierung, die Einrichtung geeigneter Testumgebungen und die Testvorbereitung bedeuten umfangreiche Vorarbeiten, die ebenfalls oft unterschätzt werden. Dann kommt es dazu, dass manche Testfälle übersehen oder aus Zeitmangel nicht mehr getestet werden können.

Die Qualität der **Testspezifikation** wirkt sich ebenfalls auf die Fehlerquote aus: Oft treffen Testfälle nicht den Kern der Anforderung bzw. berücksichtigen nicht alle Aspekte des Requirements oder die Aussagen, die leider manchmal nur „zwischen den Zeilen" stehen. Häufig wird aus Zeitgründen nur der Positivfall getestet, aber ein Testfall, bei dem eine Fehleingabe bewusst vorgenommen wird, um einen Fehlerfall zu provozieren und die weitere Verarbeitung des Systems und die Systemstabilität zu überprüfen, fehlt. Kombinationen von Anforderungen, das tiefe Graben nach nicht auf Anhieb offensichtlichen Fehlern fehlt jedoch, wenn man nur das einfache Szenario testet. Ursachen über die Qualität einer Anwendung sind daher mit Vorsicht zu treffen: wurden so viel Fehler bemerkt, weil die Qualität der Entwicklung so schlecht war oder wurde sehr ausführlich in der Tiefe getestet? Andersherum kann man sich auch in Sicherheit wiegen: es wurden wenige Fehler bemerkt, aber nicht etwa, weil sie nicht vorhanden sind, sondern weil zu wenig oder nicht zielgerichtet genug getestet wurde.

Fehler, die in der Testphase nicht auftreten, sind besonders problematisch, weil es vor dem Rollout die letzte Möglichkeit ist, Fehler zu entdecken und zu beheben. Wenn der Fehler dann erst einmal in die Produktion gelangt ist, kann er zu erheblich höheren Kosten führen. Das bedeutet nämlich Nachbesserungen, (idealerweise komplette) Regressionstests, erneuten Rollout und zeitlichen Verzug der Entwicklung. Dazu kommt es zu Imageproblemen, wenn der Endkunde sie bemerkt oder – noch schlimmer – wenn sie in einer breiteren Öffentlichkeit publik werden. Der Umkehrschluss ist dann manchmal, dass man den Nutzen der Testabteilung in Frage stellt: wozu leistet man sich eine teure Testabteilung, wenn sie die Fehler ja doch nicht finden? Dann kann man auf den Test doch von Anfang an verzichten? Dabei handelt es sich um einen gefährlichen Trugschluss: Es muss gerade in diesem Fall darum gehen, die Ursachen der Nichterkennung von Fehlern genau zu untersuchen, um zielgerichtet und nachhaltig die Produktqualität zu erhöhen.

In diesem Zusammenhang ist es von enormer Wichtigkeit, die geeignete **Testabdeckung** zu definieren und die Testaufwände (für Erstellung der Testspezifikationen, Testdurchführung und Testautomatisierung) realistisch zu planen.

4.7 Testdurchführung

Eine weitere Fehlerursache besteht darin, dass die Testspezifikation bei der Testdurchführung nicht ausreichend berücksichtigt wird, also dass z. B. notwendige Einschränkungen und Voraussetzungen nicht bedacht werden oder die Testumgebung nicht die erforderte Qualität aufweist. Es passiert auch immer wieder, dass automatisierte Testskripte nicht genau das tun, was die Testspezifikation fordert. Es ist daher unbedingt erforderlich, Reviews und einen Abgleich erstellter Testskripte mit den manuell erstellten Testfällen durchzuführen.

Es ist nicht zu empfehlen, direkt aus den Anforderungen heraus ein automatisiertes Skript zu erstellen und auf die Testbeschreibung zu verzichten. Die Testbeschreibung muss vorhanden und die Testdurchführung mindestens einmal manuell erfolgt sein, bevor man sinnvoll ein Testskript erstellen kann. Man muss dabei nicht jeden Parameter testen und kann mehrere Testschritte in der Beschreibung zusammenfassen, wenn nachgewiesen wurde, dass das Testskript die Ausführung übernimmt, aber die generelle Abfolge der einzelnen Schritte muss so konkret beschrieben sein, dass man den Test grundsätzlich auch manuell durchführen könnte. Testautomatisierung setzt man schließlich dafür ein, um wiederkehrende Abläufe zu optimieren, Regressionstests zu ermöglichen und die Testabdeckung mit zahlreichen Daten oder Kombinationen zu steigern.

Auch zur Testautomatisierung eingesetzte Testwerkzeuge sind nicht fehlerfrei. Wie bei anderen Entwicklungsumgebungen können diese zu Einschränkungen, schlechter Wartbarkeit, schlechter Usability oder Instabilität der Automatisierung führen. Speziell als kritisch einzustufen sind Fehler, die trotz einer Abweichung des Systemverhaltens des Testobjekts vom erwarteten Verhalten einen Testfall nicht fehlschlagen lassen, da sie im Allgemeinen schwer und oft erst sehr spät entdeckt werden können. Eine weitere Fehlerquelle können in Automatisierungsframeworks liegen, die die Funktionalität eines Testwerkzeugs nutzen, um das Testobjekt und gegebenenfalls auch dessen Umgebung in Kombination mit entsprechenden Testdaten für Tester automatisiert zugänglich zu machen. Dafür muss das Testwerkzeug häufig um entsprechende Funktionalitäten erweitert werden, z. B. für die Integration mit weiteren Schnittstellen, was ebenfalls zu Fehlern führen kann. Es sollte darauf geachtet werden, dass nicht diese Fehler im Framework irrtümlich als Fehler im zu testenden System gemeldet werden [BUCS2015].

4.8 Testdaten

Die Bereitstellung der Testdaten verursacht oft einen hohen Aufwand für die Wartung der Testdaten. Fehler bei der Datenaufbereitung werden durch komplexe Testumgebungen, unzureichende Setup-Spezifikationen oder inkonsistente Daten und den Einsatz mehrerer Plattformen, die fehlende Wiederverwendung von Testdaten oder schwierig zu automatisierende erwartete Werte verursacht. So kommt es in der Praxis relativ oft vor, dass geplante nächtliche automatisierte Testläufe stehen bleiben und dadurch Verzögerungen im Projektablauf auftreten. Deswegen ist es erforderlich, bei der Testautomatisierung nicht nur auf ein effizientes Herstellen der Skripte, sondern auch auf die leichte Wartbarkeit von Testdaten zu achten [ZOEL2018].

Oft besteht die Fehlerursache auch in einer vermeintlichen Kosteneinsparung dadurch, dass man als Unternehmen selbst Aufgaben übernimmt, wozu andere Experten besser geeignet wären. In einem Projekt sollte ein Testteam, das ich selbst koordinierte, mehrere Testfälle durchführen, die eine spezielle Konfiguration der Testumgebung, spezielles Knowhow und besonderes Messequipment benötigt hätte. Aus Kostengründen wurde verzichtet, einen externen Spezialanbieter heranzuziehen, der diese Aufgabe hätte übernehmen können, und stattdessen die Durchführung dem eigenen Testteam überlassen. Am Ende war die Durchführung in Eigenregie teurer, langsamer und qualitativ schlechter, und wegen fehlenden Messequipments musste am Ende die Testabdeckung sogar verringert werden. Zusätzlich führten die zusätzlichen Tätigkeiten dazu, dass für andere Tests die Ressourcen nicht ausreichten, es kam zu daher zu weiteren Verzögerungen im Projektablauf und Terminverzug für den gesamten Entwicklungs- und Testprozess. Die Einsparung war also nur auf den ersten Blick günstiger. Es ist deshalb bei jedem Schritt in der **Prozesskette** zu prüfen, ob genügend qualifiziertes Knowhow im Unternehmen zur Verfügung steht, um qualitativ hochwertige Ergebnisse zu erzielen. Die oberflächliche Suche nach kurzfristig erzielbaren Einsparungen identifiziert meist nicht die wahren Kostentreiber. Diese Beobachtung zeigt sich vor allem im Hinblick auf Verbesserungen betrieblicher Abläufe und detaillierte Fehleranalysen immer wieder.

4.9 Ursachen außerhalb der Prozesskette der Softwareproduktion

Einige Ursachen für Softwarefehler sind analog anderen Produkten oder Dienstleistungen, also generelle Fehlerursachen und nicht nur auf Software beschränkt. Diese Fehlerursachen liegen auch außerhalb der Prozesskette des eigenen Projekts:

Dazu gehören Umorganisationen, Merger, auch die Ungewissheit über die Zukunft der eigenen Organisation oder des eigenen Unternehmens. Gerade in Großkonzernen bremsen Umorganisationen ab ihrer Ankündigung (sei es auch nur inoffiziell über den Flurfunk) bis zur vollständigen Umsetzung (die sich über Monate hinziehen kann) die Produktivität erheblich aus – wahrscheinlich weit mehr als dies dem Management gemeinhin bewusst ist. Es ist unbedingt erforderlich, dass diese Organisationsmaßnahmen so lange wie nur irgend möglich geheim bleiben und dann sehr gut vorbereitet schnell umgesetzt werden. Auch die Fehlerquote wird erhöht, weil die Konzentration auf die inhaltlichen Ausgaben dadurch geringer wird – man ist einfach weniger bei der Sache. Aus demselben Grund wirken sich plötzliche Budgetkürzungen oder andere Projekte, die plötzlich erhöhte Bedeutung bekommen, wirken sich nicht nur auf die Fertigstellung des Projekts aus, sondern auch auf die Fehlerquote.

Die Motivation der Mitarbeiter ist entscheidend für die Fehlerquote. So wie ein erhöhter Krankenstand auf ein Führungsproblem hinweist, sind Mitarbeiter, die wenig motiviert sind, weniger achtsam und verursachen unbewusst mehr Fehler. Wenn sich Mitarbeiter ungerecht behandelt fühlen oder ihre Gehaltsvorstellungen nicht durchsetzen konnten, hat das ebenfalls Auswirkungen auf die Fehlerquote. Man wünscht sich den jungen, gleichzeitig erfahrenen, dynamischen, erfolgreichen, hochmotivierbaren und formbaren Mitarbeiter, den es aber in seiner Idealform am Arbeitsmarkt so nicht gibt und muss daher Abstriche machen – manchmal auch am Qualitätsniveau, auf die sich Defizite der Mitarbeiter indirekt auswirken. Professionelles Handeln sollte berufliche und private Herausforderungen trennen, aber in der Praxis gelingt das nicht jedem. Ein Mitarbeiter der sich zum Beispiel gerade in einer Trennungs- oder Scheidungsphase befindet oder gerade privat mit dem Hausbau, der Kinderbetreuung oder der Pflege von Angehörigen beschäftigt ist, kann diese persönlichen Herausforderungen nicht immer professionell trennen und ist dann in der Konsequenz weniger bei der Sache.

Auch die Qualifikation der Mitarbeiter und mangelnde Kommunikation im Unternehmen wirkt sich direkt auf die Fehlerquote aus. Bestimmte Informationen, die notwendig gewesen wären, lagen in der entsprechenden Phase nicht vor und konnten deswegen nicht hinreichend berücksichtigt werden. Oder aber der Mitarbeiter wählt einen falschen Ansatz zur Lösung, weil er den besten Weg nicht kennt und probiert tagelang etwas umzusetzen, was mit einem anderen Ansatz weitaus besser gelungen wäre. In so einem Fall können auch leicht Fehler entstehen.

Die persönliche Eignung für die Tätigkeit passt auch nicht immer in allen Punkten zusammen. Mitarbeiter A ist vielleicht sehr akribisch und detailverliebt, was für die Testdurchführung oder Fehleranalyse ja grundsätzlich eine gute Eigenschaft ist, aber dadurch zu langsam in seinem Arbeitsfortschritt. Mitarbeiter B ist zwar sehr kommunikativ aber wiederum etwas oberflächlich und nicht sorgfältig genug in der Durchführung seiner Arbeit. Mitarbeiter C arbeitet sehr gut, wenn die Vorgaben genau formuliert sind, zeigt aber wenig Eigeninitiative. Mitarbeiter D erfüllt die Anforderungen in Summe sehr gut, ist ein hervorragender Experte mit jahrzehntelanger Erfahrung, aber dadurch auch überlastet und manchmal genervt und gereizt. Mitarbeiter E ist jung und lernbegierig, hat aber kaum Projekterfahrung und muss sich in die Umgebung erst noch einarbeiten. Den optimalen Mitarbeiter, der alle Anforderungen erfüllt, ist im betrieblichen Alltag so gut wie nie anzutreffen. Das alles muss man auch bei seinen Projektzielen und den Aufwandsschätzungen bedenken. Teilweise werden Personalentscheidungen getroffen, die auch der Projektmanager nicht nachvollziehen kann, etwa wenn erfolgversprechende Projekte vorzeitig beendet werden oder Mitarbeiter in andere Abteilungen versetzt werden, ohne dort bereits konkrete Arbeitspakete zu definieren, während das eigene Projekt dringend weiterhin die fachliche Expertise des Mitarbeiters benötigt.

Psychische Probleme und Auswirkungen aus einer allgemeinen Mitarbeiterunzufriedenheit schlagen sich in der Fehlerquote nieder, was aber nicht ohne weiteres zu quantifizieren ist. Das Bewusstsein über die Auswirkungen ist zwar immerhin gestiegen, aber weil sich diese Probleme schwer in Zahlen fassen lassen, bleiben die Messung und der Nachweis dafür schwierig. Private Differenzen oder Querelen innerhalb des Teams und Kommunikationsprobleme unter den Mitarbeitern sind ebenfalls problematisch und können Projekte erheblich ausbremsen.

Generell sind die Überlastung der Mitarbeiter und zu viele parallele Aktivitäten eine weitere Fehlerquelle. Wenn man im Meeting nebenbei noch chattet und Mails beantwortet, ist man eben nicht konzentriert bei der Arbeit. Die mangelnde Konzentration führt zu einem Mangel an akribischer und sorgfältiger Analyse und Umsetzung. Die Informationsüberflutung der Mitarbeiter hat in den letzten Jahren erheblich zugenommen. Die Anzahl an Meetings und Abstimmungen ist in vielen Unternehmen in den letzten Jahren enorm gestiegen, und die zunehmende Arbeit im Homeoffice (vor allem seit Corona) führt gerade in den letzten Jahren auch zu einer Flut interner Abstimmungen. Für konzentriertes Arbeiten braucht man eine ruhige Umgebung, die bei permanenten Abstimmungen nicht mehr gegeben sein kann. Dazu kommen ständige Ablenkungen durch private Nachrichten oder Videos auf Whats App oder sozialen Medien. Und oft wird im Projektumfeld viel zu schnell kommuniziert, anstatt erst einmal selbst in sich zu gehen, nachzudenken und genau zu analysieren. In einer Untersuchung wurde festgestellt, dass vor ca. 20 Jahren die durchschnittliche Aufmerksamkeitsspanne vor einem Bildschirm noch bei ca. 2,5 Minuten lag, heute nur noch bei 47 Sekunden. Jeder zweite Mitarbeiter klagt über häufige Arbeitsunterbrechungen. Durch die steigende Anzahl externer Unterbrechungen haben aber auch die Selbstunterbrechungen, in denen wir uns selbst aus einer Handlung herausreißen, enorm zugenommen.

Durch diese Rahmenbedingungen verliert man aber enorm viel Zeit für die weitere Entwicklung. Gerade wenn Projekte mit agilen Methoden umgesetzt werden, muss der **SCRUM Manager** auf zielgerichtete Meetings achten und aufpassen, dass man nicht vom Ziel abkommt und die Meetings in endlosen Diskussionen ausufern. Oft wird in der Praxis das agile Arbeiten eher als Feigenblatt benutzt und die Vorgaben des **agilen Manifests** nur unzureichend umgesetzt. Gerade in den täglichen Standup-Meetings ist daher die Tendenz, das Meeting zur Selbstdarstellung zu nutzen, ausgeprägt. Der 15-Minuten-Sprint artet dann oft in langwierigen Diskussionen aus, dauert dadurch erheblich länger und bindet die Kapazität aller Anwesenden. In vielen Unternehmen kommt es immer wieder vor, dass angesetzte Meetings erheblich länger dauern, als eigentlich geplant war, weil man vom Hundertsten ins Tausendste kommt und Diskussionen ausufern. Ein straffes Projektmanagement ist an dieser Stelle gefragt.

Die meisten Fehler passieren generell, wenn es dem Unternehmen „zu gut geht": In Krisenzeiten achtet man genauer darauf, keine Fehler zu machen, weil generell mehr Zeit vorhanden ist und man sich sehr stark bewusst ist, dass man sich keine großen Fehler leisten kann. Wenn das Budget ausreichend vorhanden ist, macht man oft mehr Fehler, weil man sich dann eher auf seinen bisherigen Erfolgen ausruhen kann und der Änderungs- bzw. Handlungsbedarf als weniger dringend empfunden wird. Auch wenn wegen Personalmangels in wirtschaftlich guten Zeiten teilweise die Arbeitsbelastung steigt verliert man auch leicht den Qualitätsanspruch aus den Augen. Interessanterweise entstehen die besten Innovationen und Neuentwicklungen vor allem in Krisenzeiten und nicht dann, wenn die wirtschaftlichen Kennzahlen und die Auslastung des Unternehmens sehr gut sind.

Allgemein gesagt, gehören zu den häufigsten Fehlerquellen instrumentelle, umweltbedingte, verfahrenstechnische und menschliche Fehler. Alle diese Fehler können entweder zufällig oder systematisch sein, je nachdem, wie sie sich auf die Ergebnisse auswirken.

Instrumentelle Fehler treten auf, wenn die verwendeten Instrumente ungenau sind (wenn z. B. eine Waage nicht funktioniert). Auch das passiert hin und wieder in Testprojekten, wenn die Konfiguration des automatischen Skripts fehlerhaft vorgenommen wurde. Dann werden Testergebnisse als falsch deklariert, die eigentlich richtig wären, und umgekehrt tatsächlich vorhandene Fehler bei der Durchführung der automatisierten Testskripte nicht erkannt.

Literatur

[DEVD2026]: https://www.devduck.de/blog/viele-programme-viele-fehler/, zugegriffen am 02.01.2026

[BEEI2026]: https://www.bee-it.de/news/Konfigurationsmanagement-Herausforderungen-und-L%C3%B6sungsans%C3%A4tze.html, zugegriffen am 02.01.2026

[STUD2026]: https://www.studysmarter.de/studium/informatik-studium/cyber-physik/konfigurations-management/, zugegriffen am 02.01.2026

[THIN2026]: https://thinksys.com/qa-testing/types-software-testing-bugs/, zugegriffen am 02.01.2026

[MEDT2015]: https://medtech-ingenieur.de/anforderungen-an-anforderungen/, zugegriffen am 02.01.2026

[BUCS2015]: Bucsics, Baumgartner, Sneed, Gwihs: Basiswissen Testautomatisierung, dpunkt-Verlag Heidelberg, 2.Auflage 2015

[FRAN2007]: Franz, Handbuch zum Testen von Web-Applikationen, Springer-Verlag Berlin Heidelberg, 2007

[ZOEL2018]: Zölch: Testdaten und Testdatenmanagement, dpunkt-Verlag Heidelberg, 2018

[KNBK2026]: https://www.fch-gruppe.de/Beitrag/860/known-bug-kosten, zugegriffen am 02.01.2026

Fehleranalyse

5

Fehleranalyse ist ein systematischer Prozess zur Identifizierung, Untersuchung und Behebung von Fehlern. Probleme und Pannen treten unvermeidlich in jedem Unternehmen auch, selbst unter bestmöglichen Bedingungen. Am einfachsten scheint es zu sein, nur die auftretenden Symptome des Problems zu korrigieren. Doch dieses reaktive Vorgehen garantiert geradezu eine Reihe wiederkehrender– und sich oft verschlimmernder – Probleme [IBMC2026].

5.1 Vorgehen bei der Fehleranalyse

Bei einer hinreichend großen Datenbasis gilt für eine Fehleranalyse erfahrungsgemäß das Paretoprinzip, wonach 20 % der Fehlerursachen 80 % der Fehler verursachen. Wird diesen Fehlerursachen entgegengewirkt und die Häufigkeit dieser (ursprünglich) 80 % der Fehler deutlich reduziert, ergeben sich positive Unternehmenseffekte.

Die Fehleranalyse ein systematischer Prozess, bei dem die Ursache untersucht und ein Bericht darüber erstellt wird, was getan werden muss, um zu verhindern, dass das Problem erneut auftritt. Man muss jedoch nicht warten, bis ein Problem auftritt, bevor die Methoden der Fehleranalyse angewendet werden können. Sie können eingesetzt werden, um potenziellen Fehlern vorzubeugen, das Produktdesign zu verbessern, die Einhaltung von Vorschriften zu gewährleisten oder eine Haftungsbewertung vorzunehmen [TULI2026].

Zunächst muss bei der Fehleranalyse geprüft werden, ob es sich überhaupt um einen Fehler handelt. „It's no bug, it's a feature". Der in der IT berühmte Spruch wird in den meisten Fällen ironisch verwendet, um sich über einen gravierenden Programmierfehler lustig zu machen. In manchen Fällen ist es aber tatsächlich so, dass es sich nur um einen *vermeintlichen* Fehler handelt.

F. Witte, *Fehlermanagement*, https://doi.org/10.1007/978-3-658-51918-6_5

Dazu muss die dem Testfall zugrunde liegende Anforderung geprüft werden. Es ist also zunächst zu prüfen, ob der Testfall wirklich die Anforderung umfassend abbildet, oder ob die Anforderung anderweitig interpretiert werden kann. Wenn man diesen Schritt unterlässt, dokumentiert man ein Fehlverhalten und fordert eine Analyse des Entwicklers heraus, die gar nicht relevant ist und muss den Fehler wieder zurückziehen. Daher ist diese gründliche Analyse vor der Fehlererfassung wichtig. Die irrtümliche Erfassung von Fehlern und das anschließende Zurückweisen von Fehlern ist zwar in der Praxis wahrscheinlich nie ganz auszuschließen, eine hohe Anzahl bzw. über 5 % zurückgezogene Fehler von allen Fehlern deuten aber darauf hin, dass die Tester zu wenig über die Anwendung geschult sind oder die Anforderungen und Testfälle missverständlich formuliert sind.

Wenn es sich tatsächlich um einen Fehler handelt, ist zunächst zu prüfen, wer den Fehler zur Analyse bekommt. Manchmal sind mehr als ein Mitarbeiter zur Fehleranalyse erforderlich, teilweise handelt es sich um einen Zulieferer, der zur Fehleranalyse hinzugezogen werden muss. Den gesamten Prozess von Fehlerentdeckung über Analyse bis zur Behebung und zum Nachtest sollte eine eigene Instanz, der **Fehlermanager** (siehe auch Kap. 24), überwachen und koordinieren.

Im Allgemeinen sind folgende Schritte erforderlich, um eine Fehleranalyse einzuleiten:

- Organisation einer Gruppe der wichtigsten Beteiligten: Der Umfang der an einer Fehleranalyse beteiligten Personen hängt von der Art des Vorfalls sowie von der Größe und Struktur des Unternehmens ab. Im Produktivbetrieb werden häufig Anlagen- und Wartungsingenieure die Analyse durchführen, obwohl einige Organisationen vielleicht über Zuverlässigkeitsingenieure oder sogar spezialisierte Ingenieure für Ausfallanalysen verfügen, die mit dieser Aufgabe betraut werden. Im Falle von Softwaretests sind die Entwickler vorrangig mit der detaillierten Fehleranalyse beschäftigt; man muss also während der Entwickler für Fehleranalyse ausreichend Kapazität einplanen. Wenn das entsprechende Fachwissen intern nicht verfügbar ist, können externe Berater engagiert werden. Das Analyseteam erstattet dem Management Bericht – die genaue Berichtskette hängt von der Art des untersuchten Vorfalls ab.
- Definition des Umfangs des Problems/der Probleme: Damit eine Fehleranalyse erfolgreich ist, muss ein eindeutiges gemeinsames Verständnis über die Art des Fehlers vorhanden sein. Dies sollte in einer Problembeschreibung festgehalten werden, in der angegeben wird, welche Fehleranalysetechniken das Team anwenden wird.
- Identifikation der Fehlermodi und Mechanismen: Um einen Fehler zu analysieren, ist es wichtig zu verstehen, was das Ergebnis (die Fehlerart) war. Beispiele hierfür sind der Ausfall oder das Versagen von Maschinen oder die Herstellung von Produkten minderer Qualität. Dann müssen die Mechanismen verstanden werden, die zu dem Misserfolg geführt haben: war es z. B. eine fehlerhafte Umsetzung der Anforderungen, menschliches Versagen, eine Fehlfunktion im Betriebssystem usw.

- Sammlung und Analyse der relevanten Daten: Alle relevanten quantitativen und qualitativen Daten müssen gesammelt und analysiert werden. Zu den quantitativen Daten gehören Logfiles sowie Details, die durch visuelle Inspektion und Fehlersuche am System gesammelt wurden. Zu den qualitativen Daten gehören Informationen des Testers, der das Fehlverhalten beobachtet hat.
- Bestimmung und Einleitung von Korrekturmaßnahmen: Das Ergebnis der Untersuchung ist die Erstellung eines **Fehleranalyseberichts**, in dem dargelegt wird, was entdeckt wurde und vor allem, was zur Behebung des Problems getan werden muss.

5.2 Strategien und Techniken der Fehleranalyse

Es gibt mehrere Methoden der Fehleranalyse, die nicht nur für Softwareprojekte gelten:

- **Fehlermöglichkeits- und -einflussanalyse(FMEA)**, siehe auch Kap. 22. Diese Technik hebt Fehler innerhalb eines bestimmten Systems hervor und ist in jeder Phase eines Prozesses anwendbar, einschließlich Planung, Entwurf, Implementierung oder Inspektion. Sie besteht aus den zwei Hauptkomponenten **Fehlermodus**. (Identifizierung der verschiedenen Möglichkeiten, wie etwas versagen kann) und **Wirkungsanalyse** (die Folgen jedes Fehlermodus).
- **Analyse von Ursache und Wirkung**: Ein diagrammgestützter Ansatz, um das Problem zu bewerten, die Ursache(n) zu identifizieren und eine Lösung zu finden. Sie kombiniert Brainstorming- und Mindmapping-Techniken, um das Problem zu erforschen, und ist eine nützliche Methode, um komplexe Szenarien in kleinere Teile zu zerlegen.
- **5 Gründe** : Eine Methode zur Ermittlung der Grundursache eines Problems, bei der nacheinander die Frage „Warum?“ gestellt wird. Der Name leitet sich von der anekdotischen Beobachtung ab, dass fünfmaliges Nachfragen nach dem „Warum?“ in der Regel ausreicht, um die eigentliche Ursache zu ermitteln, aber je nach Szenario kann die Frage auch mehr oder weniger oft gestellt werden.
- **Fishbone (Ishikawa) Diagramm**: Eine visuelle Technik für die Kausalanalyse, die ein besonders hilfreiches Brainstorming-Tool sein kann, wenn nur wenige quantitative Daten verfügbar sind. Dabei wird ein „Fischgräten“-Diagramm gezeichnet, das aus möglichen Ursachen für ein Problem (den Gräten) besteht, die mit einem Rückgrat verbunden sind, das in den Kopf des Fisches führt, der den Fehler oder das Problem symbolisiert.
- Der **Current Reality Tree (CRT)** (auch **Gegenwartsbaum**) ist ein logikbasiertes Tool, mit dem Ursache-Wirkungs-Beziehungen identifiziert und beschrieben werden können. Durch die Identifizierung der Hauptursachen, die den meisten bzw. allen Problemen gemeinsam sind, kann ein CRT die gezielte Verbesserung eines Systems erheblich unterstützen. Ein Current Reality Tree ist ein gerichteter Graph.

- **Fehler/Logikbaum-Analyse** bezeichnet eine Methode, bei der boolesche logische Beziehungen verwendet werden, um die Grundursache zu identifizieren, indem modelliert wird, wie sich Fehler in einem System ausbreiten. Sie wird häufig in **Sicherheitsanalysen**. und Branchen wie Luft- und Raumfahrt, Energie und Verteidigung eingesetzt [TULI2026]. Der **Fehlerbaum** ist die grafische Darstellung von Zusammenhängen, welche zu einem gegebenen unerwünschten Ereignis führen können; es handelt sich hierbei um eine Wahrscheinlichkeitsbetrachtung. Der Baum hat folgende Bestandteile:
  - Eingänge: Eingänge stellen die Ausfälle von Funktionselementen (z. B. eines Sicherheitsventils) dar und sind die „Blätter" des Baums
  - Ausgang: Ausgänge beschreiben das betrachtete sicherheitsrelevante Ereignis, z. B. das Bersten eines Druckbehälters. Dieses Ereignis wird an der Spitze des Baums wiedergegeben.
  - Verknüpfungen sind Darstellungen logischer Zusammenhänge innerhalb des Baums
  - Kommentare bezeichnen Verknüpfungsresultate, z. B. „Ventil öffnet nicht". Ein Kommentar ist der Ausgang eines Verknüpfungsresultats.

Diese Elemente werden über Linien miteinander verbunden. Abb. 5.1 zeigt ein Beispiel für die Fehlerbaumanalyse eines Druckbehälters.

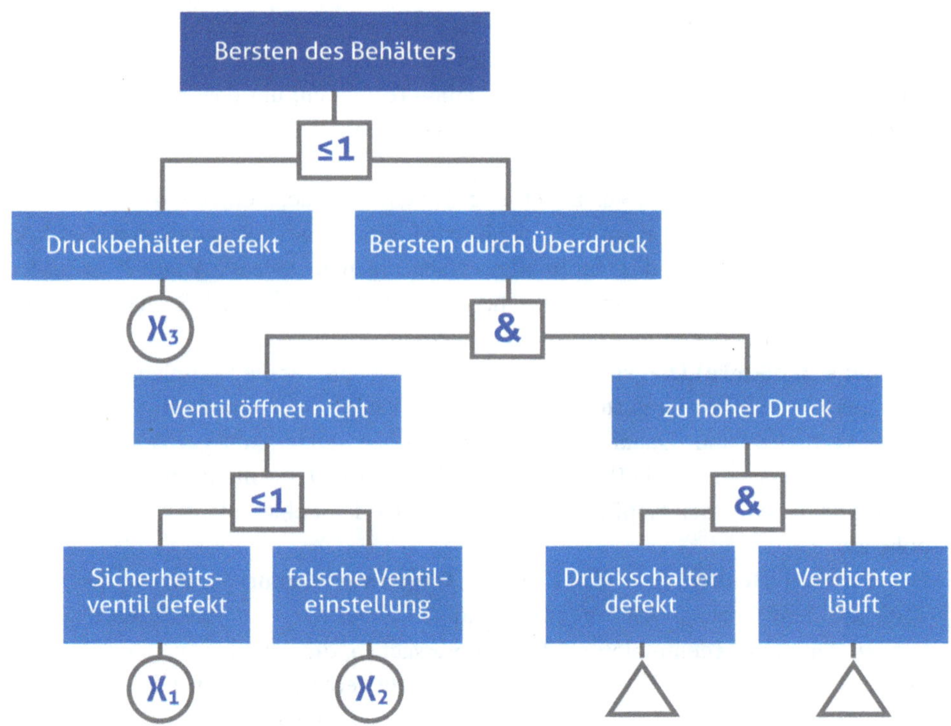

Abb. 5.1 Fehlerbaumanalyse. [LANG2017]

5.3 Begriffe der elementaren Fehlersuche

Im Rahmen der Fehleranalyse ist es erforderlich, die Fehlerquelle zu identifizieren. Die Fehlersuche ist dafür erforderlich, um die zugrunde liegenden Probleme zu erkennen.

- **Verifizierung** bedeutet, nachzuweisen, ob ein Gerät oder eine Baugruppe funktionsfähig (in Ordnung, o. k.) ist oder nicht. Die Verifizierung liefert dementsprechend eine Ja-Nein- bzw. Go/No-Go-Aussage.
- **Lokalisierung** bedeutet, die Fehlerquelle näher zu bestimmen. Meist handelt es sich darum, die zwecks Fehlerbeseitigung auszutauschende Hardware (Funktionseinheit oder Bauelement) aufzufinden.
- Prüfen und Messen bedeutet, gemessene oder beobachtete Werte oder Verhaltensweisen (**Istwerte, Ist-Verhalten**) mit **Sollwerten** bzw. einem **Sollverhalten** zu vergleichen. Das Prüfen liefert letzten Endes Ja-Nein-Aussagen. Das Messen ist ein quantitatives Prüfen. Es liefert zahlenmäßige Messwerte.
- Ein **Fehlerverdacht** ergibt sich dann, wenn der Istwert oder das Ist-Verhalten vom Sollwert oder Sollverhalten abweicht. Manchmal wird diese Abweichung automatisch erkannt (z. B. Testautomaten im Fertigungsbetrieb, Testsoftware). Nicht selten muss es aber der Entwickler im Kopf herausfinden. Hierzu muss er die Sollwerte kennen und wissen, wie das Soll-Verhalten aussieht. Kennt er dies alles nicht hinreichend genau, muss er sich damit vertraut machen. Hierzu sind vor die Dokumentation der jeweiligen Hard- und Software, die einschlägigen Standards und das allgemeine Fachwissen von Bedeutung.
- **Testen** bedeutet, eine fehlerverdächtige Einrichtung auf Funktionsfähigkeit zu überprüfen oder nachzuweisen, ob eine bestimmte Fehlerhypothese zutrifft oder nicht.
- Ein **Verifizierungstest** soll eine Ja-Nein-Aussage zur Funktionsfähigkeit liefern.
- Ein **Lokalisierungstest**: Ein Lokalisierungstest soll Aussagen liefern, die zur Bestimmung der Fehlerursache oder der austauschbaren Einheit nutzbar sind.
- Ein **Dauertest** ist ein Verifizierungs- oder Lokalisierungstest, der längere Zeit läuft. Ein Dauertest soll die Fehlerfreiheit bzw. erfolgreiche Fehlerbeseitigung nachweisen und Ausfälle erkennen. Ein Dauertest wird vom Tester parametriert, gestartet (z. B. über Nacht oder übers Wochenende) und anschließend ausgewertet. Der Dauertest soll keine Beaufsichtigung erfordern, im Fehlerfall genügend auswertbare Information bereitstellen und seinen eigenen Ablauf organisieren.
- Mit einem **Selbsttest** bezeichnet man die Überprüfung einer Hardware durch eingebaute Testvorkehrungen. Dabei kann es sich um residente Programme oder Mikroprogramme handeln, aber auch um besondere Hardware, die Prüfabläufe selbsttätig steuert und überwacht.
- **Fehlerdiagnose** ist der Oberbegriff für das genaue Bestimmen der Fehlerursache [WIKQ2026].

5.4 Fehleranalyse und künstliche Intelligenz

In letzter Zeit gewinnt die Bedeutung des Einsatzes **künstlicher Intelligenz** zur Analyse gemeldeter Fehler zunehmend an Bedeutung. Die Fehlerdiagnose in KI-Systemen ist entscheidend, um die Effizienz und Qualität in verschiedenen Anwendungsbereichen zu verbessern. Moderne Systeme sind zunehmend komplexer, was das Fehlermanagement erschwert. Künstliche Intelligenz (**KI**) bietet hier wertvolle Unterstützung zur frühzeitigen Erkennung und Behebung von Fehlern.

Die Fehlerdiagnose beginnt mit der Datenvorverarbeitung, bei der Daten bereinigt werden, um Ausreißer zu entfernen und fehlende Werte zu ergänzen. Eine hohe Datenqualität ist unerlässlich, um genaue Muster und Trends zu erkennen. Nach der Datenvorverarbeitung folgt die Auswahl relevanter Merkmale, auch bekannt als **Feature Selection**. Hierbei werden diejenigen Variablen identifiziert, die den größten Einfluss auf die Modellleistung haben, was die Komplexität des Modells reduziert und die Interpretierbarkeit verbessert. Im nächsten Schritt werden verschiedene Modelle erstellt und validiert. Dies kann maschinelles Lernen, wie Entscheidungsbäume und neuronale Netze, oder statistische Modelle, wie Regressionsanalysen, umfassen. Ziel ist es, ein Modell zu finden, das die Daten am besten beschreibt und Vorhersagen mit hoher Genauigkeit trifft. **Data Mining**-Techniken werden eingesetzt, um Muster und Anomalien in den Daten zu erkennen, die auf Fehler hinweisen können. **Predictive Analytics** nutzt diese Muster, um zukünftige Ereignisse vorherzusagen. Dies ermöglicht es, proaktive Maßnahmen zu ergreifen, bevor Fehler tatsächlich auftreten, und trägt zur Vermeidung größerer Ausfälle bei.

Beim Einsatz von Data Mining und Predictive Analytics müssen mehrere Aspekte beachtet werden: Eine hohe Datenqualität ist entscheidend, da fehlerhafte oder unvollständige Daten zu falschen Vorhersagen und Diagnosen führen können. **Feature Engineering**, also die Auswahl und Transformation relevanter Merkmale, maximiert die Modellgenauigkeit. Die Wahl des geeigneten Algorithmus ist ebenfalls wichtig, da verschiedene Modelle je nach Anwendungsfall unterschiedliche Ergebnisse liefern können. Eine gründliche Validierung der Modelle ist unerlässlich, um sicherzustellen, dass sie nicht überangepasst sind und auf neuen Daten zuverlässig funktionieren. Techniken wie **Cross Validation**, bei der das Modell auf verschiedene Datensätze getestet wird, und **Bootstrapping**, welches die Genauigkeit der Vorhersagen durch wiederholte Durchführung von Zufallsstichproben aus den Daten verbessert, sind hierbei hilfreich. Modelle sollen zudem transparent und interpretierbar sein, um die zugrunde liegenden Muster verstehen und die Vorhersagen erklären zu können. Schließlich müssen die Methoden und Technologien skalierbar sein, um mit großen Datenmengen und hohen Verarbeitungsgeschwindigkeiten umgehen zu können, ethischen Standards entsprechend und den Datenschutzvorschriften gerecht werden.

Beispiele für die Anwendung der Fehlerdiagnose sind die Vorhersage von Ausfallzeiten in der Produktion, wobei Merkmale wie Maschinentemperaturen, Vibrationen und Betriebsstunden in ein Modell einfließen, um Muster zu erkennen, die auf potenzielle Ausfälle hinweisen. Dadurch können Wartungsarbeiten proaktiv geplant und ungeplante Maschinenausfälle minimiert werden. In der Medizintechnik werden Daten medizinischer Geräte

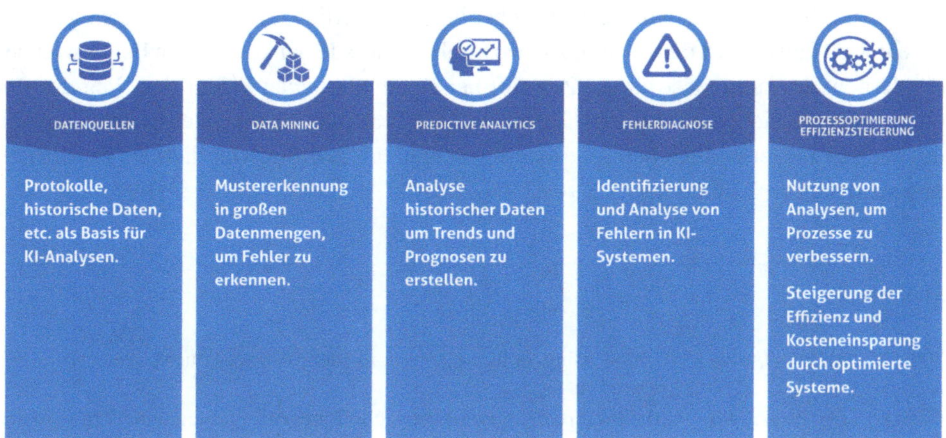

Abb. 5.2 Effektive Fehlerdiagnose in KI-Systemen. [SQMA2024]

kontinuierlich überwacht, um auf bevorstehende Geräteausfälle oder Fehlfunktionen hinzuweisen. Auch in der Energietechnik werden große Datenmengen von Sensoren in Stromnetzen und Kraftwerken analysiert, um Wartungsarbeiten zu optimieren und die Zuverlässigkeit der Energieversorgung erhöhen, indem frühzeitig auf Anzeichen von Störungen oder Ineffizienzen hingewiesen wird.

Die **Fehlerdiagnose** in KI-Systemen durch Data Mining und Predictive Analysis ist eine leistungsfähige Methode, um Zuverlässigkeit und Effizienz zu erhöhen. Durch sorgfältige Datenvorbereitung, Modellbildung und Validierung können Fehler frühzeitig erkannt und behoben werden. Dies optimiert Prozesse und verbessert die Qualität der Dienstleistungen in komplexen Systemen [SQMA2024]. In Abb. 5.2 ist die effektive Fehlerdiasgnose abgebildet.

5.5 An der Fehleranalyse beteiligte Stakeholder

Im Softwaretest ist oft nicht genau ersichtlich, welche Entwickler zur Fehlerbehebung herangezogen werden müssen. In manchen Fällen ist das Testobjekt immerhin so gut strukturiert, dass man den Ansprechpartner leicht herausfindet und das Projekt überschaubar. Häufig aber sind mehrere Beteiligte oder das Zusammenwirken mehrerer Systemeinflüsse für das Fehlverhalten verantwortlich. Der Fehlermanager muss daher verstehen, welche Mitarbeiter er zur Fehleranalyse zusammenbringen muss, damit über den Fehler und seine Fehlerursache ein gemeinsames Verständnis vorhanden ist und der Fehler gezielt behoben werden kann. Vor allem in großen Projekten im Konzernumfeld können die Aufwände für zielgerichtete Fehleranalyse immens werden.

Eine detaillierte Systemarchitektur und ein gemeinsames Verständnis über die Abgrenzungen der einzelnen Module und die einzelnen Verantwortlichkeiten sind daher auch für die Fehleranalyse von zentraler Bedeutung für den Projekterfolg.

Wenn der Fehler gelöst wurde, ist es unbedingt erforderlich, die Fehlerbehebung zu dokumentieren und die Art der Lösung zu beschreiben. Gerade bei komplexen Fehlern ist das erforderlich, um zumindest für die Zukunft bei einem ähnlichen Fehler den Weg der Behebung nachvollziehen zu können. Das wird in der Praxis leider oft unterlassen: wenn ein aufwändiger Fehler endlich bereinigt wurde, ist man nur noch froh endlich die Fehlermeldung schließen zu können.

Literatur

[TULI2026]: https://tulip.co/de/blog/using-failure-analysis-to-identify-root-cause/, zugegriffen am 03.01.2026

[WIKQ2026]: https://wikiqm.de/doku.php?id=computertechnik:begriffe_fehlersuche, zugegriffen am 03.01.2026

[LANG2017]: Taschenbuch der Automatisierung, Carl-Hanser-Verlag 2017, München

[SQMA2024]: SQ-Magazin Ausgabe 69 Juni 2024

[IBMC2026]: https://www.ibm.com/de-de/think/topics/root-cause-analysis, zugegriffen am 03.01.2026

6 Fehlerumfang und Fehlerschwere

Um sich als Testmanager bzw. Fehlermanager ein zuverlässiges Bild von der Qualität der Software zu machen, muss man die Bedeutung der einzelnen Fehler verstehen und korrekt einordnen, da die bloße Anzahl der Fehler allein wenig aussagefähig ist. Daher ist die Beurteilung der Fehlerschwere eine Basis für erfolgreiches Fehler- und Testmanagement.

6.1 Fehlerschwere

Die Klassifikation von Fehlerursachen (siehe auch Kap. 3) ist auch nach der **Fehlerschwere** möglich:

- Betriebsbehindernd/sicherheitsrelevant
- Abnahmeverhindernd/schwer
- Verbesserungswürdig/mittel
- Schönheitsfehler/niedrig

Die einzelnen Kategorien werden dabei auch mit **Fehlerklassen** bezeichnet. Eine alternative Darstellung zeigt Tab. 6.1:

Es gibt weitere Unterteilungen, z. B. die Klassifizierung nach Hutcheson in vier Gewichtungsklassen:

- Klasse 1: wenn das System wegen des Fehlers voll ausfällt
- Klasse 2: wenn das System wegen des Fehlers nur eingeschränkt weiterarbeiten kann
- Klasse 3: wenn das System wegen des Fehlers falsche Ergebnisse liefert
- Klasse 4: das System wegen des Fehlers von den Erwartungen des Benutzers abweicht

F. Witte, *Fehlermanagement*, https://doi.org/10.1007/978-3-658-51918-6_6

Tab. 6.1 Fehlerklassen

Klasse	Bedeutung
1	Systemabsturz ggf. mit Datenverlust; das Testobjekt ist in dieser Form nicht einsetzbar
2	Wesentliche Funktion ist fehlerhaft; Anforderung nicht beachtet oder falsch umgesetzt; das Testobjekt ist nur mit großen Einschränkungen einsetzbar
3	Funktionale Abweichung bzw. Einschränkung („normaler" Fehler); Anforderung fehlerhaft oder nur teilweise umgesetzt; System kann mit Einschränkungen genutzt werden
4	Geringfügige Abweichung; System kann ohne Einschränkung genutzt werden
5	Schönheitsfehler (z. B. Rechtschreibfehler oder Mangel im Maskenlayout); System kann ohne Einschränkung genutzt werden

Die **ANSI/IEEE Norm 1044** für Fehlerklassifizierung schlägt fünf Klassen vor.

Schönheitsfehler haben lediglich Darstellungsprobleme oder einfache „Unschönheiten" zur Folge, sie beeinträchtigen aber in der Regel die Hauptfunktionalität der Software nicht oder nur geringfügig. Das sind z. B. falsche Fonts im User Interface. Sie werden auch als „low severity bugs" bezeichnet. Häufig werden diese Bugs gar nicht erst beseitigt, da das Kosten-Nutzen-Verhältnis einer Behebung nicht angemessen ist.

Fehler, die die Funktionalität der Software einschränken oder deren Benutzung behindern, zählen zu den **verbesserungswürdigen Fehlern**. Diese Fehler sind am offensichtlichsten und werden im Allgemeinen schnell behoben, da bei ihnen meist ein direkter Zusammenhang zwischen dem fehlenden beziehungsweise nicht funktionierenden Feature und dem Fehler besteht. Wenn der Fehler so schwerwiegend ist, dass die Software nicht mehr sinnvoll benutzbar ist, kostet das im Unternehmenseinsatz viel Produktivität und damit Geld – selbst dann, wenn die Fehler schnell behoben werden.

Die Art der **funktionalen Abweichungen** kann man ggf. noch weiter einschränken: kann mit einem Workaround der Fehler umgangen werden, auch wenn das die Nutzererfahrung (temporär) einschränkt? Was bedeutet es, die Software trotz des bekannten Fehlers einzuführen, welcher manuelle Zusatzaufwand fällt in diesem Fall an? Hier muss man häufig abwägen, welche Maßnahme kosten- bzw. zeitintensiver ist: den Fehler noch zu beheben, was ggf. eine Terminverschiebung der Softwareeinführung oder sogar Penalty-Zahlungen nach sich zieht, oder zumindest übergangsweise die umständliche Lösung zu wählen und bei der Abnahme eine Auflage für ein (ggf. bereits zur Auflage terminiertes) Nachfolgerelease zu definieren.

Betriebsverhindernde Fehler behindern den stabilen Betrieb oder machen ihn unmöglich. Bei Stabilitätsproblemen, die nur unter bestimmten Bedingungen auftreten, ist die Behebung von Bugs schwierig. Das zeigt sich zum Beispiel bei Betriebssystemen, die sporadisch abstürzen und die wie bei älteren Windows-Versionen zu einem Blue Screen führen. Wird an dieser Stelle die ursächlich verantwortliche Fehlfunktion nicht verbessert, kann es zu schwerwiegenden Problemen kommen. Manchmal liegen die Probleme schon in der zu Grunde liegenden Konzeption – und diese ist im Nachhinein nur mit großem Aufwand oder gar nicht zu ändern. Im schlimmsten Fall scheitert ein ganzes IT-Projekt an einem Bug und muss neu aufgesetzt werden. Das passiert in der Praxis im Übrigen gar nicht so selten, wie man gemeinhin annehmen möchte.

Eine Besonderheit der betriebsverhindernden Fehler sind Fehler, die die gesamte Nutzung so unmöglich machen, sodass der Arbeitsprozess beim Anwender blockiert oder laufende Tests nicht fortgesetzt werden kann: wenn das Testobjekt gar nicht gestartet werden kann oder die Verschaltung der Testumgebung massive Fehler aufweist, ist die geplante Testkampagne sinnlos und alle bereits geplanten Testressourcen blockiert. Es ist dann oftmals für den Testmanager schwierig, die gesamte Testcrew ad hoc umzusteuern.

Sicherheitsrelevante Bugs erlauben einen Angriff auf das System oder gespeicherte Daten. Diese Fehlerkategorie ist am problematischsten – und zwar nicht zuletzt deshalb, weil Sicherheitslücken häufig erst nach Jahren entdeckt werden. Jedes komplexe System enthält hunderte oder tausende Bugs, dementsprechend gibt es viele potenzielle Sicherheitslücken. Zu einem Problem werden solche Lücken immer dann, wenn sie zwar jemand entdeckt, aber geheim hält, weil er keine guten Absichten hat oder sie zu kriminellen Zwecken nutzen will. Gerüchten zufolge bezahlen sogar Geheimdienste Hacker dafür in bestimmten IT-Systemen nach unbekannten Sicherheitslücken zu suchen, allerdings nicht, um diese öffentlich zu machen, sondern um sich darüber unbemerkt Zugriff auf Daten zu verschaffen. In solchen Fällen erfahren die Hersteller oder die Open Source Community gar nicht oder erst sehr spät von der Lücke und können diese auch nicht zeitgerecht schließen. Nur wenn die Sicherheitslücke bekannt wird, kann der Hersteller Gegenmaßnahmen ergreifen und den Fehler beheben. In der Realität dauert dieser Vorgang vielfach Wochen oder Monate [ADAC2026]. Gerade bei sicherheitsrelevanten Systemen, die in großen Organisationen eingesetzt werden, ist es daher erforderlich, automatisierte Testverfahren und schnelle Freigaben der Software zu erwirken, da die Sicherheitslücke sonst zu lange offenbleibt und weitere Angriffe auf das System möglich werden. In diesem Zusammenhang wird die Notwendigkeit von Cyber Security nach wie vor grandios unterschätzt. Moderne Kriege (z. B. im Ukraine-Konflikt deutlich zu beobachten) richten sich gegen kritische Infrastrukturen. Ein Angriff auf ein Rechenzentrum, ein Elektrizitätswerk, die Wasserversorgung oder die Bahninfrastruktur des gegnerischen Landes kann extrem hohe Schäden verursachen.

Es gibt hinsichtlich der Schwere eine Besonderheit bei Fehlern, deren Auswirkung über lange Zeit unbemerkt bleiben. Das sind Fehler, die beispielsweise bei einer besonderen Nutzung oder nach Erstellung eines Jahresreports auffallen. Sie haben in der Regel eine aufwändige Behebung oder Datennacherfassungen zur Folge (z. B. wenn über einen längeren Zeitraum hinweg Daten falsch gespeichert wurden). Diese Fehler beeinträchtigen zunächst nicht den Betrieb, können aber bei Eintreten des Ereignisses besonders massiv werden [ADAC2026]. Dazu gehören z. B. die Fehler zur Jahrtausendwende oder am 01.01.2010, also bei speziellen Zeitpunkten. Ein künftiges Problem ist im Jahr 2038 zu befürchten: Systeme, die die Unixzeit benutzen und diese als vorzeichenbehaftete 32-Bit-Ganzzahl speichern, könnten dann zu Softwareausfällen führen.

Diese Unterscheidung ist vor allem hinsichtlich einer Abnahme bzw. Produktionseinführung relevant. Meist ist der Auslieferungstermin der Software gegeben und kann nicht beliebig nach hinten verschoben werden. Dann kann man Fehler mit niedrigerer Priorität erst in einem Folgerelease beheben oder mitigierende Maßnahmen definieren, um die Software doch noch termingerecht einführen zu können.

Tab. 6.2 Fehlerpriorität

Klasse	Bedeutung
1 -Patch	Der Arbeitsablauf beim Anwender ist blockiert oder die laufenden Tests können nicht fortgesetzt werden. Das Problem muss unmittelbar, ggf. provisorisch, behoben werden; ein Patch muss erstellt werden.
2- Nächste Version	Die Fehlerkorrektur erfolgt mit der nächsten regulären Produktversion oder der nächsten Testobjektlieferung.
3 – Gelegentlich	Die Fehlerkorrektur erfolgt, sobald die betroffenen Systemteile ohnehin überarbeitet werden.
4 – Offen	Eine Korrekturplanung ist noch vorzunehmen.

Die Schwere des Fehlers sollte aus Sicht des Anwenders bzw. späteren Nutzers des Testobjekts vergeben werden. Aus dieser Einordnung muss jedoch nicht unmittelbar erfolgen, wie schnell das jeweilige Problem zu beheben ist. Hier gehen zusätzlich Anforderungen des Produkt- oder Projektmanagements ein (z. B. Korrekturaufwand), aber auch Anforderungen aus Sicht der weiteren Testdurchführung (blockierte Testfälle). Die Frage, wie dringlich ein Fehlerzustand beseitigt werden muss, wird deshalb über ein zusätzliches Attribut, die **Fehlerpriorität** gesteuert. Ein mögliches Schema ist in Tab. 6.2 dargestellt:

Die Auswertung von Schwere und Priorität erlaubt dem Testmanager, Aussagen über die Produktstabilität bzw. über die Lieferfähigkeit des Testobjekts vorzunehmen (siehe auch Kap. 21) [SPIL2005]. In der Praxis herrscht manchmal Verwirrung über den Unterschied zwischen der Blockierung eines Tests und Blockierung der Produktion. Ein relativ einfacher Fehler, wie z. B. eine falsche Textpassage auf einer Website, kann die Produktion blockieren, den Test jedoch nicht [TPIN2011].

6.2 Beispielhafte Klassifikation von Softwarefehlern

Auf Basis bestehender Normen wurde in einem exemplarischen Projekt eine Klassifizierung der Fehler in Klassen A (sehr schwere Fehler) bis E (Schönheitsfehler) vorgenommen. Die Einordnung eines Fehlers kann z. B. durch tiefergehende Fehleranalyse während der Fehlerbehebung geändert werden. Die Klassifikation ist an die Fehlerschwere (Abschn. 6.1) angelehnt. Bei jeder Änderung ist die Angabe einer Begründung erforderlich.

Klasse A: Fehler, der zu einem eigenen Service-Release führt; die Anwendung ist nicht lauffähig; es fehlen Teile der Anwendung; die Ordnungsmäßigkeit ist verletzt oder beeinträchtigt. Beispiele:

- Standard-Plattformen (z. B. Betriebssystem, Browser, Basispaket…) werden von der Anwendung nicht oder nicht korrekt unterstützt z. B. Anwendung ist nicht aufrufbar; Seiten werden nicht oder unvollständig angezeigt
- angebotene Basisfunktionen funktionieren nicht, z. B. Drucken, Auswählen, Speichern, Übergabe von Daten kann nicht gestartet werden
- falsche Ergebnisse bei Berechnung, Druck, Schnittstellen, Erfassung, Datenhaltung, Steuerung

- Programmabstürze, die ihre Ursache in einem fehlerhaften Verhalten der Anwendung haben, z. B. sog. Laufzeitfehler, „fatal-errors“, „out of memory“, oder andere Systemmeldungen; mit oder ohne Verzweigung zu einer anderen Task bzw. auf den Desktop
- Programmverklemmungen, die ihre Ursache in einem fehlerhaften Verhalten der Anwendung haben und eindeutig der Anwendung zuordenbar sind (z. B. Endlosschleifen bei Berechnungen, Plausiprüfungen etc.)
- Datenverlust oder Dateninkonsistenz z. B. beim Importieren, Exportieren, Kopieren, Löschen, Anlegen Konvertieren, Drucken (Zeilen oder Zeichen fehlen oder werden falsch ausgegeben), Aufruf von Programmverbindungen
- Annahme oder Verarbeitung unzulässiger Daten
- falsche oder fehlende Produkt-Komponenten z. B. Erste Schritte, Beipackzettel; die nicht vom Anwender zu beheben sind
- nicht lesbare Datenträger
- fehlerhafte Anwendungsverkettung oder Unverträglichkeiten der Schnittstellen z. B. falsche Wertübergabe zwischen Schnittstellen
- fehlerhafte Installation/Deinstallation (die Anwendung ist nicht lauffähig) z. B. Überschreiben oder Löschen von DLLs mit zentraler Bedeutung, dadurch Folgeprobleme in anderen Anwendungen oder in Office-Produkten
- Fehlerhafte Navigation zwischen Web-Seiten, z. B. Seiten sind ohne Inhalt oder enthalten falsche Informationen; Ansteuerung der falschen Seite
- Downloads von Dokumenten sind nicht möglich
- Zugangsmechanismen funktionieren nicht ordnungsgemäß z. B. nicht öffentliche Bereiche sind ohne Berechtigung (z. B. SmartCard) zugänglich

Klasse B: Die Funktionsweise der Anwendung ist beeinträchtigt oder es kommt zu Fehlfunktionen. Das Problem ist vermeidbar oder hat keine erheblichen Folgen. Dies können beispielsweise sein:

- Dialog führt zu ungewolltem Ergebnis z. B. eine Funktion löst einen Dialog aus, der vom Anwender nicht gewollt ist, der jedoch unterbrochen bzw. korrigiert werden kann.
- unverständliche Meldungen/Hilfetexte, fehlende Meldungen/Hilfetexte bzw. fehlende Hilfeanbindung, fehlendes Feedback (z. B. Sanduhr, Fortschrittsanzeige) bei länger dauernden Aktionen
- gravierende Dialogfehler in der Steuerung und/oder im Kontext der Meldungen z. B. Funktion(en), Links nicht ausführbar; Meldungen stehen nicht im richtigen Kontext zur aufgerufenen Funktion; Funktion(en) nicht aufgabenadäquat; RETURN und ESC wirken in Dialogfenstern nicht; Zurück-Button des Browsers verzweigt ins falsche Fenster
- Bestimmungen der Norm zur Steuerung, zum Programmablauf sind nicht eingehalten, d. h. Normteile (z. B. Währungsrechner, Tipps-Dialog, Info-Dialog) fehlen oder entsprechen nicht den Normvorschriften; normierte Funktionen fehlen oder sind nicht korrekt gestaltet
- unangemessen lange Laufzeiten z. B. Ladezeit für Startseite/Zentrale Seiten im Internet >= 10 s

- gravierende Verstöße gegen die Einheitlichkeit/Erwartungskonformität, z. B. uneinheitliche Tastenbelegung; gewohnte Funktionen (innerhalb der Anwendung, von anderen Anwendungen oder Office-Produkten) stehen an erwarteten Stellen nicht zur Verfügung; interaktive Module/Elemente sind uneinheitlich gestaltet; fehlendes Feedback bei Mail-Aktivitäten in Internet-Anwendungen; Duplexdruck funktioniert nicht; Seiten stehen Kopf; Logos fehlen beim Druck oder werden durch andere Zeichen ersetzt; Layout zu groß angelegt
- sinnvolle Basisfunktionen fehlen z. B. Löschen, Kopieren, Drucken, Einstellungen, Zurück-Button im Browser (Ausnahme: fachliche Gründe, z. B. Rücksprung auf einen gelöschten Datenbestand ist unmöglich)
- falsche Verwendung modaler bzw. nicht modaler Dialoge
- Multitasking-Fehler, Mehrfachaufruf von Anwendungen/Funktionen, der zu einem fehlerhaften Dialogverhalten führt (mit oder ohne Auswirkung auf andere Anwendungen)
- Funktionen bzw. Symbole sind nicht als aktiv/inaktiv erkennbar
- nicht belegte Tasten(-Kombinationen) sind aktiv
- Inkonsistenz zwischen „Erste Schritte", Beipackzettel, Lieferschein und Programm, z. B. unterschiedliche Produktbezeichnungen
- Inkonsistenz im Infoguide, Beipackzettel, Lieferschein z. B. falsche Verweise, falsche Informationen bzgl. Produktbezeichnung, Version, Artikel-Nr. oder Installation der Anwendung
- falsche Beschriftungen oder Anzeigen im Programm
- umständliche Installation/Deinstallation bzw. unverständliches Dialogverhalten bei der Installation
- unvollständige Installation/Deinstallation (die Anwendung ist lauffähig) z. B. unvollständige Anweisungen; Einträge in Systemdateien werden nicht oder nicht vollständig gelöscht

Klasse C: Kleinere Fehler oder Mängel, die das Arbeiten mit der Anwendung nicht wesentlich behindern. Dies können beispielsweise sein:

- formal uneinheitliche Meldungen
- uneinheitliche/s bzw. nicht normgemäße/s Dialoggestaltung/-verhalten, z. B. Sortierspalte ist falsch oder nicht gekennzeichnet; dauerhaft inaktive Menüpunkte werden nur grau dargestellt statt ausgeblendet; Mauszeiger ändert seine Form (Pfeil, i-beam-pointer) nicht entsprechend dem Feld, auf dem er positioniert wird
- leichte Dialogfehler in der Steuerung, z. B. Fehlermeldung muss zweimal bestätigt werden, TAB-Reihenfolge ist nicht sequenziell
- verbesserungsbedürftige Bedienerfreundlichkeit, z. B. Fokus beim Öffnen der Anwendung falsch positioniert
- überflüssige Fragen und Informationen an den Anwender

- orthografische und grammatikalische Fehler z. B. in Lieferschein und Programmdokumentation (z. B. Meldungen, Hilfetexte)
- Bestimmungen der Norm zur optischen Gestaltung sind nicht exakt eingehalten, z. B. Pixelgröße einer Symbolschaltfläche weicht geringfügig vom vorgegebenen Maß ab
- uneinheitliche Begriffe innerhalb der Anwendung, z. B. Spaltenüberschriften oder Feldbezeichnungen sind bei gleicher Bedeutung uneinheitlich; unterschiedliche Schreibweisen für gleiche Begriffe
- gleiche Bezeichnungen werden für unterschiedliche Inhalte verwendet, z. B. Seitenüberschriften werden mehrfach für unterschiedliche Seiten benutzt, sodass die Seiten nicht eindeutig identifizierbar sind; Navigationseinträge werden mehrfach für unterschiedliche Seiten verwendet; Seiten- und Unterüberschriften sind identisch
- unverständliche Abkürzungen, z. B. in Hilfetexten; als Bezeichnung von Steuerelementen; als Spaltenüberschrift
- Darstellungsmängel bei Internet-Anwendungen, z. B. Bilder werden mit mangelhafter Farbtiefe oder unscharf wiedergegeben
- kleinere Mängel beim Druck, z. B. bei der Positionierung von Zeichen (zu hoch abgeschnittene Unterlängen)

Klasse D enthält Änderungs- oder Erweiterungswünsche, die den vorliegenden Programmumfang bzw. Lieferumfang ergänzen, erweitern oder verbessern. Hier können auch Change Requests erfasst werden. Dabei handelt es sich exemplarisch um:

- kleine Layout- bzw. Textkorrekturen, z. B. Formatierungsvorschläge zur Verbesserung der Lesbarkeit von Tabellen oder Seiten
- formale Änderungswünsche eines Hilfetextes oder zum Layout der Programmanweisung
- zusätzliche Funktionen, z. B. Einstellungs-Dialog für Listen fehlt; bestimmte Auswertungen können nicht gedruckt werden

In Klasse E fallen Hinweise zum Handling, Tipps und Tricks zum Produkt. Dabei handelt es sich u. a. für Lösungshinweise für bekannte Probleme, Problemumgehungsstrategien und Hinweisen zur Systembedienung [FEHK2026].

6.3 Wirkungskette von Fehlhandlung zur Fehlerwirkung

ISTQB verwendet den Begriff Fehlerschweregrad statt Fehlerschwere und definiert ihn als den Grad der Auswirkungen, den ein **Fehlerzustand** . auf Entwicklung oder Betrieb einer Komponente oder eines Systems hat.

Die Wirkungskette von der **Fehlhandlung** über den Fehlerzustand zur **Fehlerwirkung** ist in Abb. 6.1 mit einem Beispiel dargestellt.

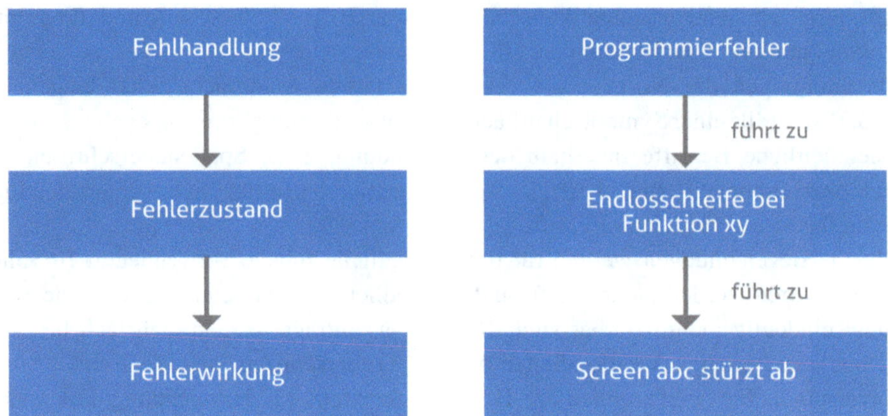

Abb. 6.1 Wirkungskette von Fehlhandlung, Fehlerzustand und Fehlerwirkung

Im praktischen Einsatz wird die Fehlerschwere bei der Testdurchführung benötigt, um zu ermitteln, welche Fehler (Bugs) später behoben werden müssen. Daher muss der Tester jedem gefundenen Fehler eine Fehlerschwere zuordnen und die Fehlerschwere im Testprotokoll dokumentieren. Die einzelnen Fehlerschweren aus einem Testdurchlauf werden im **Testergebnisbericht** summarisch festgehalten.

Dabei sollte ein **Fehlerticket** (**Fehlerbericht**) erstellt werden. Ist ein Testdurchlauf abgeschlossen, so kann in der Testberichterstattung ein weiterer Vergleich angestellt werden, der die Fehlerrate und Fehlerschweren aus verschiedenen Testdurchläufen vergleicht oder ein Vergleich über unterschiedliche Projekte vorgenommen werden [PETJ2026].

6.4 Fehlerumfang

Zunächst sollte man geeignete Messgrößen definieren, wie viele Fehler man im Laufe des Projekts erwartet. Die **Fehleranzahl** muss zum einen zur Komplexität des Systems und zum Projektumfang in Beziehung gesetzt werden.

Die absolute Fehlerzahl allein ist wenig aussagekräftig. In größeren Software-Entwicklungsprojekten kann es über den gesamten Prozess durchaus zu Tausenden von Fehlern kommen, ohne dass das Projekt deswegen als gescheitert betrachtet werden muss.

Daher sollte die Anzahl der Fehler nach Schwere gewichtet werden. Fehlerumfang und Fehlerschwere müssen daher im Zusammenhang betrachtet werden. Die Gewichtungsklassen von Hutcheson (siehe Abschn. 6.1) können daher auch für die Beurteilung des Fehlerumfangs herangezogen werden.

Dabei sollte eine relative Gewichtung vorgenommen werden, mit deren Hilfe detaillierte Aussagen getätigt werden können, um die Fehlerklassen mit Hilfe mathematischer Werte zu vergleichen.

Die ANSI/IEEE Norm 1044 für Fehlerklassifizierung schlägt fünf Klassen vor. Diese 5 Klassen sollen mit einem Gewichtungsschema bewertet werden:

- Katastrophale Fehler x 16
- Kritische Fehler x 8
- Schwere Fehler x 4
- Mittlere Fehler x 2
- Leichte Fehler x 1

Durch die Gewichtung der Fehler bekommt man über den aktuellen Stand der Softwarequalität eine weitaus genauere Aussage als über die reine Anzahl von Fehlern [SNEE2010].

Das folgende Beispiel (Tab. 6.3) zeigt den Unterschied von Projekt 1 und Projekt 2. Projekt 1 hat auf den ersten Blick deutlich weniger Fehler als Projekt 2 (siehe Anzahl Fehler in Summe ohne Gewichtung, Spalte B: 150 Fehler bei Projekt 1 und 200 Fehler bei Projekt 2) und würde nach dem ersten Eindruck als das erfolgreichere Projekt bewertet. Wenn man jedoch die Fehlerschwere mit einbezieht und das Gewichtungsschema aus der ANSI/IEEE Norm anwendet, kommt man zu einem anderen und wesentlich genaueren und realitätsgetreueren Ergebnis (Spalte M).

Ein **Benchmarking** verschiedener Projekte bezüglich der Anzahl gewichteter Fehler sollte regelmäßig vorgenommen werden; aus Stärken und Schwächen unterschiedlicher Projekte Aussagen über Best Practices zu gewinnen ist durchaus sinnvoll. Es müssen jedoch eine Reihe von Einflussgrößen dazu betrachtet werden. Weiterhin sind für ein Benchmarking der Projektumfang und die Projektkomplexität zu betrachten, die teilweise nicht so einfach zu ermitteln ist. Man muss sehr gut aufpassen, um dabei nicht Äpfel mit Birnen zu vergleichen.

Daher ist es entscheidend zu erhebende Messwerte im Vorfeld projektübergreifend zu definieren und besondere Herausforderungen im einzelnen Projekt zu beachten. Im Beispiel aus (Tab. 6.3) steht nach der Bewertung der gewichteten Fehler das Projekt 2 besser da als das Projekt 1 (Spalte B: Anzahl gewichtete Fehler 380 bei Projekt 2 gegenüber 416 bei Projekt 1). Es muss vermieden werden, dass durch das Benchmarking das Projektteam von Projekt 1 dadurch in der Folge weniger motiviert ist. Meist sind die Ursachen für die unterschiedlichen Werte vielfältig und nicht (nur) auf das Projektteam zurückzuführen. Ergebnisse von Benchmarkings sind daher immer mit viel Fingerspitzengefühl zu kommunizieren. Es muss in obigem Beispiel viel mehr darum gehen, dem Team von Projekt 1 gezielte Hinweise und Hilfen an die Hand zu geben, damit sie auch erfolgreicher werden.

Beim Benchmarking ist außerdem die **Testtiefe** zu beachten: wurden so wenige Fehler gefunden, weil die Software so gut entwickelt war oder wurde einfach nur besser getestet?

Dazu muss man weitere geeignete Metriken miteinander in Beziehung setzen. Was aber auch hierbei schwer messbar und schwer vergleichbar bleibt ist, inwiefern die Anforderungen der Software alle Belange der Anwendung berücksichtigen, also ob die Anforderungen korrekt erstellt und umfassend umgesetzt wurden. Auf jeden Fall lohnt sich

Tab. 6.3 Vergleich Anzahl Fehler und Anzahl gewichtete Fehler

A	B	C	D	E	F	G	H	I	J	K	L	M
Projekt	Fehler in Summe	Katast. Fehler	Krit. Fehler	Schwere Fehler	Mittl. Fehler	Leichte Fehler	Gew. kat. Fehl.	Gew. krit. Fehl.	Gew. schw. Fehl.	Gew. mittl. Fehl.	Gew. lei. Fehl.	Summe gew. Fehler
Projekt 1	150	4	10	30	46	60	64	80	120	92	60	416
Projekt 2	200	2	4	14	80	100	32	32	56	160	100	380

eine entsprechende Analyse, um detaillierte und fundierte Aussagen über die Qualität des Softwaretests liefern zu können. Auch der Vergleich dieser Metriken im Zeitverlauf ist wichtig, weil dadurch die Optimierung der Softwarequalität wirkungsvoll dokumentiert werden kann.

Literatur

[SPIL2005]: Spillner, Linz: Basiswissen Softwaretest, 3,Auflage, dpunkt Verlag Heidelberg 2005
[TPIN2011]: Sogeti: TPI Next, dpunkt-Verlag Heidelberg 2011
[PETJ2026]: https://www.peterjohann-consulting.de/fehlerschwere/, zugegriffen am 03.01.2026
[FEHK2026]: https://www.bitkom.org/sites/default/files/file/import/080118-Fehlerklassifikation-fuer-Software-haftung.pdf, Leitfaden Fehlerklassifikation für Software, zugegriffen am 03.01.2026
[ADAC2026]: https://blog.adacor.com/fehlermanagement-fuer-weniger-bugs_2525.html, zugegriffen am 02.01.2026
[SNEE2010]: Sneed, Baumgartner, Seidl: Software in Zahlen, Hanser-Verlag München 2010

7 Dokumentation von Fehlern und toolgestütztes Fehlermanagement

Die Fehlerdokumentation im Softwaretest ist die strukturierte Erfassung entdeckter Fehler (Bugs), um sie nachvollziehbar zu machen, die Kommunikation zu verbessern und die Behebung zu steuern. Zur Fehlerdokumentation ein definiertes Tool einzusetzen ist zwar kein Allheilmittel („a fool with a tool is still a fool"), ist aber bei größeren Organisationen und definierten Prozessen sehr hilfreich, um die Dokumentation und den Fehlerworkflow zu unterstützen. Eine Excel-Liste oder eine mündliche oder mailgestützte Berichterstattung über aufgetretene Fehler ist für ein professionelles Qualitätsmanagement nicht geeignet.

7.1 Kriterien für Fehlertools

Wenn im Projekt eine zentrale **Fehlerdatenbank** besteht, werden in ihr alle Probleme, Mängel oder Fehlerwirkungen erfasst und verwaltet. Fehlermeldungen können von allen an der Entwicklung beteiligten Personen, aber auch von der Kunden- und Anwenderseite eingebracht werden. Fehler können sich auf Probleme in den getesteten Programmteilen beziehen, aber auch auf Fehler oder Mängel in Spezifikationen, Benutzerhandbüchern oder Dokumenten beziehen.

Das **Fehlermeldeverfahren** wird oft auch mit dem Begriff **Problemmeldeverfahren** bezeichnet, denn alle Probleme sollen gemeldet werden, aber nicht jedes Problem muss ein Fehler sein. Ziel eines Fehlermanagementsystems ist es, dass sich Testmanager und Projektmanager jederzeit ein aktuelles Bild über Anzahl und Status der Fehler sowie den aktuellen Korrekturfortschritt verschaffen können. Das Fehlermanagementtool stellt dazu entsprechende Auswertungsmöglichkeiten zur Verfügung.

Zur Reproduktion von Fehlern sind möglichst viele Informationen bei fehlgeschlagenen Testfällen zu erfassen, damit unnötige Rückfragen der Entwickler von Anfang an ausgeschlossen werden und die Reproduktion von Fehlern gewährleistet ist. Andererseits

F. Witte, *Fehlermanagement*, https://doi.org/10.1007/978-3-658-51918-6_7

sollte die Fehlererfassung auch nicht allzu umfangreich und kompliziert für das Testteam werden.

Wichtig ist, dass es im gesamten Projekt nur ***ein*** definiertes Tool zur Fehlererfassung gibt. Was sich zunächst wie eine Selbstverständlichkeit anhört, ist leider in vielen großen Projekten nicht der Fall, weil unterschiedliche Organisationen (Abteilungen, Zulieferer) mit der Fehlerbearbeitung beschäftigt sind. Teilweise will man dem Endkunden der Anwendung nicht alle Informationen preisgeben und bekommt dadurch die Pflege bestimmter Informationen in beiden Tools. Redundante Datenerfassung ist nach wie vor ein gewaltiges Problem in vielen Organisationen, und leider werden nach wie vor die dabei entstehenden negativen Auswirkungen vom Management in der Regel erheblich unterschätzt. Problematisch wird es auch, wenn die IDs der einzelnen Fehlerverwaltungssysteme nicht in allen Tools dokumentiert sind oder die Zuordnungen manuell nachgezogen werden müssen. Der Aufwand und die Fehlerquelle steigen durch notwendige Abstimmungen administrativer Prozesse meist weit höher an als es auf den ersten Blick erscheint.

Auch eine Migration eines Fehlermanagement-Tools oder ein Toolwechsel innerhalb eines Projekts gestaltet sich immer problematisch. Während der Migrationsphase steht das Tool nicht zur Verfügung (die Testaktivitäten sind also unterbrochen), und jedes Feld ist sorgfältig zu prüfen, also ob alle Angaben auch im neuen Tool vollständig vorhanden sind. Meist können dann die Fehler-IDs nicht übernommen werden, sondern es sind zwei Fehler-IDs (altes und neues Tool) vorhanden, was zu zusätzlichem Aufwand führt. Auch das Reporting muss in der Regel wieder angepasst bzw. neu aufgebaut werden. Manchmal ist der Toolwechsel unvermeidlich und man kann nicht immer warten, bis ein großes und zeitlich umfangreiches Projekt komplett abgeschlossen ist. Aktivitäten dieser Art führen jedoch immer zu Projektverzögerungen und Mehraufwänden, die der Testmanager klar benennen muss.

Gerade in großen Langläuferprojekten gibt es manchmal sogar mehrere Toolwechsel, z. B. weil es Umorganisationen während der Projektlaufzeit gibt und Abteilungen neu zugeschnitten werden. Auch das ist grundsätzlich problematisch und sollte bei jeder Umorganisation bedacht werden. Diese Kosten werden dann von der Linienorganisation verursacht, in der Regel aber dem Projekt zugeschlagen, was sich wiederum negativ auf die Projektkalkulation auswirkt. Aus solchen Toolwechseln resultieren oft umfangreiche Aufwände und weitere Fehler bei der Übertragung von Informationen.

Damit die Kommunikation reibungslos funktioniert und die Meldungen statistisch ausgewertet werden können, muss jede Meldung nach einem projektweit vorgegebenen einheitlichen Schema aufgebaut sein. Dieses Schema legt der Testmanager (z. B.-im Testkonzept) fest.

Derjenige, der den Fehler erfasst hat, sollte ihn idealerweise auch nachtesten. Das ist aber nicht immer möglich, vor allem wenn die Fehlermeldung aus der Produktion kommt oder von einer Abnahme und der Fehlererfasser gar nicht Zugriff auf das Fehlertool hat. Dann ist es umso wichtiger, evtl. Rückfragen zu stellen und den Fehler und die Wege zu dessen Reproduktion sehr genau zu beschreiben.

7.2 Felder in einem Tool zur Fehlerverfolgung

Beim Fehlermanagement mit Hilfe eines Tools ist zuerst zu definieren, welche Informationen zur Fehlerbehebung notwendig sind. Die entsprechenden Daten müssen bei der Definition des eingesetzten Fehlertools beachtet werden (siehe Tab. 7.1). Zu empfehlen sind mindestens folgende Felder:

Tab. 7.1 Felder in einem Fehlermanagementtool

Attribut	Bezeichnung
Fehler-ID	Die Fehler-ID ist eine eindeutige laufende Nummer, die den Fehler identifiziert. Sollten weitere Systeme im Projekt eingesetzt werden, die eigene IDs haben, dann sind sie zu referenzieren.
Bezeichnung	Beim Feld „Bezeichnung" handelt es sich um den Titel des Fehlers als prägnante Zusammenfassung, worum es bei dem Fehler geht. Die richtige treffende Zusammenfassung zu finden, die den Kern des Problems hinreichend beschreibt ohne zu ausführlich zu werden ist nicht trivial.
Version	Die Version bezeichnet die exakte Version des Testobjekts. Dazu gehört ggf. auch der Konfigurationsstand.
Plattform/ Testumgebung	Identifikation der Hardware- bzw. Software-Plattform bzw. der Testumgebung, in der das Problem auftritt. Ggf. reicht eine Zusammenfassung mit dem Feld „Version" aus. Hier geht es darum zu beschreiben, welche Umgebungsvariablen vorhanden sein müssen, um den Fehler zu reproduzieren.
Beschreibung	Das beobachtete Fehlverhalten ist genau zu beschreiben. Dabei sollte auch klar hervorgehen, was das erwartete Verhalten ist, sofern es nicht ohnehin schon aus der hier referenzierten Testfall-ID einwandfrei hervorgeht. Eine Referenzierung des Testszenarios zur Reproduktion des Fehlers bzw. eine kurze Erklärung, warum der Testfall in dieser Form ausgeführt wurde, ist dabei hilfreich.
Vorbedingungen	Die Vorbedingungen beschreiben Schritte, die zu dem Fehler hinführen oder Besonderheiten der Testumgebung.
Autor/Entdecker	Autor ist der Fehlererfasser, also derjenige der den Fehler gefunden hat (in der Regel der Tester) und beschreibt. Es gibt Fälle, in denen ein Tester keine Berechtigung für das Fehlertool erhalten hat (etwa, wenn ein Praktikant die Testdurchführung übernimmt oder ein Tester einer anderen Abteilung). Wenn das der Fall ist, dann ist immer ein Medienbruch vorhanden und die Fehlerquote für den Übertrag des Fehlers, aber auch für fehlendes Verständnis bei Rückfragen, ist in der Regel teurer als die Berechtigung für das Tool. Der Testmanager sollte, wenn das wirklich nicht anders möglich sein sollte, zumindest kommunizieren, dass diese Vorgehensweise suboptimal ist.
Zeitpunkt der Erfassung	Datum und Uhrzeit, an der das Problem beobachtet wurde.
Status	Bearbeitungsfortschritt der Meldung (siehe auch Kap. 9), möglichst mit Kommentar und Datum des Eintrags.

(Fortsetzung)

Tab. 7.1 (Fortsetzung)

Attribut	Bezeichnung
Fehlerschwere/ Fehlerklasse	Die Fehlerschwere bezeichnet die Auswirkungen des Fehlers. Zu empfehlen sind folgende Ausprägungen: • Anlagenstillstand • Sicherheitsrelevant • Funktionsausfall bzw. Hoch • Verbesserungswürdig bzw. Mittel • Schönheitsfehler bzw. Niedrig Im Vorfeld sollte festgelegt werden, welche Kriterien welche Fehlerschwere bedeuten. Darüber sollte auch in der gesamten Projektumgebung bzw. in der gesamten Organisation ein einheitliches Verständnis vorhanden sein.
Priorität	Die Priorität bedeutet, wie kurzfristig eine Fehlerbehebung vorgenommen werden muss, sie klassifiziert also die Dringlichkeit einer Korrektur. Die Priorität orientiert sich an der Fehlerschwere Hoch/Mittel/Niedrig, ist aber nicht unbedingt gleich. So haben Schönheitsfehler zwar eine niedrige Priorität, sie sind aber evtl. auch leicht zu beheben. Andererseits kann es sein, dass ein Fehler mit hoher Priorität erhebliche Änderungen in der Systemarchitektur bedeutet und eine Behebung zu lange dauern würde, in denen dann kein neues Testobjekt übergeben werden könnte, sodass im Testteam Leerlauf entstehen würde, anstatt Funktionserweiterungen bzw. die anderen behobenen Fehler in einem Regressionstest wiederholt zu überprüfen. Es könnte auch bedeuten, dass vereinbarte Kunden-Releases dadurch nicht ausgeliefert werden können. Man kann sogar eine Applikation einführen und dabei in einer ersten Version eine Funktion deaktivieren oder mitigierende Maßnahmen treffen, um überhaupt lieferfähig zu sein, und den schweren Fehler, der dazu geführt hat, in einer Folgeversion zu beheben.
Anforderung	Verweis auf die Anforderung, die wegen der Fehlerwirkung nicht erfüllt bzw. verletzt ist.
Fehlerquelle	Soweit feststellbar, die Projektphase, in der die Fehlhandlung begangen wurde (Analyse, Design, Programmierung). Diese Aussage unterstützt die Planung prozessverbessernder Maßnahmen.
Reproduzierbar	Konnte das Fehlverhalten nachgestellt werden oder trat der Fehler nur einmalig auf? Eindeutig reproduzierbare Fehler sind erheblich leichter zu beheben als Fehler, die nur einmalig beim Test auftreten.
Anlagen	Screenshots oder Logfiles geben dem für die Fehlerbehebung Verantwortlichen wesentliche Hinweise.
Verantwortlicher	Verantwortlicher ist derjenige, der gerade den Fehler bearbeitet. Bis der Fehler fertig beschrieben ist, ist der Verantwortliche der Autor. Wenn der Fehler dann zur Behebung weitergeleitet wird, ist der Verantwortliche in der Regel der Entwickler, wenn der behobene Fehler nachgetestet werden soll, ist der Autor bzw. Tester wieder verantwortlich. Siehe auch Kap. 9, Workflow der Fehlerbehebung.

(Fortsetzung)

Tab. 7.1 (Fortsetzung)

Attribut	Bezeichnung
Testfall-ID	Im Feld Testfall-ID wird die Testfall-Nummer des betroffenen Testfalls referenziert. Dadurch ist das Testobjekt beschrieben, auf dass sich das Fehlverhalten bezieht. Wenn noch kein Testfall beschrieben wurde, müssen die Schritte, die zur Reproduktion der Fehlerwirkung erforderlich sind, beschrieben werden. Die Beschreibung eines Testfalls sollte jedoch nachgeholt werden, weil nur so auch für die Zukunft ein geeigneter Regressionstest durchgeführt werden kann. Sollte der Fehler mit einem automatisierten Testskript festgestellt worden sein, sollte für dieses Testskript ebenfalls eine Testfall-ID vorhanden sein. Man kann dann auf den Testschritt und das Testprotokoll des automatisierten Testskripts verweisen. In diesem Zusammenhang ist zu prüfen, wie auf Fehler die sich z. B. auf Mängel in Handbüchern oder auf Fehler, die bei der Konformitätsprüfung des Pflichtenhefts ermittelt werden, also Fehler, zu denen kein sinnvoller Testfall erstellt werden kann, umgegangen werden soll.
Geplante Fehlerbehebung	In einem eigenen Feld sollte erfasst werden, mit welcher Version die Behebung des Fehlers vorgesehen ist. Die Version, in der tatsächlich die Fehlerbehebung erfolgte, ist dabei ebenfalls zu dokumentieren.
Kommentare	Ein Kommentarfeld enthält Angaben der im Fehlerprozess beteiligten Stakeholder, also z. B. ob der Nachtest erfolgreich war oder ob der Fehler nur teilweise behoben wurde.

Die Aufzählung ist nicht vollständig, weil die eigene Organisation ggf. weitere Informationen benötigt.

Wird die Fehlerdatenbank z. B. im Abnahmetest oder im Produktsupport eingesetzt, müssen zusätzlich Kundendaten erfasst werden. Der Fehlermanager bzw. Testmanager muss ein für das Projekt geeignetes Schema festlegen.

Es empfiehlt sich daher, zunächst die Felder zu definieren und in einem Reviewprozess mit den am Fehlerprozess beteiligten Instanzen zu besprechen und ggf. anzupassen. Auch Längen und Formate der einzelnen Felder sollten dabei geprüft werden.

Sollte noch kein Tool im Unternehmen vorhanden sein, ist vor der Beschaffung eines geeigneten Tools ein Kriterienkatalog zu erstellen. Die Stakeholder, die das Tool einsetzen, sollten dabei mit eingebunden werden. Auf die Empfehlung eines speziellen Tools zum Fehlermanagement wird in diesem Buch bewusst verzichtet, weil der Markt zu dynamisch ist und die Anforderungen pro Unternehmen zu spezifisch und dieses Buch dann auch nicht mehr das Thema neutral beleuchten könnte. Hier können nur die grundsätzlichen Überlegungen dazu dargelegt werden. Ich empfehle sich an dieser Stelle im Internet zu informieren; man sollte aber auf die Aktualität der Informationen achten. Eine Website aus dem Jahre 2024 ist verfügbar die zumindest einige häufig verwendete aktuelle Tools miteinander vergleicht [QAWE2024]. Aufstellungen dieser Art können aber keinesfalls einen Anspruch auf Vollständigkeit erheben.

7.3 Kriterien zur Fehlerdokumentation

Bei der Abfassung der Fehlerbeschreibung ist darauf zu achten, dass möglichst alle erforderlichen Angaben dokumentiert werden, das Fehlverhalten exakt dokumentiert wird und vor allem die Schritte, bis es zu dem Fehler kam, exakt erfasst werden. Je nach Komplexität des Fehlerbildes kann die Fehlerdokumentation mehr oder weniger umfangreich werden.

Generell ist dabei wichtig, dass alle Informationen erfasst werden, die für das Reproduzieren und Lokalisieren des potenziellen Fehlerzustands notwendig sind, sowie Informationen, die eine Auswertung der Produktqualität und des Korrekturfortschritts ermöglichen. Unabhängig vom vereinbarten Schema gilt: Die Fehlermeldung muss so abgefasst sein, dass der zuständige Entwickler mit minimalem Aufwand das Problem nachvollziehen und dessen Ursache möglichst schnell finden kann [SPIL2005].

Reproduktion, Lokalisierung und Behebung eines Problems bedeuten für den Entwickler zusätzliche Arbeit. Leider ist dieser Aufwand in vielen Entwicklungsprojekten nicht oder nicht ausreichend berücksichtigt. Die Folge ist, dass Entwickler dazu neigen, jede unklare **Fehlermeldung** ohne weitere Analyse abzulehnen oder zurückzustellen. Das führt aber wiederum zu weiteren Zyklen und Verzögerungen im Testprozess.

Deshalb ist zu empfehlen, die Rahmenbedingungen im Projekt und die zu erwartende Fehleranzahl im Vorfeld bereits zu ermitteln und in die Kalkulation einfließen zu lassen. Das ist zwar auch ein gewisser Aufwand, gibt aber erheblich mehr Planungssicherheit im gesamten Prozess. Wenn Grundlagen der Anforderungen oder Systemarchitektur nicht hinreichend geklärt sind oder die Tester nicht erfahren genug darin sind, aussagefähige Testspezifikationen zu erstellen, sind mehr Fehler und damit auch mehr Aufwand zu erwarten. Sehr innovative komplexe Projekte mit vielen Unbekannten bergen mehr Stolperfallen als etablierte Verfahren. Anwendungen, die besonders hohe Qualität erfordern, haben häufig eine geringere Fehlertoleranz als ein reines Informationssystem. Diese Aspekte sind alle bei der Projektplanung zu berücksichtigen. Eine der Hauptgründe für Projekte, die zu lange dauern und/oder zu teuer werden, liegt in mangelnder Planung und einer Unterschätzung der Auswirkungen von Fehlern und dem benötigten Zeitraum für ihre Behebung und die dadurch erforderlichen Regressionstests. In der Optimierung des gesamten Fehlerlebenszyklus liegen gewaltige Potenziale verborgen.

Beim Einsatz von Tools für das Fehlermanagement sollte untersucht werden, inwiefern sie für die Verwaltung von Change Requests genutzt werden sollen. Daher ist ggf. ein eigenes Feld erforderlich, um Fehler und Change Requests voneinander zu differenzieren. Das Fehlermanagementtool sollte daher mit der Releaseplanung einhergehen, also bestimmt werden, welche Fehler bzw. welche Change Requests mit welchem Release behoben sein sollen.

Eine Volltext-Suche bzw. auch unscharfe Suche nach Fehlerbeschreibungen ist unbedingt zu empfehlen. Oft fragt man sich im Projekt „wir hatten doch zu dieser Funktionalität … schon mal einen Fehler …“, findet ihn aber dann doch nicht im System und legt nach wenigen Minuten Suche ein neues Ticket für das beschriebene Fehlverhalten im System an. Redundante Fehler sind gerade in umfangreichen Entwicklungsprojekten eine große Herausforderung, zumal eigentlich redundante Fehler ja in aller Regel nicht exakt gleich im Wortlaut oder im Titel beschrieben sind.

Schließlich muss im Zusammenhang mit der Fehlerdokumentation geprüft werden, wie lange die Aufzeichnungen archiviert werden müssen. Sollte es z. B. beim Produktiveinsatz des Systems nach mehreren Jahren zu einem Unfall kommen, weil die Software fehlerhaft war, und beispielsweise der Fehler zwar im Test erkannt, aber nur teilweise oder unzureichend behoben war, muss man die Fehlerdokumentation längst vergangener Testaktivitäten nach wie vor heranziehen können. Das ist besonders dann entscheidend, wenn ein Toolwechsel stattfindet: die alten Unterlagen sind weiterhin zu sichern bzw. die komplette Historie muss in die neue Anwendung migriert werden. Auch bei Umorganisationen ist speziell auf das Thema Archivierung zu achten.

Je besser die Qualität der Fehlerbeschreibung ist, desto klarer ist es, was zur Fehlerbehebung zu tun ist und desto weniger Fehlerzyklen wegen Verständnisproblemen sind zu befürchten. Die Anzahl und Schwere der Fehler deutet auch auf die aktuelle Auslastung des Entwicklungs- und Testteams hin. Wenn die Fehlerbehebung keine Fortschritte macht, sind auch keine Nachtests von Fehlern möglich und die Auslastung des Testteams sinkt. Auch wenn die Releases bzw. Sprints bereits fest eingeplant sind, aber bereits bestehende Fehler über einen längeren Zeitraum nicht behoben werden, kann das den Fortschritt hemmen. Daher muss die Anzahl Entwickler und Tester pro Projekt immer in einem gesunden Verhältnis sein. Mit Hilfe entsprechender Metriken lässt sich der Testfortschritt an dieser Stelle steuern.

Literatur

[SPIL2005]: Spillner, Linz: Basiswissen Softwaretest, 3,Auflage, dpunkt Verlag Heidelberg 2005
[QAWE2024]: https://qawerk.de/blog/beste-fehlerverfolgungstools/, zugegriffen am 09.01.2026

Kommunikation von Fehlern

8

Projekte scheitern fast nie an technischen Problemen, aber häufig an fehlender oder schwieriger Kommunikation. Wenn man sich vor Augen führt, dass bei 20 Stakeholdern in einem Projekt bereits 190 einzelne Kommunikationsbeziehungen zwischen den einzelnen Stakeholdern bestehen, wird man sich der Fehleranfälligkeit bei der Kommunikation bewusst.

8.1 Kommunikationsfehler

Für eine gelungene Kommunikation passen die Redewendungen „Wie man in den Wald hineinruft, so schallt es heraus" (also wie man andere Menschen behandelt, so wird man im Gegenzug auch selbst behandelt) oder auch „der Ton macht die Musik". Die Herkunft dieser Redensarten ist unbekannt, aber sie wurden bereits im Mittelalter verwendet.

Fehler in der Kommunikation können erhebliche Auswirkungen haben, sie führen zu

- schlechtem Arbeitsklima
- Verlust an Motivation
- Terminverzug
- Verminderung der Arbeitsleistung
- Vertrauensverlust

Fehler in der Kommunikation während des Arbeitsprozesses lassen sich in der Regel auf zwei grundlegende Ursachen zurückführen: **informelle Fehler** und Fehler, die aus **Konfliktsituationen** resultieren. Informelle **Kommunikationsfehler** können durch sprachliche Ungenauigkeiten entstehen, die Informationen unzureichend spezifizieren. Gleiches gilt für schriftliche Informationen, die zudem verzögert übermittelt werden.

F. Witte, *Fehlermanagement*, https://doi.org/10.1007/978-3-658-51918-6_8

Konfliktsituationen können durch Meinungsverschiedenheiten oder Fehlinterpretationen ausgelöst werden.

Häufig entstehen Kommunikationsprobleme durch folgende Verhaltensweisen:

1. **Überflüssige Kommunikation und wenig Zuhören**: In vielen Fällen liegt das Problem darin, dass eine Minderheit zu viel spricht und zu wenig zugehört wird. Eine einfache Lösung besteht darin, als Vorgesetzter keinen Monolog zu führen, sondern zu Beginn klare Ziele zu setzen und dann alle Beteiligten aktiv einzubeziehen. Wichtige Elemente sind das Zuhören, die Bereitschaft zur Akzeptanz unterschiedlicher Meinungen und das Stellen von Fragen, um Interesse zu signalisieren und eine echte Kommunikation zu fördern. Außerdem führen unklare Strukturen, mehrfaches Reporting derselben Sachverhalte in mehreren Meetings und überbordende bürokratische Berichtspflichten oft zu einem Aufblähen der Kommunikation. Manchmal werden die wesentlichen Kernpunkte nicht klar oder es gehen auf dem Weg ins höhere Management entscheidende Informationen verloren oder deren Auswirkungen und Tragweite wird nicht transparent genug. Die Qualität der Kommunikation ist jedoch entscheidend, nicht die Quantität.
2. **Nicht ausreden lassen**: Eine häufige Kommunikationsstörung tritt auf, wenn Gesprächspartnerinnen einander nicht ausreden lassen, was den Eindruck erwecken kann, nicht ernst genommen zu werden. Falls das vorkommt, ist es wichtig, sich selbst zu reflektieren und gegebenenfalls zu entschuldigen, wenn man erkennt, dass der andere noch nicht fertig war. Wenn man selbst unterbrochen wird, sollte man darauf hinweisen. Meist erfolgt das Unterbrechen nicht in böser Absicht, wird aber entsprechend interpretiert.
3. **Pauschalisierungen**: Ein häufiger und nerviger Kommunikationsfehler ist das Verallgemeinern, wie zum Beispiel durch Aussagen wie „Das machst Du immer so" oder „Nie kann ich mich auf Dich verlassen." Dieser Fehler tritt besonders auf, wenn Menschen emotional sind, da Verallgemeinerungen in der Regel Übertreibungen sind. Falls man eine pauschalisierende Aussage bekommt, ist es ratsam, nach konkreten Beispielen zu fragen, um die Diskussion auf die Sachebene zu bringen. Bei der Kommunikation von Fehlern gilt das ganz besonders: Kommentare wie „das Programm funktioniert schon wieder nicht" oder Bewertungen wie „generell wird hier schlechte Qualität abgeliefert" sollten unbedingt unterbleiben. Man sollte bei der Kommunikation von Fehlern generell auf Emotionen verzichten, sondern sehr sachlich und nüchtern reporten. Eine zu positive oder zu negative Berichterstattung kann auch die Gewichtung der Probleme verwässern, da man sich dann nicht auf den gesamten Tatbestand bezieht, sondern einzelne Punkte überhöht oder ausblendet.
4. **Schuldzuweisungen**: Sprachlich unterscheiden sich die Begrifflichkeiten unserer Gefühle wesentlich. „Ich bin sauer" drückt die Selbstverantwortung für das Gefühl aus, während „Ich fühle mich übergangen" eine Unterstellung darstellt, dass jemand anderes uns absichtlich ignoriert hat. Die gewaltfreie Kommunikation bezeichnet erstere als „echte Gefühle", die körperlich wahrgenommen werden und keine objektive Richtigkeit

haben. Im Gegensatz dazu werden die Begriffe wie „übergangen“ oder „sabotiert“ als Tätergefühle oder Pseudogefühle betrachtet, da sie auf Annahmen und Unterstellungen basieren. In der Kommunikation ist es wichtig, sich bewusst zu sein, dass Menschen generell gute Absichten haben, auch wenn diese nicht immer im Sinne anderer sind. Offene Fragen, die auf die positive Absicht hinter einem Verhalten abzielen, können Missverständnisse klären. Falls Unterstellungen entstehen, ist es ratsam, ruhig darauf hinzuweisen und Erklärungen anzubieten, um einen offenen Dialog zu ermöglichen. Generell sollten Fehler sachlich kommuniziert werden. Professionelles Handeln bedeutet, dass sowohl Sender als auch Empfänger der Botschaft in der Lage sein müssen, auch emotional vorgebrachte Kommunikation wieder auf ein sachliches Niveau zu führen, um eine Eskalation zu vermeiden. Eskalationen sind häufig die Folge von ungeschickten Anklagen aber auch überempfindlichen Reaktionen des Gegenübers.

5. **Druck aufbauen**: Die Verwendung von „müssen“ und „sollen“ erzeugt oft Druck und nimmt dem Gegenüber die Freiheit, etwas freiwillig oder spontan zu tun. In Situationen, in denen es verschiedene Wege zum Ziel gibt, fehlt oft die Offenheit, dem anderen Raum für seine eigenen Lösungsansätze zu lassen. Es geht nicht um Situationen, in denen es aus Sicherheitsgründen zwingend erforderlich ist, sondern um diejenigen, in denen verschiedene Herangehensweisen möglich sind. Bei Anweisungen wie „Du musst“ oder „Du sollst“ ist es hilfreich, nach Alternativen zu fragen und Argumente zu hören. Es ist auch wichtig, dass es einem selbst bewusst ist, warum man bestimmte Dinge als „müssen“ oder „sollen“ betrachtet und stattdessen den Fokus auf die eigenen Bedürfnisse und Wünsche zu legen, indem man beispielsweise „ich will“ verwendet [MIND2026].
6. **Keine Kommunikation**: In Projekten erlebt man häufig, dass wesentliche Informationen nicht weitergegeben werden bzw. nicht an der Stelle ankommen, die sie benötigt hätte. Zum Beispiel wird aus Testgründen eine Umgebungsvariable geändert, ohne die Kollegen zu informieren. In der Folge schlägt das Testskript fehlt. Oder es wird eine Entscheidung über den Einsatz einer neuen Softwareversion getroffen, ohne die Betroffenen zu informieren. Dann kann es dazu kommen, dass der gesamte Testlauf vergeblich ist, weil die Testergebnisse nicht sinnvoll verwertbar sind.

Empirische Untersuchungen haben gezeigt, dass ab ca. 8 Teilnehmern ein zeitlich geplanter Kommunikationsaustausch notwendig ist. Mit größer werdenden Teams „passiert“ Kommunikation nicht mehr nebenher, sondern muss durch ein Projektmanagement organisiert werden. Kommunikation funktioniert plötzlich nur noch, wenn sie zweckmäßig strukturiert wird. Das bedeutet auch, dass zusätzliche Kapazitäten überwiegend verpuffen, da überproportional mehr Abstimmung und Kommunikation notwendig wird. Diese Kommunikationszeit ist – außer für Berater – keine produktive Arbeitszeit [INSO2026].

8.2 Fehler und Qualität

Wenn man ein Fehlverhalten kommuniziert, ist die Kommunikation besonders herausfordernd: Über Fehler zu sprechen, bringt einem Unternehmen zunächst keinen Beifall. Viele Unternehmen und Organisationen sind darauf ausgerichtet, nur Positives zu kommunizieren.

Der Tester hat auf den ersten Blick eine destruktive Herangehensweise, weil er ja Fehler finden will. Wenn ein Tester in einer Anwendung keine Fehler findet, fragt man sich, ob er ausreichend getestet hat und sorgfältig genug geprüft hat. Der Tester rechtfertig sein Dasein also dadurch, dass ohne ihn Fehler in der Anwendung verborgen geblieben wären. Der Entwickler hingegen ist stolz auf das von ihm hergestellte Produkt und will möglichst nicht allzu viel Zeit mit Nachbesserungen verbringen. Allein dadurch sind schon unterschiedliche Interessen beider Stakeholder-Gruppen vorhanden.

Wenn man also Metriken zeigt, in denen die Kurve der gefundenen Fehler im Laufe der Testperiode ansteigt, ist das auf den ersten Blick eine verstörende Botschaft. Wenn man aber genauer hinsieht, bedeutet es, dass die Qualität gestiegen ist, weil qualitätsverbessernde Maßnahmen vor Einführung unternommen werden, um ein Produkt höherer Qualität auszuliefern. Folgende Übersichten (Tab. 8.1 bzw. Abb. 8.1) sollen das mit einer exemplarischen Fehlerkurve eines Projekts veranschaulichen.

Hier stellt sich die Frage, wie die Qualität zu bewerten ist:

- Bis Release 4.0 steigt die Testabdeckung
- Bis Release 3.1 steigt die absolute Anzahl fehlerhafter Testfälle
- Bis Release 1.1 steigt das Verhältnis durchgeführte Testfälle/ Fehler in Prozent

Tab. 8.1 Fehlerkurve

Release	Durchgeführte Testfälle	OK	Fehlerhaft	Verhältnis durchgeführte Testfälle/ Fehler (in Prozent)
1.0	400	220	180	45
1.1	500	270	230	46
1.2	550	310	240	44
2.0	750	450	300	40
2.1	850	590	260	31
2.2	900	570	330	37
3.0	1000	670	330	33
3.1	1100	700	400	36
3.2	1150	920	230	20
4.0	1200	1020	180	15
4.1	1200	1100	100	8
5.0	1200	1140	60	5

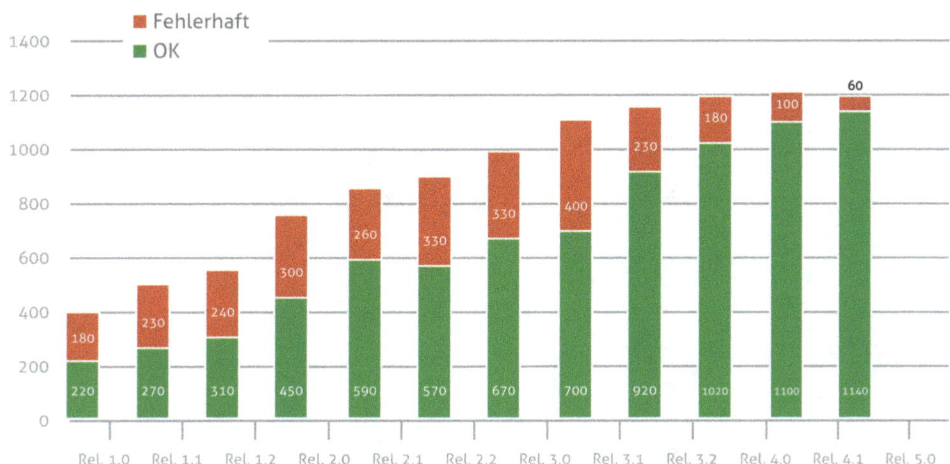

Abb. 8.1 Fehlerkurve

Man kann nun eine Formel entwickeln, in der alle 3 Größen gleichmäßig bewertet werden. Diese Formel sieht dann wie folgt aus:

- **Qualitätsindex** Testabdeckung = Anzahl der aktuell durchgeführten Testfälle/ Ausgangsbasis der durchgeführten Testfälle (hier 400 Testfälle). Eine größerer Indexwert bedeutet ceteris paribus eine bessere Qualität.
- Qualitätsindex aktuelle Anzahl fehlerhafter Testfälle = Anzahl der aktuell durchgeführten Testfälle/durchgeführte Testfälle. Da es sich um Fehler handelt, muss der Indexwert steigen, wenn das Verhältnis geringer wird. Da nun aber die Anzahl fehlerhafter Testfälle anfangs steigt, wird dieser Wert im Zeitverlauf zunächst schlechter, bevor er sich verbessert.
- Qualitätsindex Verhältnis durchgeführte Testfälle/Fehler in Prozent = (Maximum Verhältnis durchgeführte Testfälle/Fehler)/(aktuelles Verhältnis durchgeführte Testfälle/ Fehler). Die 46 % mit Release 1.1 (siehe Tab. 8.1) stellen dabei das Maximum des Verhältnisses von durchgeführten Testfällen zu Fehlern dar.

Die einzelnen Werte sollen zu je 1/3 in den Qualitätsindex als neu definierte Größe einfließen (siehe Tab. 8.2):

Mit dieser Art der Kalkulation bekommt man eine realitätsnahe Einschätzung der Qualitätssteigerung. Die Entwicklung des Qualitätsindex ist in Abb. 8.2 dargestellt:

Diese Kurve zeigt, dass die Qualität im Laufe der Testaktivitäten im Zeitverlauf höher wird. Der geringfügige Einbruch von Release 3.0 zu Release 3.1 liegt nur daran, dass hier relativ viele Fehler entdeckt wurden und die gesamte Testabdeckung noch nicht erarbeitet wurde. Schon direkt nach Release 3.1 steigt der Qualitätsindex erheblich an. Mit der dargestellten Kurve kann man eine vordergründig negative Botschaft (eine ansteigende

Tab. 8.2 Ermittlung Qualitätsindex

Release	Durchgeführte Testfälle	OK	fehlerhafte Testfälle	Verhältnis durchgeführte Testfälle/Fehler	Qualitätsindex Testabdeckung	Qualitätsindex Anzahl fehlerhafte Testfälle	Summe der Qualitätsindices
1.0	400	220	180	45	1	2,222	3,222
1.1	500	270	230	46	1,25	2,174	3,424
1.2	550	310	240	44	1,375	2,291	3,667
2.0	750	450	300	40	1,875	2,5	4,375
2.1	850	590	260	31	2,125	3,27	5,394
2.2	900	570	330	37	2,25	2,727	4,977
3.0	1000	670	330	33	2	3,03	5,53
3.1	1100	700	400	36	2,5	2,75	5,5
3.2	1150	920	230	20	2,75	5	7,875
4.0	1200	1020	180	15	2,875	6,67	9,667
4.1	1200	1100	100	8	3	12	15
5.0	1200	1140	60	5	3	20	23

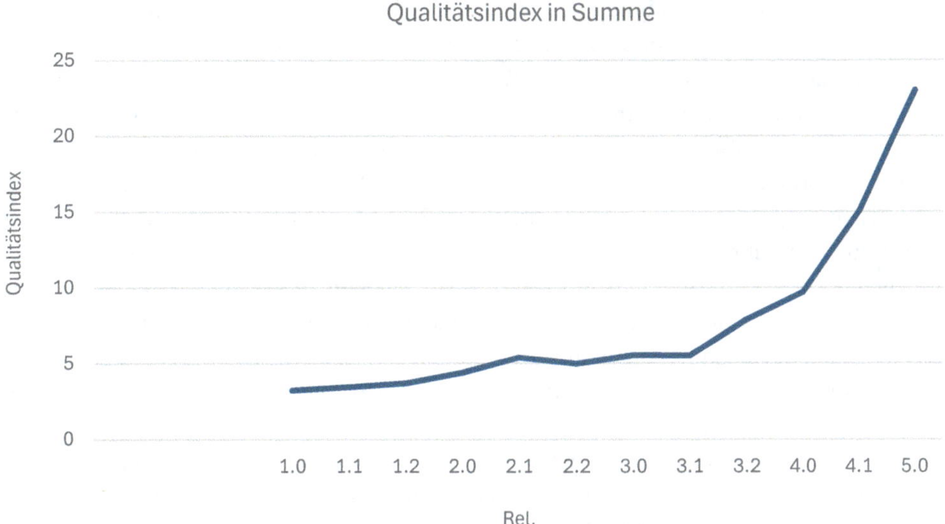

Abb. 8.2 Qualitätsindex

Fehleranzahl) in eine positive Botschaft umwandeln und auf die Bedeutung von erfolgreichem Softwaretest und Fehlermanagement hinweisen.

Wenn keine oder nur sehr wenige Fehler gefunden wurden, kann das entweder bedeuten, dass die Qualität von Anfang an schon sehr gut ist oder aber die Tester nicht genügend getestet haben. Wenn dann der Schluss gezogen wird, dass man besser gar nicht testet („wozu leistet man sich eine teure Testabteilung, wenn doch keine Fehler gefunden werden?"), so ist das ein gefährlicher Trugschluss. Entwicklungs- und Testaufwand sollten immer in einem angemessenen Verhältnis stehen, ca. 30–40 % des Entwicklungsaufwands ist im Rahmen der Projektplanung mindestens als Testaufwand zu veranschlagen.

Zur Kommunikation der Fehler und der weiteren Vorgehensweise sind Fehlermeetings vom Testmanager mit Testern und Entwicklern durchzuführen. Der Projektmanager sollte optional daran teilnehmen und zumindest über den Fortschritt auf dem Laufenden sein (siehe auch Kap. 19 Fehlerbewertung im Defect Control Board). Dabei können bei Bedarf zusätzliche Informationen gegeben werden bzw. es wird festgestellt, dass bestimmte Informationen in Zukunft generell berichtet werden sollten. Offene Rückfragen sollten dabei geklärt werden und das Ergebnis der Abstimmung muss direkt während der Besprechung im Fehlermanagementtool erfasst werden, damit unter allen Stakeholdern ein einheitliches Verständnis über den Fehler und den Weg der Behebung gegeben ist.

Man sollte die Abstimmungen allerdings auf ein sinnvolles Maß begrenzen und nur jeweils die betroffenen Tester bzw. Entwickler damit beschäftigen. Ich hatte in einem Projekt einmal erlebt, dass jeden Tag von 9 bis 10 Uhr und dann nochmals von 14–15 Uhr die Fehlerliste im gesamten Team besprochen und aktualisiert wurde. In der Konsequenz gab es dadurch kaum noch Fortschritte bei der eigentlichen Entwicklung und Fehlerbehebung.

Dabei sollte auch die geeignete Anzahl von Beteiligten am Fehlermeeting teilnehmen: nur diejenigen, die den Fehler entdeckt haben und die ihn beheben sollen – es macht wenig Sinn, wenn ausgiebig Fehler in einer großen Runde diskutiert werden, wenn die meisten Beteiligten davon gar nicht betroffen sind. Es ist dann sinnvoller, zum Beispiel für Fehler 1 Tester A und betroffenen Entwickler X und für Fehler 2 Tester B und Entwickler Y zusammen zu bringen, soweit das eben sinnvoll möglich ist. Damit Fehlermeetings nicht endlos ausufern, sollte also der Fehlermanager eine entsprechende Vorbereitung und Organisation durchführen. Hin und wieder wird während dieser Fehlermeetings erst klar, dass man noch weitere Beteiligte zur Analyse hinzuziehen muss, um den Fehler zu lösen.

Gerade Fehlermeldungen, die nach der Problembehebung und dem Nachtest nach wie vor offen sind, deuten auf mangelhafte Kommunikation hin. Hin und wieder begegnet man Fehlern, die mehrfach zwischen Entwickler und Tester wie in einer gefühlten Endlosschleife zwischen den Instanzen hin- und herpendeln. Dadurch kann die Fehlerbehebungszeit auch enorm anwachsen und erreicht dann schnell mehrere Monate. Um das zu vermeiden, sollte nach dem ersten fehlgeschlagenen Regressionstest sofort eine Abstimmung erfolgen und offene Fragen direkt geklärt werden. Manchmal ist es aus Erfahrung notwendig, sich in kleiner Runde nur zu einem dedizierten Fehler auszutauschen, wenn das Fehlerbild komplex ist und/oder der Fehler schon mehrere Fehlerzyklen erfolglos durchlaufen hat. Dabei ist es auch immer wieder entscheidend, den Teilnehmerkreis dafür klein zu halten (also im Regelfall nur zwei Mitarbeiter) und den direkten Austausch zwischen Tester und Entwickler zu forcieren. Aufgrund vertraglicher Regelungen zwischen Zulieferer und Auftraggeber ist das manchmal leider nur begrenzt möglich.

Es ist unbedingt zu empfehlen, die Fehlerlaufzeit zu analysieren und bei Ausreißern die Fehlermeldung zu untersuchen, warum die Fehlerbehebung so lange gedauert hat; also an welchen Statusübergängen wie viel Zeit benötigt wurde. Auch das sollte nicht dafür geschehen, um Mitarbeiter zu kritisieren und vorzuführen, sondern um Schwächen im Prozess und im Workflow zu ermitteln und zu beheben.

8.3 Außenkommunikation

Die Kommunikation von Fehlern innerhalb des Unternehmens kann bereits zu Problemen führen, wenn die Fehlerkultur innerhalb der Organisation nicht ausreichend gelebt wird. Allgemein ist es sehr schwierig, wenn Firmenpolitik sich darin einmischt und die Abteilungen oder Organisationseinheiten eines Konzerns nicht am selben Strang ziehen, sondern sich gegenseitig blockieren. Noch schwieriger gestaltet sich die Kommunikation von Fehlern nach außen – also zu Kunden, zur Presse, bei staatlichen Projekten auch zur Politik. Die Stakeholder im Projekt verstehen im Allgemeinen zumindest halbwegs die Problematik und die Komplexität der Anwendung; bei Informationsempfängern außerhalb des Unternehmens ist die Vermittlung oft noch schwieriger. Hier ist eine sehr gut durchdachte, ausgewogene Berichterstattung besonders zu beachten.

Mercedes hatte die A-Klasse in den 90er-Jahren dem „Elchtest" unterzogen: Als Elchtest (Fahrdynamik-Test) wird ein Fahrmanöver bezeichnet, welches das Ausweichen vor einem plötzlich auf der Straße auftretenden Hindernis simuliert. Mit dem Test wird die Fahrstabilität von Personenkraftwagen geprüft. Mit Geschwindigkeiten zwischen etwa 50 km/h und 80 km/h wird ungebremst ein Spurwechsel nach links und, nach einer kurzen Geradeausstrecke, ein Spurwechsel nach rechts gefahren. Das Fahrzeug sollte dabei weder ausbrechen noch umkippen. Der Begriff „Elchtest" wurde Ende 1997 durch die Presse geprägt, nachdem die Mercedes-Benz-A-Klasse bei einem Test durch Journalisten in Schweden umgekippt war. Der Begriff „Elchtest" entstand, weil damit ein Kollisionstest des Fahrzeugs mit einem (simulierten) Elch bezeichnet wird. Anfangs stritt der Autokonzern alle Fehler ab. Dann lenkte er ein und übernahm Verantwortung und ging damit in die Offensive. Der Slogan von Mercedes lautete damals „Wir haben verstanden." Dieser Satz gilt als vorbildlich für den Umgang mit Fehlern. Die Botschaft lautete: Wir haben etwas falsch gemacht und lernen daraus. Mercedes korrigierte die Mängel an der A-Klasse und rettete damit die Marke.

Der größte Fehler, den man im Umgang mit Fehlern machen kann, ist, sie nicht zu erkennen und nicht darüber zu sprechen", meint Professor Michael Frese. Der Psychologe ist Fehler- Experte, forscht seit 40 Jahren zu diesem Thema und lehrt an der Universität Lüneburg und in Singapur. Jedes Unternehmen brauche ein System, das Fehler registriere und korrigiere, sagt Frese. 99 % aller Fehler blieben zwar ohne Folgen, sie würden automatisch korrigiert. „Es lässt sich aber nicht vorhersagen, welcher Fehler zum restlichen Prozent gehört".

Beim **Eingeständnis** von Fehlern haben viele Vorgesetzte, Manager oder Unternehmer Angst vor Autoritätsverlust. Letztlich ist aber das Gegenteil der Fall: wer einen Fehler offen zugibt, wächst in den Augen seiner Untergebenen. Es ist menschlich, Fehler zu machen und gerade das Einverständnis eigener Fehler überbrückt Distanzen zu den eigenen Mitarbeitern. Eine mentale positive Auseinandersetzung mit den eigenen Fehlern führt nicht nur langfristig höherer Qualität, sondern auch zu einem besseren Fehlerimage. Wenn Mitarbeiter Angst haben müssen, Fehler zuzugeben, so ist die Gefahr groß, dass sie Kunden entdecken, was im Endeffekt wesentlich teurer wird als eine eigene Abteilung zur Qualitätssicherung.

Je gravierender die Folgen eines Fehltritts sein können und je weniger Zeit bleibt, um ihn zu korrigieren, desto größer müssen die Schutzmaßnahmen sein. Das gilt für politische Entscheidungen wie einen Nuklearschlag. Es gilt aber auch für Kommunikation und die Vorbereitung auf Interviews und Auftritte. Wie gravierend ein kommunikativer Fehltritt sein kann, zeigt das Beispiel Günter Schabowski. Eigentlich sollte das Mitglied des SED-Politbüros in der Pressekonferenz am 9. November 1989 nur berichten, dass das Zentralkomitee der SED ein Reisegesetz plant. Die Partei hoffte, die Lage über Nacht zu stabilisieren. Doch Schabowski verplapperte sich und stammelte auf Nachfrage, ab wann die Grenzübergänge offen seien: „Das tritt nach meiner Kenntnis … ist das sofort, unverzüglich." Der Rest ist Geschichte – und mit ihm die SED.

Sich humorvoll mit Fehlern auseinanderzusetzen, ist Sinn und Zweck der sogenannten „Fuck Up Nights“. Freiwillige erzählen auf diesen Veranstaltungen vor Publikum von ihren Desastern. Ursprünglich kommt die Idee aus Mexiko, inzwischen gibt es die Abende weltweit, seit knapp fünf Jahren in Deutschland. Aperto ist einer der Gastgeber von „Fuck Up Nights“ in Berlin. Zum einen, weil es um den „gesunden, offenen Umgang mit Fehlern“ gehe. Zum anderen, weil die Agentur Fehler selbst nutzt, um „in agilen Prozessen“ ihre Arbeit zu reflektieren. Um dieses Konzept im betrieblichen Umfeld umzusetzen, ist ein Konzept für eine zukunftsorientierte Fehlerkultur, die zur Unternehmensstrategie passen muss, die Voraussetzung. Dabei wird über die innere Haltung gegenüber dem Scheitern zusammen mit den Stakeholdern nachgedacht, Fehler differenzierter zu betrachten und dabei die eigene Organisationskultur geprüft.

Diese agile Einstellung herrscht vor allem in der Digitalbranche. Software wird in einer Beta-Version gelauncht, weil jeder Hinweis auf Fehler hilft, das Produkt fertigzustellen. Bei Gründern gilt: „Es ist noch kein Einhorn vom Himmel gefallen“. Hinter jedem Erfolg steckt meist ein Flop [KOMD2026].

Literatur

[MIND2026]: https://mind-force.de/vertrieb/6-kommunikationsfehler, zugegriffen am 03.01.2026
[KOMD2026]: https://www.kom.de/medien/mit-fehlern-umgehen-lernen/, zugegriffen am 03.01.2026
[INSO2026]: https://www.inso-projects.de/team-groesse-und-effizienz-teil-2/, zugegriffen am 03.01.2026

Workflow der Fehlerbehebung 9

Zur technologischen Umsetzung des **Test- und Defect Prozesses** muss die Plattform, auf der diese Umsetzung geschehen soll, definiert werden. Bei der Zuweisung der Fehler ist zu prüfen, ob es eine automatische Zuweisung der gefundenen Fehler zu einem Bearbeiter oder einem Bearbeitungsteam geben soll. Wenn das der Fall sein soll, muss die Grundlage für diese Zuordnung geklärt werden [SYNA2026].

9.1 Ausprägungen des Fehlerstatus

Jeder Fehler hat einen gewissen Lebenszyklus, der im Folgenden näher untersucht wird.

Das Testmanagement muss zusammen mit dem Fehlermanagement muss sicherstellen, dass Fehler ordentlich erfasst und verwaltet werden und zusammen mit dem Projektmanagement dafür Sorge tragen, dass Fehlerzustände zügig korrigiert werden und dass diese Korrekturen mit den neuen Versionen des Testobjekts verfügbar sind. Hierzu ist eine kontinuierliche Verfolgung des gesamten Prozesses der Fehleranalyse und Fehlerkorrektur erforderlich. Die Laufzeiten in Summe und die Analyse, in welchen Stati der Fehler wie lange verbleibt, verhilft dazu, Engpassressourcen zu identifizieren. Die Verfolgung geschieht anhand des Fehlerstatus. Dabei durchläuft jede Fehlermeldung eine Reihe festgelegter Status, die die erstmalige Erfassung bis zur erfolgreichen Korrektur beinhalten. Ein beispielhaftes Schema ist in Tab. 9.1 dargestellt [SPIL2005].

Zur Verfolgung in einem Testtool wird ein **Fehlerstatus** bzw. eine **Fehlerklasse** definiert:

Ein Fehlermanagement Prozess besteht in der Regel aus vier Phasen:

- Entdeckung des Fehlers
- Analyse und Diagnose
- Fehlerkompensation
- Fehlerkorrektur.

F. Witte, *Fehlermanagement*, https://doi.org/10.1007/978-3-658-51918-6_9

Tab. 9.1 Fehlerklassen

Fehlerstatus	Bedeutung
010 – Neu	Der Fehler wurde neu angelegt (initialer Status).
020 – In Analyse	Der Fehler wurde vom zuständigen Teilprojekt bzw. vom zuständigen Bearbeiter übernommen und wird derzeit analysiert.
025 – Rückfrage	Der Fehler wurde einem weiteren Bearbeiter aufgrund einer Rückfrage zugewiesen (z. B. Nachfrage beim Ersteller des Tickets). Bei einem zu hohen Anteil von Rückfragen, sind die Tester bezüglich der Fehlererfassung nachzuschulen, weil jede Rückfrage den Prozess verlangsamt und die Fehlerlaufzeit ansteigen lässt.
030 – In Bearbeitung	Die Fehlerbehebung wurde gestartet. Das bedeutet in der Regel, dass der Entwickler das Ticket prüft und das Programm verbessert.
040 – Korrigiert	Der Fehler wurde korrigiert.
050 – Testbereit	Die Fehlerlösung steht zum Fehlernachtest zur Verfügung. Die Fehlerklassen „Korrigiert" und „Testbereit" können zusammengefasst werden, sofern das Testobjekt direkt nach Behebung des Fehlers zum Nachtest übergeben werden kann. In vielen Fällen aber werden mehrere Fehlerbehebungen durchgeführt, bevor das Testobjekt neu übergeben wird, also z. B. eine neue Version oder ein neues Release gebildet wird. In diesem Fall wird der Status erst auf „Testbereit" gesetzt, wenn diese neue Version zum Test zur Verfügung steht.
090 – Getestet	Der Fehler wurde nachgetestet.
100 – Behoben	Der Fehlernachtest hat ergeben, dass der Fehler behoben ist. Für die meisten Fehler stellt „Behoben" also einen Endstatus dar. Nicht immer können die Status „Getestet" und „Behoben" zusammengefasst werden, weil teilweise zusätzlich mitigierende Maßnahmen getroffen werden müssen. Der Status „Behoben" darf immer nur vom Tester und nicht vom Entwickler gesetzt werden. Sollte sich bei dem Nachtest herausstellen, dass der Fehler nicht wie erwartet behoben wurde, muss der Fehler zurück auf den Status „In Analyse" gesetzt werden und der Fehlerworkflow wird erneut durchlaufen. Die Ursachen für die erneute Bearbeitung sollten jedoch in der Weise separat dokumentiert werden, dass man ihre Anzahl ermitteln kann (also etwa durch ein eigenes Feld im Fehlertool).
110 – Zurückgestellt	Die Fehleranalyse wurde vorübergehend unterbrochen und wird zu einem späteren Zeitpunkt fortgesetzt. Dabei kann z. B. eine Wiedervorlage mit Angabe des geplanten Datums hinzugefügt werden.
120 – Zurückgezogen	Der Ersteller hat den Fehler geschlossen. (z. B. irrtümlich erstellt). Dieser Fall ist ein Endstatus. Auch ein zu hoher Anteil zurückgezogener Fehler bedeutet, dass das Verständnis für Anforderungen, Testfälle sowie das Testziel erhöht werden muss-
140 – Abgelehnt	Die Fehleranalyse wurde abgebrochen. Es ist entweder keine Behebung geplant, oder die Analyse hat ergeben, dass es sich nicht um einen Fehler handelt. Dieser Status ist ebenfalls ein Endstatus.

Im „Lebenszyklus“ eines Softwarefehlers gibt es drei Hauptereignisse:

- die Fehlhandlung, die den Fehlerzustand in ein Arbeitsergebnis einfügt,
- die Entdeckung des Fehlerzustands und
- die Behebung des Fehlerzustands.

Das Fehlermanagement der Softwareentwicklung fokussiert auf dem zweiten Teil dieses Lebens, nach der Entdeckung, weil man unentdeckte Fehler nicht verwalten und auch nicht beheben kann [SIGS2026].

9.2 Workflow des Fehlerstatus

Der Workflow der einzelnen Status ist in nachfolgender Graphik (Abb. 9.1) dargestellt:

Falls nach der erfolgreichen Korrektur eines Fehlers als Seiteneffekt neue Fehler auftreten, müssen diese in neuen Meldungen erfasst und behandelt werden. Es empfiehlt sich, im Kommentarfeld der Fehlermeldung auf diese Fehler zu referenzieren; der ursprüngliche Fehler sollte aber geschlossen werden, weil sonst unterschiedliche Fehlerursachen miteinander vermengt werden und eine Analyse der konkreten Ursache eines Fehlers damit erschwert wird. Sollte der ursprüngliche Fehler noch nicht (komplett) behoben sein, entstehen in diesem Fall also insgesamt zwei Fehlermeldungen.

Das beschriebene Schema kann in vielen Projekten eingesetzt werden. Es sollte aber geprüft werden, ob weitere Anpassungen erforderlich sind und die einzelnen Verantwortlichkeiten mit ihren notwendigen Entscheidungsprozessen definiert werden. In diesem Fall kann die Benachrichtigung der entsprechenden Instanz teilweise automatisiert erfolgen. Besonders bei automatisierten Testfällen, in denen auch eine Fehlermeldung automatisch erstellt wird, ist auf die klare Definition der einzelnen Fehlerstatus zu achten und zu prüfen, dass nicht eine Flut von Fehlern erfasst wird, die letztlich alle dieselbe Ursache haben und nur unterschiedliche verwendete Daten betreffen.

Die Zuordnung des Fehlers auf den richtigen Mitarbeiter kann ebenfalls eine Herausforderung darstellen. Vor allem bei Integrationstests, bei denen das Zusammenspiel mehrerer Komponenten unterschiedlicher Subsysteme von unterschiedlichen Entwicklern zu einem Fehler führt, ist die Fehlerursache anfangs meist nicht klar was dazu führen kann, dass der Fehler nicht sofort an der richtigen Stelle adressiert wird oder wo sich durch die Suche nach der Fehlerquelle der Fehlerprozess erheblich verzögern kann. Damit das nicht passiert, sollte der Fehlermanager regelmäßig die Durchlaufzeiten der Fehler im Auge behalten.

Im obigen Grundmodell liegen alle Entscheidungen bei einzelnen Mitarbeitern. In größeren Projekten werden Entscheidungen teilweise von Entscheidungsgremien getroffen. Entsprechend komplexer werden die Entscheidungsprozesse, da Vertreter unterschiedlicher Interessengruppen mit einbezogen werden müssen (siehe auch Kap. 19).

Auch die Organisationsform (handelt es sich um ein klassisches oder agiles Projekt) wirkt sich auf den Fehlerprozess aus. Oft sind Mischformen zwischen klassischen und agilen Vor-

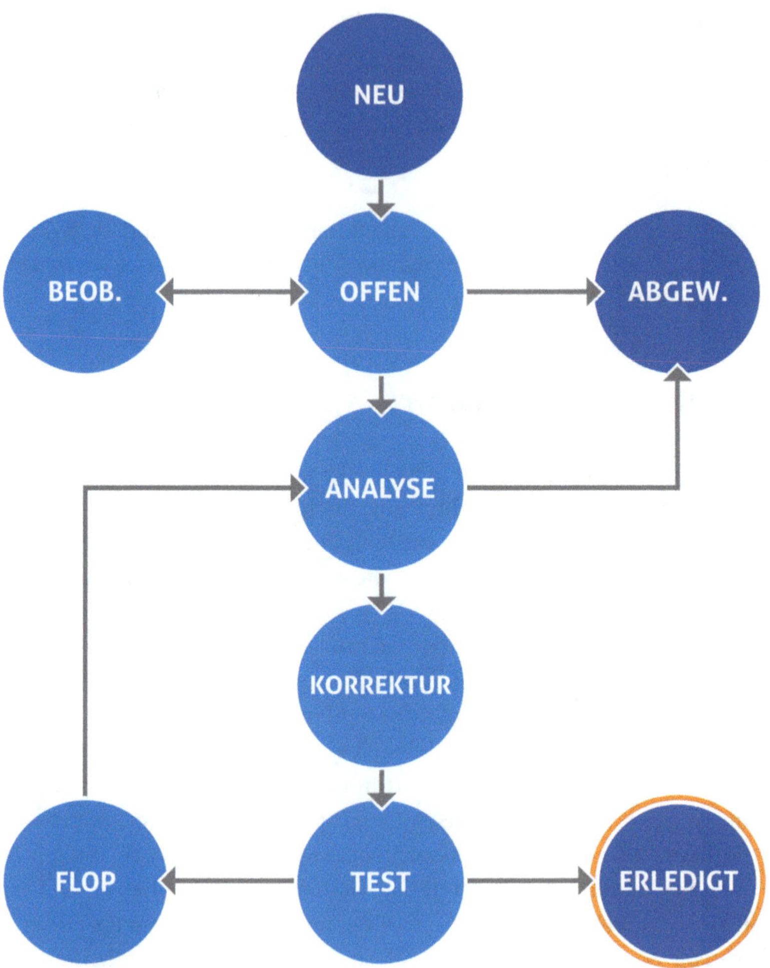

Abb. 9.1 Workflow der einzelnen Fehlerstatus

gehensweisen zu beobachten, die den gesamten Fehlerprozess am Ende komplexer und zeitaufwändiger gestalten. Häufig sind auch mangelhafte Umsetzungen agiler Prozesse wiederum Ursachen für Fehler: Da Retrospektiven aus Sicht des Projektteams anfänglich keinen direkt quantifizierbaren Mehrwert schaffen und ohnehin Zeitdruck im Projekt herrscht, wird dieser Regeltermin häufig gestrichen. Dies nimmt dem Projektteam die Möglichkeit, sich in einem geschützten Raum auszutauschen und sich persönlich und als Team weiterzuentwickeln. So schleichen sich Fehler ein, da kein fester Zeitpunkt zur Reflexion und Ableitung von Handlungsempfehlungen vorhanden ist. Manche Aktivitäten erscheinen auf den ersten Blick zeitraubend, sind aber notwendig zur weiteren Entwicklung und zur Optimierung der Entwicklungs- und Testprozesse. Wenn man sie weglässt, erzeugen sie am Ende Mehraufwand und in der Konsequenz noch mehr Termindruck – ein Teufelskreis.

Teilweise muss man (bei kritischen Problemen, die sofort behoben werden müssen, weil zum Beispiel Gefahr in Verzug ist oder sicherheitsrelevante betriebliche Aspekte betroffen sind), auf die ausführliche Erfassung in einem Ticket zunächst verzichten und den Fehler sofort beheben und nachtesten. Dann sollte aber nach Fehlerbehebung die komplette Analyse und Dokumentation unbedingt zeitnah nachgeholt werden. Nur ausreichend beschriebene Fehler lassen eine detaillierte Analyse der Fehlerursachen zu, und diese Verfahrensweise ist unbedingt erforderlich, um ähnliche Fehler in Zukunft zu vermeiden und für die Zukunft zu lernen. Das trifft besonders dann zu, wenn der Fehler von einem Kunden gemeldet wurde, und dadurch evtl. nicht alle Angaben vorhanden sind, die zur Fehlerbehebung erforderlich sind. In diesem Fall empfiehlt es sich, den Fehler sofort auf einer Testumgebung einem Nachtest zu unterziehen um ihn detailliert zu beschreiben und dabei sollte man auch untersuchen, warum er bei den vorherigen Testaktivitäten nicht aufgefallen ist. Voraussetzung für dieses Vorgehen ist natürlich, dass auch nach Auslieferung an den Kunden oder Endnutzer eine eigene Testumgebung als Referenzanlage zur Verfügung steht, die dieselbe Software und Konfiguration wie die Produktivumgebung aufweist und nicht anderweitig in Benutzung ist oder zwischenzeitlich angepasst wurde. Das ist leider in der betrieblichen Praxis nicht selbstverständlich. Eine Testumgebung als Referenzanlage für die Produktion und eine weitere, davon getrennte Testumgebung für den Test neuer Releases ist für eine saubere Trennung in Test befindlicher und produktiver Funktionen unbedingt zu empfehlen. Natürlich verbraucht die Umgebung für das in Betrieb befindliche Programm weiterhin Ressourcen zur Maintenance der Testumgebung, Strom und nicht zuletzt Platz. Im Notfall müsste sie ansonsten aber ohnehin in einer Panikaktion wiederhergestellt werden und dadurch erheblich mehr Ressourcen ausbremsen. Die Notwendigkeit einer Referenzumgebung ist bereits bei der Kalkulation eines Entwicklungsprojekt in angemessener Weise zu berücksichtigen.

Es empfiehlt sich, mit Hilfe des Fehlermanagementtools und geeigneten Werkzeugen nicht nur die gesamte Lebensdauer des Fehlers zu betrachten, sondern auszuwerten, in welchem Status wie viele Fehler wie viel Zeit benötigt haben. Aus entsprechenden Metriken lassen sich wichtige Rückschlüsse ziehen, welche Mitarbeiter etwa wegen Überlastung besonders lange zur Analyse und Behebung benötigt haben oder in wie vielen Fällen die Fehler mehrfach angefasst wurden. In Arbeitsprozessen sind generell die Liegezeiten das weitaus größere Problem für zeitliche Verzögerungen im Workflow als die reinen Bearbeitungszeiten. Testmetriken intensiv zu betrachten und geeignet zu bewerten zahlt sich auch an dieser Stelle aus, um die Softwarequalität zu verbessern, aber auch mehr Bewusstsein zu schaffen, indem die Kostentransparenz über den gesamten Entwicklungszyklus aufgezeigt wird.

Literatur

[SYNA2026]: https://synaworks.com/wp-content/uploads/2024/03/Synaworks_TM_Erfolgsfaktoren_Checkliste.pdf, zugegriffen am 03.01.2026

[SPIL2005]: Spillner, Linz: Basiswissen Softwaretest, 3,Auflage, dpunkt Verlag Heidelberg 2005

[SIGS2026]: https://www.sigs.de/artikel/das-leben-eines-softwarefehlers/, zugegriffen am 03.01.2026

Rollen und Verantwortlichkeiten im Fehlerzyklus 10

Über Rollen werden Aufgaben, Kompetenzen und Verantwortlichkeiten für bestimmte Tätigkeiten in Unternehmen festgelegt. Diese Rollen werden dann Stellen und dadurch einzelnen Mitarbeitern zugeordnet. Rollen sind in der Regel fest mit Stellen verknüpft. Das ist für jede Organisation bei der Zuordnung von Arbeitspaketen relevant.

Der **Fehlerzyklus** (auch **Fehlerlebenszyklus** genannt) ist ein Prozess, der die verschiedenen Zustände eines Fehlers während des Übergangs vom Zeitpunkt des Auslösens bis zur Behebung/Überprüfung verfolgt. Die Kenntnis des Fehlerzyklus ist für die Durchführung von Softwaretests von entscheidender Bedeutung, da sie sicherstellt, dass alle Fehler korrekt behoben werden, was zur Bereitstellung hochwertiger Software führt.

10.1 Rollen im klassischen Umfeld

Für klassische Projekte gelten folgende Rollen:

- Der **Testmanager** ist für die Planung und Steuerung der Testaktivitäten verantwortlich. Er führt die Koordination der Testaktivitäten durch, regelt damit die einzelnen Testaktivitäten (Beschreibung der Testspezifikationen, Durchführung der Testfälle, Koordination der Testautomatisierung) und stellt die Verfügbarkeit der Testressourcen sicher.
- Der **Testkoordinator** ist für die fachliche und technische Leitung der Testteams verantwortlich. Er bestimmt Umfang der Tests und Testendekriterien, legt die Vorgehensweise für den Test fest und erstellt Ablaufpläne für die Testdurchführung. Teilweise gibt es auch einen eigenen **Testumgebungsmanager**, der die Testumgebung plant und bereitstellt.

F. Witte, *Fehlermanagement*, https://doi.org/10.1007/978-3-658-51918-6_10

- **Testdesigner** (bzw. **Testanalysten**) entwickeln die Testfälle, **Tester** führen die definierten Tests durch. Im Fehlerfall erfassen die Fehlermeldungen und sind für den Nachtest behobener Fehler mit Hilfe von Regressionstests verantwortlich.
- Eine Sonderrolle hat der **Testautomatisierer**, der Testfälle, die in einer Basisversion bereits mindestens einmalig manuell durchgeführt werden, in ein Skript umsetzt. Dabei können die Datenvarianten erheblich erweitert werden, sodass die Testabdeckung erheblich gesteigert werden kann und die Testdurchführung im Falle von Regressionstests automatisiert regelmäßig ablaufen kann. Die Steigerung der Testabdeckung ist eine wesentliche Maßnahme zur Steigerung der Softwarequalität. Ohne möglichst umfassende Testautomatisierung sind größere Projekte in der Praxis kaum in akzeptabler Zeit und zu vertretbaren Kosten umsetzbar, weil der Aufwand der Testdurchführung ansonsten schnell immens werden kann. Viele Fehler werden nur dann entdeckt, wenn der Automatisierungsgrad hoch genug ist.
- Ein **Fehlermanager** übernimmt Aufgaben der Fehlersteuerung (siehe auch Kap. 24). In kleineren Projekten fällt diese Rolle häufig auch dem Testmanager oder dem Testkoordinator zu.
- Die Rollen sind, je nach Größe und Umfang des Projekts, oft nicht eindeutig besetzt; teilweise üben Mitarbeiter mehrere Rollen parallel aus. In der betrieblichen Praxis üben Testdesigner meist auch die Rolle des Testers aus, auch Testmanager und Testkoordinator fallen oft in einer Person zusammen.
- Im Falle des Modultests testen in der Regel Entwickler selbst, oder im Rahmen eines Peer Reviews (z. B. im **Pair Programming**) die Software eines Kollegen. Ansonsten bekommen die Entwickler Fehlermeldungen des Testers zugewiesen, reproduzieren das Fehlverhalten und sind für die Fehlerbehebung zuständig.

10.2 Rollen im agilen Umfeld

Mit der zunehmenden Verbreitung agiler Vorgehensweisen kamen neue Rollen hinzu.

Es gibt drei verschiedene Agile Scrum Rollen, die besetzt werden müssen: Der **Product Owner**, der **Scrum Master** und das **Scrum Team**. Alle **Scrum-Rollen** sind mit jeweils anderen Aufgaben verbunden. Ein wichtiger Faktor für den Erfolg von **Scrum** ist die Fähigkeit des Teams, sich selbst zu organisieren.

- Der **Scrum Master** unterstützt den Prozess und ist als Ansprechpartner für das Team eingesetzt. Er begleitet das Team, indem er darauf achtet, dass das richtige Verfahren angewandt wird. Wenn zusätzliche Schulungen erforderlich sein sollten, ist er derjenige, der diese organisiert. Zudem ist er für die Organisation der Meetings verantwortlich und kümmert sich um die Räumlichkeiten und die Bereitstellung von Soft- und Hardware. Eigentlich ist er derjenige, der dafür sorgt, dass das Team ungestört arbeiten kann und verhindert, dass aus dem Umfeld der Mitarbeiter Extrawünsche oder zusätzliche Arbeiten gefordert werden und dazwischenfunken. Dennoch tritt der Scrum

Master nicht als Projektleiter auf. Damit die Offenheit und Zusammenarbeit im Projektteam gefördert werden, kümmert sich der Scrum Master nicht um Personalangelegenheiten wie die Auswahl, Beurteilung und Entlohnung der Teammitglieder.
- Der **Product Owner** vertritt die Interessen des Kunden. Er ist der Auftraggeber und möglicherweise auch der Kunde selbst. Er hat das größte Interesse daran, dass ein qualitativ hochwertiges Produkt entwickelt wird, denn er zahlt schließlich die Rechnung. Zudem verwaltet er das Backlog und legt somit fest, in welcher Reihenfolge welche Aktivitäten erledigt werden müssen und prüft dabei die Abhängigkeiten voneinander. Die wichtigsten Vorstellungen und Wünsche stehen immer an erster Stelle, weil sie die größten Vorteile bringen.
- Das **Scrum Team** ist multidisziplinär zusammengestellt und für die Lieferung des Produkts am Ende eines jeden **Sprints** verantwortlich. Die Teammitglieder sorgen dafür, dass das Produkt den Vorstellungen des Kunden entspricht und während des Sprints produziert wird. In den meisten Fällen besteht das Team aus drei bis neun Personen, die ihre Arbeit eigenverantwortlich organisieren. Das Team ist für alle Arbeiten am Produkt verantwortlich: Analyse, Entwurf, Entwicklung, Tests und Dokumentation.

Scrum bedeutet mehr Verantwortung für den Einzelnen als in hierarchisch organisierten Teams. Im Projektablauf soll Scrum wie folgt umgesetzt werden:

- Das Scrum Team ist für das Ergebnis und die Planung, die Arbeitsaufteilung und die Überwachung der Fortschritte selbst verantwortlich.
- Durch die Aufteilung der Arbeit in kleine „Items" von zwei bis vier Stunden Dauer hat das Team die Möglichkeit, die Fortschritte besser zu überwachen. Zudem sorgt diese Vorgehensweise mehrmals am Tag für Zufriedenheit aufgrund der erzielten Ergebnisse und erzeugt daher zusätzliche Motivation.
- Das Scrum Team hat keinen „Projektleiter", der Anweisungen gibt, denn dann fühlen sich die Teammitglieder weniger dafür verantwortlich, Fortschritte zu erzielen. Es gibt einen Scrum Master, der auf Augenhöhe mit dem Team agiert und für das Erreichen derselben Ziele verantwortlich ist.
- Regelmäßiges Feedback ist notwendig, damit ein gutes Produkt entwickelt werden kann. Daher gibt es einen intensiven Austausch zwischen dem Kunden (über den Product Owner) und dem Scrum Team.
- Der Product Owner bestimmt das „Was", das Scrum Team entscheidet über das „Wie". Diese Rollenverteilung ist eindeutig; dadurch fühlt sich jeder wertgeschätzt und kann seine Stärken einbringen.
- Das Scrum Team legt die Tagesplanung und Arbeitsaufteilung auf Grundlage der Prioritäten und Ziele selbst fest.
- Bei einem Sprint werden alle Aufgaben deutlich auf dem Scrum Task Board dargestellt und die Teammitglieder entscheiden selbst, welche Aufgaben wann und von wem ausgeführt werden.

- Jeder Sprint wird mit einer Evaluierung und einem Bericht zu den gesammelten Erfahrungen („**Sprint Retrospektive**") beendet, damit das Team daraus lernen und den nächsten Sprint noch besser durchführen kann [SCRU2026].

Die neuen Rollen sind nicht immer einfach umzusetzen und können auch zu Rollenkonflikten führen. Problematisch kann es zum Beispiel werden, wenn ein disziplinarischer Vorgesetzter auch die Rolle des **Agile Coach** bekommt.

In einer Rolle als disziplinarischer Vorgesetzter gibt es Zielvorgaben. Diese Ziele sind gestaltbar, werden aber zunächst nicht vom Vorgesetzten selbst oder vom Vorgesetzten zusammen mit den Kollegen erstellt. Ziele werden zunächst nur an die Kollegen weitergereicht. Inwiefern sich die Kollegen mit den Zielen identifizieren können oder in der Lage sind, diese zu verfolgen, ist oft nicht relevant. In der Rolle als Agile Coach ist das anders. Hier werden die Ziele, die sich an den Unternehmenszielen orientieren, bzw. an den Zielen der Einheit gemeinsam erstellt. Das Team sammelt vorab alle dafür notwendigen Informationen, entwickelt Ideen, stimmt sich miteinander ab und setzt sich gemeinsam Ziele [UNDE2019]. Aber auch hier können sich nicht immer alle Teammitglieder mit den gemeinsam definierten Zielen identifizieren.

Es ist auch kein Zufall, dass gerade Frauen in der Rolle als Scrum Master immer häufiger zu einer Art „Supersekretärin" werden. Es spiegelt vielmehr überdauernde Gendermuster und auch Unternehmensgeschichte. Es sind die bisherigen Verhaltenserwartungen, die die Sicht auf eine Rolle sehr stark prägen. Es ist das bisherige Selbstbild, aber auch die Bestätigung durch außen. Vorherige Rollen beeinflussen die jetzigen. Es ist auch deshalb keine Lösung, immer neue Rollen zu schaffen, die die bisherigen ergänzen und alles. nur noch komplexer machen. Mehrere Rollen zu spielen ist eine Kunst, die nur sehr reifen Persönlichkeiten in einem reflektiven Umfeld gelingen kann. Es macht oft auch keinen Sinn, denn das Ergebnis, das erzielt werden soll (mehr Effizienz, Effektivität, Verantwortungsübernahme etc.), wird durch neue Rollen allein sicher nicht erzeugt [TEAW2026].

Ein häufig beobachtetes Problem, das sich auch auf die Fehlerbehandlung auswirkt, ist auch die Vorgehensweise mit dem **Daily Scrum Meeting**.

Das Daily Scrum Meeting ist per Definition ein täglich stattfindendes Treffen, bei dem sich das Entwicklerteam gegenseitig über den aktuellen Stand der Arbeit im Hinblick auf das Sprintziel informiert. Die Abstimmung untereinander sorgt dafür, dass jeder im Projektteam einen guten Überblick über Fortschritt, Fragen und eventuelle Hindernisse hat und weiß, woran die anderen arbeiten. Auf diese Weise erhält jedes Teammitglied ein genaues Gesamtbild des Projekts.

Im Daily Scrum Meeting sollen die einzelnen Teammitglieder dazu folgende drei Fragen beantworten, die den Fokus auf das Sprint-Ziel legen:

- Was habe ich gestern zur Erreichung des Sprint-Ziels getan?
- Was werde ich heute zur Erreichung des Sprint-Ziels tun?
- Welche Hindernisse gibt es, die mich (oder das Team) daran hindern?

Diese Fragen dienen der Tagesplanung und Synchronisation des Entwicklungsteams, wobei die Hindernisse (Impediments) schnell identifiziert werden sollen, um sie zu beseitigen, damit das Team seinen Fortschritt planen kann.

Folgende Grundregeln sind dabei zu beachten:

- Die Teilnehmer müssen pünktlich zum Daily Standup erscheinen.
- Die Dauer des Daily Standup Meetings beträgt maximal 15 Minuten (Time-Box).
- Die Teilnehmer halten sich an die Agenda des Daily Scrum Meetings.
- Wie der Name schon sagt: Es handelt sich um ein Standup Meeting, d. h. dass die aktiven Teilnehmer dabei (am besten im Kreis) stehen.
- Der Scrum Master greift beim Daily Standup höchstens moderierend ein (wenn unbedingt nötig) und notiert sich die vom Development Team genannten Impediments. Er sorgt anschließend dafür, dass diese beseitigt werden (nicht notwendigerweise von ihm selbst), und organisiert bei Bedarf den Austausch einzelner Teammitglieder untereinander.
- Am Daily Scrum Meeting nimmt der Product Owner so oft wie möglich teil, um Fragen des Teams zum „Was?“ zu beantworten und auf dem aktuellen Stand des Sprint-Fortschritts zu bleiben [AGIA2026].

Viele Grundsätze werden in der Praxis leider nicht genügend beachtet. In diesem Fall liegen dadurch entstehende Verzögerungen und Fehler aber nicht am agilen Modell, dass es Probleme beim Entwicklungsteam gibt, sondern an der mangelhaften Umsetzung dieser Praxis. Es ist auch zu beachten, dass das Daily Scrum nicht zu einem Defect Control Board (siehe Kap. 19) werden darf. Im Projektverlauf aufgetretene Fehler dürfen beim Daily Scrum angesprochen werden, es sollte aber keine ausladende Diskussion über diesen Fehler im Daily Scrum stattfinden. Dafür ist eine zielführende Moderation des Daily Scrum von zentraler Bedeutung.

Literatur

[SCRU2026]: https://scrumguide.de/scrum-rollen/, zugegriffen am 05.01.2026

[UNDE2019]: https://unternehmensdemokraten.de/2019/11/25/im-dialog-transformation-der-db-systel-teil-1/, zugegriffen am 05.01.2026

[TEAW2026]: https://teamworks-gmbh.de/rollenkonfusion-warum-agile-rollen-oft-eher-problem-als-loesung-sind/, zugegriffen am 05.01.2026

[AGIA2026]: https://www.agile-academy.com/de/scrum-master/daily-standup-definition-ablauf-tipps/, zugegriffen am 05.01.2026

Tatsächliche und vermeintliche Fehler 11

Der Slogan „it's no bug it is a feature" ist in der Softwareentwicklung hinlänglich bekannt. Er bedeutet, dass bei jedem Fehler zunächst genau geprüft werden muss, ob die Software wirklich fehlerhaft ist oder es sich um eine fehlerhafte Erwartung handelt.

11.1 Fehlhandlung, Fehlerzustand und Fehlerwirkung

Die Begriffe **Fehlhandlung**, **Fehlerzustand** und **Fehlerwirkung** finden sich beim Softwaretest und dienen zur Unterscheidung/Verfeinerung des Begriffs „Fehler" (siehe auch Abschn. 6.2).

Für alle gefundenen „wirklichen" Fehler sind im „Debugging" von den Entwicklern die verursachenden Fehlerzustände im Testobjekt zu suchen und zu korrigieren. Darunter fallen z. B. inkorrekte Teilprogramme, Anweisungen und/oder Datendefinitionen. Auch fehlerhafte Konfigurationen können eine Ursache für ein Fehlverhalten darstellen.

Problematisch wird es, wenn ein Testobjekt ursprünglich richtig programmiert war, dann aufgrund eines fehlerhaften Testfalls geändert wird und dadurch falsch wird. Auch dieser Fall kommt in der Praxis hin und wieder vor. Das zeigt deutlich, wie wichtig eine sorgfältige und umfassende Erstellung und ein Review erstellter Testfälle ist. Nach wie vor wird dieser Punkt in der Praxis erfahrungsgemäß vernachlässigt.

Zu den zentralen Testaufgaben gehört die Überprüfung, ob das Testobjekt seine Spezifikation erfüllt. Das prinzipielle Problem besteht darin, dass sogenannte erschöpfende Tests wegen der Fülle der möglichen Eingaben und Programmzustände selbst bei kleineren Programmen in der Regel nicht möglich sind. Testen als stichprobenartiges Verfahren kann somit normalerweise nur die Anwesenheit von Fehlern aufzeigen, aber nicht deren Abwesenheit beweisen. Eine Aussage wie „Das Programm ist fehlerfrei" kann daher von

F. Witte, *Fehlermanagement*, https://doi.org/10.1007/978-3-658-51918-6_11

einem Tester niemals getroffen werden, sondern nur „Es wurden bei der Testdurchführung keine Fehler gefunden".

Durch die wachsende Zahl an möglichen Konfigurationen gewinnt die Bedeutung stichprobenartiger Tests zusätzlich an Bedeutung. Ein Beispiel dafür ist die Automobilindustrie: Um Marktanteile zu gewinnen und Kundenwünsche zu gewinnen, bieten Fahrzeughersteller eine wachsende Anzahl von Modellvarianten, Konfigurationen und Features an. So wurden in einem Jahr in Deutschland 84.000 VW Golf verkauft, von denen mehr als 58.000 unterschiedliche Konfigurationen hatten. Gerade einmal 400 VW-Golf waren identisch, von den unterschiedlichen Farben ganz abgesehen. Die große Konfigurationsvielfalt führt zu einer hohen Komplexität, was das Risiko möglicher Fehlzustände erhöht. Außerdem führt sie zu einer Explosion der Testaufwände, was wiederum hohe Kosten mit sich bringt. Selbst wenn ein vollständiger Test möglich wäre, wären die vollständig getesteten Unikate wegen der hohen Testkosten unbezahlbar. Bei der Auswahl geeigneter Stichproben für das selektive Testen können dem Tester sowohl Normen und Standards als auch Testansätze und Testverfahren helfen [BONG2020].

Bei der **Äquivalenzklassenbildung** wird versucht, mit jedem Testfall eine ganze Klasse gleichartiger Fehler aufzudecken, z. B. die fehlerhafte Verarbeitung bestimmter Eingabewerte. Die Voraussetzung hierfür ist das Vorliegen von Bedingungen, die die Wertebereiche von Ein- und Ausgaben angeben. Die Wertebereiche der Ein- und Ausgabe werden dann so in Äquivalenzklassen zerlegt, dass alle Werte einer Klasse ein äquivalentes Verhalten des Testobjekts ergeben, d. h.:

- Wenn eine konkrete Wertekombination aus einer Äquivalenzklasse einen Fehler aufdeckt, wird erwartet, dass auch jede andere Wertekombination dieser Äquivalenzklasse diesen Fehler aufdeckt.
- Wenn eine konkrete Wertekombination aus einer Äquivalenzklasse keinen Fehler aufdeckt, wird erwartet, dass auch keine andere Wertekombination dieser Äquivalenzklasse diesen Fehler aufdeckt.

Erfahrungsgemäß führt die nicht ausreichende Berücksichtigung der Grenzen von Wertebereichen immer wieder zu Fehlern. Die **Grenzwertanalyse** betrachtet daher die Grenzen der entsprechenden Wertebereiche und – falls möglich- die Umgebung dieser Grenzwerte. So werden z. B. bei einem Parameter vom Typ Integer, dessen Wertebereich als Intervall von 0 bis 100 spezifiziert wurde, die Grenzwerte – 1, 0, 1, 99, 100 und 101 zum Test herangezogen. Bei der Grenzwertanalyse wird also für jeden geordneten, abgegrenzten Wertebereich jeweils ein Wert auf den beiden Grenzen selbst sowie unmittelbar über oder unter diesen ausgewählt [WINT2016].

Wenn die Testverfahren des Systemtests durchgeführt sind, vergleicht das Testteam die erwarteten Testergebnisse für jedes einzelne Verfahren mit den tatsächlich eingetretenen. Wenn das Resultat von den Erwartungen abweicht, muss das Delta (also die Abweichung) genauer diagnostiziert werden. Weicht das bei der Testdurchführung beobachtete tatsächliche Testergebnis von der im Testfall spezifizierten erwarteten Ausgabe ab, ist vom Tester zu prüfen, ob tatsächlich eine **Fehlerwirkung** vorliegt oder eventuell die Beobachtung oder die im Testfall spezifizierte erwartete Ausgabe fehlerhaft ist.

11.2 Vermeintliche Fehler

Ein gescheitertes Testverfahren muss nicht notwendigerweise auf einen Fehler in der zu testenden Anwendung zurückzuführen sein. Das Problem könnte ein Fehler sein, der eigentlich keiner ist, d. h., dass der Test gescheitert ist, obwohl es kein Problem im **Testobjekt** gab. Das Auftreten solcher **vermeintlichen Fehler** kann durch notwendige Änderungen am Testobjekt, Fehler bei der Testvorbereitung, Fehler in den Testverfahren, Benutzerfehler, fehlerhafte Logik der automatisierten Testskripts oder Probleme mit der Testumgebung verursacht werden. Ein Beispiel für ein Problem der Testumgebung ist die Installation der falschen Version der Anwendungssoftware.

Daher sollte zunächst das Testteam den Fehler reproduzieren, um sicherzustellen, dass das Problem nicht durch einen Benutzerfehler verursacht wurde. So kann ein Tester etwa nach der Durchführung eines Testverfahrens bestimmte Ergebnisdaten erwarten, die in Wirklichkeit aber gar nicht möglich sind, wenn nicht spezielle Maßnahmen zur Vorbereitung der Testdaten vorgenommen wurden. Um solche Arten von Benutzerfehlern zu vermeiden, sollten die Testspezifikationen die notwendigen Details enthalten und die Testverfahren gründlich überprüft werden.

Bei der Untersuchung des Scheiterns eines automatisierten Testskripts ist außerdem sicherzustellen, dass das Problem nicht auf einem Fehler bei der Vorgehensweise beruht. So kann beispielsweise ein Menüeitrag auf dem Bildschirm aufgrund eines Benutzerwunsches geändert worden sein, aber das automatisierte Testskript, das mit einer früheren Softwareversion erstellt worden war, spiegelt diese Veränderung nicht richtig wider. Dieses Skript wird bei der Ausführung auf ein Problem hinweisen, das aber nicht auf einen Fehler in der zu testenden Anwendung hinweist. Automatisierte Skripte müssen bei jeder Änderung angepasst werden – auch die Notwendigkeit der regelmäßigen Wartung automatisierter Testskripte ist in der Praxis erfahrungsgemäß häufig nur unzureichend umgesetzt.

Die Ursachen für vermeintliche Fehler sollten analysiert werden, um die neuralgischen Problembereiche zu erkennen und bei ihnen gezielte Maßnahmen zur Gegensteuerung einzuleiten. Bei den Gegenmaßnahmen kann es zum Beispiel erforderlich sein, die Einrichtung der Testumgebung zu verbessern, die Softwareversion, die Konfiguration, die Testdaten, das Testverfahren oder das Testskript zu korrigieren.

Vermeintliche Fehler können aber auch darauf hindeuten, dass in der Anforderung wichtige Aspekte vergessen wurden oder Nebenbedingungen nicht berücksichtigt wurden. Dann ist zwar die Implementierung nach wie vor richtig und der Fehler ein vermeintlicher Fehler, es kann aber in diesem Fall durch den Test zu neuen Erkenntnissen und einem Change Request kommen, da das Systemverständnis des Testers ja zumindest abweichend von der tatsächlichen Umsetzung war.

Eine nicht zu vernachlässigende Ursache für vermeintliche Fehler ist, dass eine veraltete Version der Anforderungen für die Definition der Testfälle verwendet wurde. Das passiert leider auch relativ häufig, zum Beispiel weil verschiedene Tools vorhanden sind, die Workflows nicht eindeutig definiert wurden und dadurch es der Tester schlichtweg nicht mitbekommt, wenn sich die Anforderung geändert hat und dadurch auch der entsprechende Testfall geändert werden muss.

Vor allem dann, wenn die Anforderungen nicht in der Muttersprache des Testers formuliert sind, treten immer wieder Verständnisprobleme auf, die dazu führen, dass die Anforderung nicht korrekt in allen Facetten erfasst und daher kein korrekter Testfall erstellt wurde.

11.3 Vermeintlich richtige Testergebnisse

Analog vermeintlicher Fehler können aber auch **vermeintlich richtige Testergebnisse** auftreten. Diese Testergebnisse sind besonders gefährlich, weil in diesem Fall keine weitere Aufmerksamkeit verwendet wird. Daher muss auch dann, wenn die Ergebnisse der Testdurchführung den erwarteten Resultanten entsprechen, das Testteam sicherstellen, dass die Ergebnisse nicht nur vordergründig richtig sind. Das kann dann vorkommen, wenn ein Testverfahren erfolgreich durchgeführt wurde, trotzdem aber ein Problem im Testobjekt vorhanden sind. Zum Beispiel können automatisierte Testwerkzeuge positive Resultate ausgeben, die für die Nuancen der zu testenden Anwendung nicht empfindlich genug sind; die korrekte und umfassende Umsetzung einer manuellen Testbeschreibung in ein automatisiertes Skript stellt schließlich auch eine mögliche Fehlerquelle dar.

Daher sollten **Walkthroughs** der Testverfahren vor der eigentlichen Testausführung durchgeführt werden. Zusätzlich zu diesen Walkthroughs in **Peer Reviews** sollte das Testteam die Richtigkeit der Testergebnisse bewerten und stichprobenartig überprüfen, selbst wenn das Skript auf Anhieb erfolgreich durchgelaufen ist. Wenn das erwartete Resultat nicht mit dem tatsächlichen Ergebnis übereinstimmt und dies an einem Problem der zu testenden Anwendung liegt und nicht an einem nur vermeintlich positiven oder negativen Ergebnis, muss das Testteam einen Softwareproblembericht erstellen, um den Fehler zu dokumentieren [DUST2001].

Eine hohe Anzahl vermeintlicher Fehler deutet darauf hin, dass Anforderungen nicht richtig verstanden oder nicht richtig bzw. nicht umfassend genug in Testfälle umgesetzt wurden. Auch eine Schulung des Testpersonals sollte man in diesem Fall in Erwägung ziehen, um das Systemverständnis zu erhöhen und die Tester in möglichst allen Details der Anforderungen zu schulen. Es empfiehlt sich dabei auch, die Durchführung von Reviews zu intensivieren. Das alles kostet zwar Zeit und wird daher oft unterlassen oder nur teilweise oder oberflaechlich durchgefuehrt. Dieser Aufwand ist aber letztlich gut investiert, um den Testprozess nachhaltig zu verbessern.

Literatur

[WINT2016]: Winter-Roßner-Brandes-Götz: Basiswissen modellbasierter Test, dpunkt-Verlag Heidelberg 2016

[DUST2001]: Dustin-Rashka-Paul: Software automatisch testen, Springer-Verlag Berlin Heidelberg 2001

[BONG2020]: Bongard-Dussa-Ziegler-Reißing-Schulz: Basiswissen Automotive Softwaretest, dpunkt-Verlag Heidelberg 2020

12 Komplexität des Projekts und Fehlerbehandlung

Um die Bedeutung von Fehlern besser einschätzen und Risiken aufgrund der Fehlerkonsequenzen besser beurteilen zu können, empfiehlt es sich, die **Projektkomplexität** zu bewerten.

12.1 Bewertung der Projektkomplexität

Werden (alle) Projekte einheitlich bezüglich ihrer Komplexität beurteilt, gewinnt die Organisation wertvolle Hinweise zur Priorisierung des Projektportfolios und bezüglich Projektsteuerung und -führung. Für das einzelne Projekt ergibt sich neben Handlungshinweisen zur Steuerung bzw. Führung ein „Gefühl" für das Projekt als sozio-technisches System: Die Betrachtung der Komplexität schafft Transparenz, zeigt die Vernetzung, die Dynamik und Gegensätzlichkeit – und liefert Hinweise für das bewusste, der Situation angemessene Risikomanagement.

Bei einer mittleren oder hohen Projektkomplexität empfehlen sich mehrere Maßnahmen zur **Projektsteuerung**. Inwiefern sie sinnvoll sind, muss im entsprechenden Kontext individuell bewertet werden:

- Organisation: Besetzung eines Projekt-Office, Benennung eines Risikomanagers und Qualitätsmanagers, Besetzung eines Lenkungsausschusses, Bildung von Fachgruppen, Wechsel von einer Stab-Linien- zu einer reinen Matrix- bzw. reinen Projektorganisation
- Kompetenzen: Dedizierte Teamentwicklungstätigkeiten, PM-spezifisches Training der Projektmitarbeiter
- Vorgehen: Splitting des Projekts in Teilprojekte oder Realisierungseinheiten
- Berichtswesen: Verdichtung des Berichtsrhythmus, Erhöhung der Quality Gates, Erweiterung des Berichtsportfolios

F. Witte, *Fehlermanagement*, https://doi.org/10.1007/978-3-658-51918-6_12

- Kommunikation: Intensivierung der Kommunikationsaktivitäten, Erweiterung der Projektsprachen [BOSS2026]

Zur Bestimmung der Projektkomplexität dienen Projektgröße und -dauer, Anzahl und Vielfalt der Ergebnisse und Anforderungen, Innovationsgrad, Anzahl der Aktivitäten und Aufgaben, Anzahl und Einfluss der Stakeholder sowie Grad der Veränderung und Unsicherheit im Projektumfeld. Jedes dieser Kriterien wird auf einer einfachen Skala wie niedrig, mittel oder hoch bewertet und den einzelnen Einflussgrößen können numerische Werte oder Gewichtungen zugewiesen werden. weisen oder eine Checkliste oder einen Fragebogen verwenden, um die erforderlichen Informationen zu sammeln.

Eine andere Unterteilung der Projektkomplexität beachtet **strukturelle Komplexität** (unterschiedliche Auftragnehmer, separate Verträge), **technische Komplexität** (unterschiedliche miteinander agierende Systeme, besonders häufig in der IT), **dynamische Komplexität** (die Umgebungsvariablen des Projekts ändern sich ständig) und **soziopolitische Komplexität** (unterschiedliche Interessen der einzelnen Gruppen von Stakeholdern).

Der **Komplexitätsgrad** ist ein Indexwert zur Bestimmung der Projektkomplexität. Dieser Wert kann auch anhand der Anzahl Teammitglieder oder einzelnen Komponenten, der Integration von Legacy-Code, der Art des verwendeten Content-Managements oder der geografischen Verteilung des Projektteams gemessen werden.

Zur Beherrschung komplexer Projekte dienen ein einheitlicher Workspace, die Definition von Prioritäten, die zeitgerechte Umsetzung der einzelnen Aufgaben, eine konsequente Terminplanung und ein klares Reporting. Bei all diesen Punkten geht es immer auch zentral um effektive Kommunikation.

12.2 Aufgaben des Projektmanagers zur Fehlervermeidung

Am besten wäre es, so wenige **Fehlhandlungen** zu begehen wie möglich. Wird kein Fehler eingefügt, dann kosten die Qualitätskontrolle und das Testen weniger, es gibt keine Fehlerbehebungskosten, und schon gar keinen Schaden durch Fehlerwirkungen.

Fehlhandlungen vermeidet man nicht durch Testen, sondern durch vorbeugende Maßnahmen. Empirische Studien nennen die Qualifikation der Beteiligten, Einsatz eines reifen Entwicklungslebenszyklus, die sorgfältige Qualitätssicherung der Anforderungen und Spezifikationen sowie Einsatz geeigneter Programmiersprachen als effektivste Maßnahmen der Fehlervorbeugung [SIGS2026].

Je umfassender und komplexer ein Projekt ist, desto mehr Herausforderungen bestehen in diesem Zusammenhang für den **Projektmanager**. Daher spielen Projektmanager eine entscheidende Rolle bei der Einführung und Aufrechterhaltung eines wirksamen Fehlermanagementsystems in einer Organisation und für den Erfolg eines Projekts sowie für die erfolgreiche Etablierung eines Fehlermanagements. Sie müssen den positiven Umgang mit ihren Fehlern und – fast noch entscheidender – den positiven Umgang mit den Fehlern anderer transparent vorleben. Wenn man sich über die eigenen Fehler im Klaren ist, kann man versuchen, Fehler im Projekt zu vermeiden.

Eine effektive **Projektplanung** ist die Grundlage für ein erfolgreiches Projekt. Wenn die Projektanforderungen nicht richtig verstanden und dokumentiert werden, kann dies zu einer Ausdehnung des Projektumfangs führen. Dies kann die Kosten in die Höhe treiben oder die Projektdauer verlängern. Die Festlegung von Fristen ohne Berücksichtigung von Ressourcenbeschränkungen oder unerwarteten Herausforderungen kann zu Verzögerungen und Qualitätseinbußen führen. Werden diese potenziellen Risiken nicht erkannt und bewertet, kann dies zu unvorhergesehenen Hindernissen führen. Auch kann eine unklare Kommunikation zwischen Teammitgliedern, Stakeholdern und Projektmanagern zu Missverständnissen, Verzögerungen und Konflikten führen, die zu einer Fehlallokation von Ressourcen und damit zu einer Verzögerung des Projektfortschritts und des Projektabschlusses führen können.

Auch eine unzureichende **Qualitätskontrolle**, die zu mangelhaften Ergebnissen führt, eine unvollständige Dokumentation oder die Nichteinhaltung von Anforderungen der Stakeholder können den Projektabschluss verzögern.

Um diese Fehler zu reduzieren, sollten Projektmanager während des gesamten Projektzyklus auf effektive Kommunikation, Einbeziehung von Stakeholdern, Risikomanagement und umfassende Planung achten. Regelmäßige Überwachung, Evaluierung und Anpassung sind ebenfalls unerlässlich, um potenzielle Fehler frühzeitig zu erkennen und zu korrigieren. Indem Projektmanager aus Fehlern der Vergangenheit lernen und ihre Projektmanagementpraktiken kontinuierlich verbessern, können sie ihre Kompetenzen zur Durchführung erfolgreicher Projekte verbessern.

Jedoch können auch innerhalb des Systems können Fehler auftreten: Im Fehlermanagement wird klar zwischen der **personenorientierten** und der **systemorientierten** Sichtweise unterschieden: In vielen Unternehmen ist die personenorientierte und damit traditionelle Sichtweise noch weit verbreitet. Tritt ein Fehler zum Beispiel im Krankenhaus auf, wird die Pflegekraft oder der Arzt persönlich dafür verantwortlich gemacht und beschuldigt. Bei dieser persönlichen Zuordnung von Fehlern wird übersehen, dass viele Fehler nicht auf mangelnde Fähigkeiten des Einzelnen, sondern auf Mängel im System zurückzuführen sind. Wird nur der einzelne Mitarbeiter auf seinen Fehler aufmerksam gemacht und entsprechend sanktioniert, wird das ursächliche Problem nicht beseitigt. Der gleiche Fehler kann sich immer wieder wiederholen, sei es beim gleichen Mitarbeiter oder bei einem anderen. Bereiche wie die Luftfahrt oder auch die Kernenergie versuchen, bedingt und gezwungen durch die entsprechenden Risiken ihrer Branche, andere Wege zu gehen und den Blick auch auf das System zu richten, in dem ein Fehler aufgetreten ist. Die systemorientierte Sichtweise akzeptiert, dass jeder Mensch Fehler macht und sorgt gleichzeitig dafür, dass Systeme und Prozesse so sicher gestaltet werden, dass mögliche Fehlerquellen ausgeschaltet werden und somit die Fehlerquellen reduziert werden [IAPM2026].

Ein Beispiel aus der Praxis: Der Bundesrechnungshof hat Projekte untersucht, die erhebliche Kostensteigerungen verursacht haben. Investitionen der öffentlichen Hand treffen regelmäßig auf planungs- und errichtungsseitige Probleme, die nicht nur in technisch bzw. ingenieursspezifisch anspruchsvollen Projekten auftreten.

Bei der Detailanalyse ausgewählter Projekte wurden folgende Ursachen klassifiziert:

- ungenügende Planungsprämissen, damit verbunden kostenintensive Umplanungen, Mehrfachplanungen, Nachsteuerungsmaßnahmen und Vertragsanpassungen. Vielfach wird der Bedarf erst nach der Ausschreibung, teilweise während der Entwicklungsphase konkretisiert. Das betrifft IT-Projekte noch erheblich stärker als beispielsweise Bauprojekte. In den meisten mir bisher bekannten Fällen waren die Verträge für IT-Projekte zwischen Auftraggeber und Zulieferern völlig unzureichend gestaltet und erlauben dadurch eine hohe Interpretierbarkeit.
- Projekte werden ohne vorherige Sicherung der Gesamtfinanzierung erstellt und der Kostenrahmen ist zu eng gestaltet.
- Den Planungen liegen häufig unrealistische Erwartungen bezüglich Kostenentwicklungen, Terminen und des künftigen Bedarfs zu Grunde.
- IT-Beschaffungen (Software wie Hardware) bleiben bei der Analyse meist unberücksichtigt, weil hier spezifische Technik- bzw. Technologierisiken vermutet werden, die immer mit erheblichen Unsicherheiten einhergehen und sich damit einer Verallgemeinerung weitgehend entziehen [SSAS2026].

12.3 Beurteilung der Konsequenzen von Fehlern

Wenn ein Fehler das erste Mal auftritt, muss man ihn wohl oder übel als Wissensgewinn abhaken. Bei der Fehleranalyse werden Ursachen und Umfeld des Fehlers analysiert und stellt durch Verbesserungen sicher, sodass dieser Fehler nicht noch einmal auftritt. Wiederholen sich Fehler, könnte die erste Analyse unzureichend gewesen sein. Dann muss man diesen Fehler erneut korrigieren.

Es kann aber auch daran liegen, dass Kollegen überfordert sind, die nicht in der Lage sind, diesen anspruchsvollen Weg vollständig mitzugehen. Nur selten muss dabei der harte Wert der Trennung bzw. Kündigung des Mitarbeiters beschritten werden. Die konstruktive Lösung ist meist, eine angemessene Aufgabe zu finden, die den entsprechenden Mitarbeiter nicht mehr überfordert. Im Umfeld eines Projekts gibt es derartig viele verschiedene Aufgaben zu erledigen, dass sich eine, den Qualifikationen, Fähigkeiten und Wünschen des Mitarbeiters gerechte Lösung finden sollte. Auch hier ist eine offene, direkte Kommunikation der Schlüssel zum Erfolg, damit kein Makel am Mitarbeiter hängen bleibt. Das Problem kann auch als Fehlbesetzungsfehler der Projektleitung gewertet werden. Konstruktiver ist die Bewertung als Versuch. In konstruktiven Fehlerkulturen ist so etwas möglich, in destruktiven eher nicht. Ein solches Vorgehen ist keine weiche Linie, sondern ein klares, hartes, aber differenziertes Handeln, bei dem Fehler immer Konsequenzen haben und es auch Trennungen geben kann [VIGE2005].

Literatur

[SSAS2026]: https://ssas-yearbook.com/articles/10.5334/ssas.150, zugegriffen am 05.01.2026
[IAPM2026]: https://www.iapm.net/de/blog/richtiges-fehlermanagement/, zugegriffen am 05.01.2026
[BOSS2026]: https://www.bosshart-consulting.ch/resources/Projektkomplexitaet_Beschreibung.pdf, zugegriffen am 05.01.2026
[VIGE2005]: Vigenschow: Objektorientiertes Testen und Testautomatisierung in der Praxis, dpunkt-Verlag Heidelberg 2005
[SIGS2026]: https://www.sigs.de/artikel/das-leben-eines-softwarefehlers/, zugegriffen am 05.01.2026

Fehlerbehebungsstrategien 13

Die Wirksamkeit des Fehlermanagements hängt wesentlich von der erfolgreichen Umsetzung der geeigneten Maßnahmen zur Fehlerbehebung durch den Fehlermanager ab. Der Fehlermanager kann dadurch erhebliche Potenziale zur Beschleunigung und Optimierung des gesamten Fehlerprozesses realisieren.

13.1 Unterstützung der Fehlerbehebung

Um die Effizienz des Fehlermanagements zu gewährleisten, müssen der Testmanager und (soweit vorhanden) der Fehlermanager dafür sorgen, dass die Software eine gute Qualität aufweist, der Workflow der Fehlererfassung funktioniert und der Prozess anhand geeigneter Fehlerberichte und Metriken dokumentiert wird. Relevante Daten, die dabei als Messgrößen zugrunde gelegt werden, sind zu definieren.

Die Geschwindigkeit der Fehlerbehebung ist ein kritischer Erfolgsfaktor für das Fehlermanagement und das Gesamtprojekt. In Verbindung mit einer geringen Zahl an Iterationsschleifen lassen sich idealerweise viele Abweichungen in möglichst kurzer Zeit beheben. Voraussetzung dafür sind aber wiederum gut ausgebildete und erfahrene Tester, exakte und umfassende Testfälle und eine treffende komplette Fehlerdokumentation.

Wenn die Geschwindigkeit der Fehlerbehebung zu gering ist, kann eine **Task-Force** zur Erhöhung der Geschwindigkeit eingesetzt werden. Die Testaktivitäten sollten nicht durch Fehlerbehebungen signifikant gestört oder unterbrochen werden. Der Testmanager muss deshalb rechtzeitig für die jeweilige Testsituation geeignete Maßnahmen ergreifen, um den störungsfreien Ablauf bei der Testdurchführung sicherzustellen. Problematisch kann dabei sein, dass in der Task Force diejenigen Mitarbeiter gebunden sind, die ohnehin schon stark ausgelastet sind.

Folgende Maßnahmen sind dazu grundsätzlich geeignet:

F. Witte, *Fehlermanagement*, https://doi.org/10.1007/978-3-658-51918-6_13

- Bildung von Task-Forces für bestimmte Themen/Problemgebiete
- Tägliche **Stand-Up-Meetings** mit Projektleitung, Testmanagement, Fehlermanagement und Testteam, um die Fehlersituation gezielt zu betrachten und Lösungen im Projektteam gemeinsam zu besprechen und zu vereinbaren. Diese Vorgehensweise eignet sich vor allem dann, wenn es sich um organisatorische Anweisungen oder generelle Bemerkungen zum Workflow der Fehlerbearbeitung handelt. Auch Fehler, die besonders schwerwiegend sind, können in einer entsprechend erweiterten Runde besprochen werden.
- Tägliche Stand-Up-Meetings pro Task-Force mit ausgewählten Teilnehmern: Diese Vorgehensweise empfiehlt sich besonders für die effiziente Besprechung einzelner Fehler und die Behandlung von Detailproblemen.
- Verschiebung von Testaktivitäten in andere Testphasen oder Umpriorisierung von Testaktivitäten, sofern das möglich ist und die Testendekriterien der aktuellen Testphase nicht verletzt werden.
- Sollten Testendekriterien verletzt werden, kann von der Projektleitung abgewogen werden, ob ein Quality Gate zum Beispiel unter der Auflage erreicht ist, dass die offenen Fehler bis zu einem bestimmten Termin behoben sein müssen.

Für diese aufgeführten Aktivitäten ist vom Testmanager bereits in der Planungsphase der Testaktivitäten genügend Zeitpuffer mit einzuplanen, um unvorhergesehene Ereignisse managen zu können. Dazu muss der Testmanager diese Ereignisse mit einer potenziellen Eintrittswahrscheinlichkeit versehen und dementsprechend Zeit einplanen. Es muss also das Unvorhersehbare zeitlich antizipieren. Ein Ansatzpunkt kann die Anzahl hoch kritischer oder komplexer Anforderungen sein, für die es mehrere Testfälle oder umfangreiche Testszenarien geben wird, sodass die Wahrscheinlichkeit hoch ist, dass auch mehrere Fehler vom Testteam gefunden werden könnten. Ein komplexer Systemkontext spricht ebenfalls dafür, dass mehr Fehler gefunden werden. Aus diesen Parametern und Erfahrungswerten kann eine potenzielle Fehlerquote geschätzt werden, für dessen Aufarbeitung entsprechend Zeit einzuplanen ist, um den Testprozess nicht zu unterbrechen.

Generell besteht dabei ein Zusammenhang zwischen der Komplexität des Systemkontextes (viele Schnittstellen, viele betroffene Systeme sowie viele Anpassungen und Änderungen) und der Fehlerquote im Systemtest als erste Teststufe nach dem Entwicklertest. Die Fehlerquote kann in solch einer Konstellation erfahrungsgemäß bei ca. 30 % liegen. Die Fehlerschwere beeinflusst auch die Geschwindigkeit der Fehlerbehebung durch die Entwicklungsabteilung. Selbst in einem klassischen Softwareimplementierungsprojekt, in dem eine Standardsoftware eingeführt wird, die lediglich unternehmensspezifisch konfiguriert wird, liegt die Fehlerquote in der Regel bei 20–25 %. Erfahrungsgemäß sollte mit mindestens 25 % Fehlerquote im Systemtest und 15 % im Integrationstest kalkuliert werden.

Bei der **Aufwandsermittlung** muss also in der Planungsphase ein Aufschlag in Höhe der geschätzten Prozentsätze erhoben werden, der in den Aufwand eingerechnet werden muss. Der so ermittelte Aufwand ist mit den verfügbaren Testressourcen abzugleichen, um sicherzustellen, dass die Testfälle auch in der geplanten Zeit durchgeführt werden können. Der geschätzte Zeitaufwand für die Durchführung von Testfällen hängt sehr stark von der Anzahl der Testschritte, der Erfahrung der Tester sowieso den Dokumentationsanforderungen ab. Vor allem die Anforderungen zur Dokumentation kann ein erhebliches Ausmaß annehmen: Die Testfalldokumentation jedes Testfalls kann bei der Testdurchführung leicht 75 % des gesamten Aufwands ausmachen. Hier sind pragmatische Lösungen gefragt, indem der Tester beispielsweise während der Testdurchführung Screenshots anfertigt und die Teststrecke so Stück für Stück mitdokumentiert, anstatt alles im Nachgang aufwendig zu dokumentieren [DROST2019].

Folgende Prozentwerte haben sich für die Ermittlung des Testaufwands in der Praxis als angemessene Richtschnur herauskristallisiert:

- Testplanung 15 %
- Testfallspezifikation 15 %
- Testautomatisierung 15 %
- Testdurchführung 30 %
- Testreporting 10 %
- Testkoordination/Testmanagement 15 %

Die Fehlerbehebung ist Teil der Testdurchführung. Man trifft dabei die Annahme, dass ein gewisser Anteil der Testfälle fehlerhaft ist. Das Fehlermanagement wird sinnvollerweise teilweise der Testdurchführung, teilweise den Aufgabenbereichen Testreporting und Testkoordination/Testmanagement zugeordnet.

Beispiel: 400 Testfälle, aus Erfahrung sind ca. 30 % fehlerhaft, also Prognose = 120 Fehler für den Nachtest

Im besagten Projekt ist die Erfahrung, dass 30 Fehlerbehebungen pro Release erfolgreich nachgetestet werden können. Mit einem gewissen Sicherheitsaufschlag ergeben sich dadurch 120/30 = 4 plus 1 (Reserve-Release) also 5 Nachlieferungen mit entsprechendem Aufwand für die Testdurchführung. Es ist zu beachten, dass in der Regel der Regressionstest komplett durchgeführt werden muss, es sei denn man kann Fehlerquellen eindeutig identifizieren und zuordnen. Dadurch kann auch in den anderen Bereichen zusätzlicher Aufwand anfallen: Koordinationsaufgaben, aber auch bei Bedarf Anpassungen der Testfallspezifikationen oder notwendige Änderungen automatisierter Skripte sind ebenfalls zu berücksichtigen. Das wirkt sich sowohl auf den Projektplan als auch auf die Kosten aus.

Dieses Berechnungsbeispiel ist nur eine grobe ungefähre Orientierung, da sich auf jede der einzelnen Positionen unterschiedliche Einflussfaktoren in unterschiedlicher Intensität auswirken können.

Im Fehlerprozess kann man an verschiedenen Stellen ansetzen, um Optimierungen einzuleiten:

- **Präventivmaßnahmen** sind eine Art Werkzeugkasten für weniger Fehler. Sie basieren auf der Analyse vergangener Missgeschicke und der Einschätzung potenzieller

Risikofaktoren. Dazu muss ein Bewusstsein für mögliche Fehlerquellen vorhanden sein, um Risiken vorab zu erkennen und angemessen zu reagieren. Dazu gehört die Schulung des Teams über neuralgische Punkte und besondere Herausforderungen beim Test.

- Die Zeit für die **Fehlererkennung** und **Fehlerreaktion** zu beschleunigen, verhilft zu einer schnelleren Steigerung der Softwarequalität und einem stärkeren Bewusstsein über Fehlerhandlungen. Dazu ist es nötig, die einzelnen Zeiten pro Fehlerstatus zu erkennen. Wenn die Fehlerbehebung zu lange dauert, dauert das auf eine Überlastung des Entwicklungsteams hin, wenn die Anzahl der Rückfragen, auf unklare Fehlermeldungen oder eine mangelhafte Schulung des Testteams, wenn die Dauer für den Nachtest zu lange ist, auf eine Überlastung des Testteams. Dabei muss man immer mehrere Parameter zusammen betrachten und entsprechende Metriken eingerichtet haben, um realistische und ausgewogene Aussagen über den Fehlerstatus und die Analyse der Fehlerquellen treffen zu können.
- **Ursachenbeseitigung** bedeutet dabei, Maßnahmen zu treffen, die nicht nur den festgestellten Fehler beheben, sondern auch darüber hinaus Fehlerursachen nachhaltig verbessern, sodass dieser oder ähnliche Fehler bei künftigen Releases vermieden werden können. Nur durch die Identifikation der Grundursachen des Fehlers können gezielte Korrekturmaßnahmen entwickelt werden, die auch für die Zukunft greifen.
- Maßnahmen im **Training** und **Development** stärken die Kompetenzen des Teams durch fortlaufendes Training, um Fehlervermeidung zu internalisieren und die Organisation kontinuierlich weiter zu verbessern [FOGE2026].

Es ist dabei wichtig, die unterschiedlichen Maßnahmen zu priorisieren und eine klare Strategie zur Optimierung der Fehlerbehebung umzusetzen, sonst verzettelt man sich am Ende durch zu viel Aktionismus im Projekt. Wenn beispielsweise die Fehlerbehebung immer wieder wegen einzelner Schlüsselressourcen, die ohnehin schon überlastet sind, scheitern, ist es grundsätzlich nötig, diese Ressourcen zu verstärken. Das bedeutet aber zunächst, dass die Einarbeitung neuer Mitarbeiter auch wieder Zeit in Anspruch nimmt die wiederum die bestehenden erfahrenen Mitarbeiter belasten. In solchen Fällen muss man also realistisch wahrnehmen, dass man gewisse Probleme schlicht kurzfristig nicht heilen kann.

13.2 Technische Maßnahmen zur Fehlerbehebung

Fehlerbehandlung ist ein kritischer Prozess in der Softwareentwicklung, der darauf abzielt, Fehler und Ausnahmen im Programmcode effizient zu erkennen und zu verwalten, um Systemabstürze und Datenverluste zu verhindern. Eine effektive Fehlerbehandlung verbessert nicht nur die Zuverlässigkeit von Anwendungen verbessert, sondern erhöht auch die Benutzerzufriedenheit erhöht, indem sie klare Fehlermeldungen und mögliche Lösungen bietet.

Anbei sind einige wichtige Techniken der Fehlerbehandlung aufgeführt:

- **Exception Handling**: Verwendung von **try-catch-Blöcken** in einigen Programmiersprachen (wie z. B. Java), um Fehler abzufangen und zu verarbeiten und danach den normalen Programmablauf fortzusetzen, um **Laufzeitfehler** zu verhindern.
- **Throw**: Erzeugung einer Ausnahme, wenn ein Problem auftritt, damit es gehandhabt werden kann.
- **Finally**: Sicherstellen, dass ein Block Code unabhängig von einer Ausnahmeauslösung ausgeführt wird.
- **Logging**: Erstellen detaillierter Aufzeichnungen über Fehler, um sie später analysieren zu können. Aussagekräftige Logfiles enthalten Datum und Uhrzeit (mindestens sekundengenau) des Fehlers, die Fehlernachricht und Stelle im Code und Benutzeraktionen vor dem Fehler.
- **Debugging**: Suche nach Fehlerquellen im Code und deren Behebung.
- **Assertions** sind Aussagen, die überprüfen, ob eine Bedingung wahr ist. Sie dienen oft als zusätzliche Sicherheitsschicht in der Entwicklung. Assertions sollten jedoch sparsam eingesetzt werden, da sie, wenn ungünstig platziert, die Performance beeinträchtigen können.
- **Tracing** bezeichnet in der Programmierung den Prozess der Überwachung und Aufzeichnung des Ausführungsflusses eines Programms, einschließlich seiner Interaktionen mit Systemressourcen und externen Komponenten. Tracing wird verwendet, um Probleme zu diagnostizieren, die Leistung zu optimieren und das Verhalten von Anwendungen zu verstehen. Tracing liefert eine detaillierte Abfolge von Operationen und Ereignissen, die es Entwicklern ermöglicht, Engpässe zu erkennen, Fehler zu beheben und das Programmverhalten in verteilten Systemen oder Multithreading-Umgebungen zu analysieren. Vor allem in der Entwicklung von webbasierten Apps kommt Tracing häufig zum Einsatz. Es handelt sich beim Tracing also um eine genaue Ablaufverfolgung [ROCK2026].

Zu den zentralen Konzepten der Fehlerbehandlung gehört das Verständnis für verschiedene Fehlerarten und deren mögliche Lösungen. Dazu muss dem Entwickler bewusst sein, wie wichtig es ist, Fehler im Code frühzeitig zu erkennen und zu beheben. Folgende Grundsätze sind dabei entscheidend:

- **Prävention**: Der Entwickler schreibt robusten, getesteten Code, um das Auftreten von Fehlern zu minimieren.
- **Reaktionsfähigkeit**: Entwicklung von Strategien, um auf Fehler zu reagieren, wenn sie auftreten.
- **Wartung**: Der Code wird sauber und verständlich gehalten, um zukünftige Fehler schneller zu korrigieren.

Zur Fehlerbehandlung werden bei der Programmierung unterschiedliche Ansätze verwendet:

- **Defensives Programmieren** ist ein Ansatz, der darauf abzielt, Fehler durch strikte Codierungsstandards und -überprüfungen zu vermeiden.
- **Kontrollfluss um die Ausnahme** herum verwaltet den Programmablauf basierend auf möglichen Fehlerquellen und deren Handhabung.
- Der Ansatz der **Rückgabewerte** bedeutet, spezielle Werte zu verwenden, um einen Fehlerzustand anzuzeigen, anstatt Ausnahmen zu werfen.

Einige Entwickler bevorzugen defensives Programmieren, um möglichen Nullzeiger-De-Referenzierungen oder Indexfehlgriffen vorzubeugen. In anderen Fällen werden spezifische Ausnahmen geworfen und direkt behandelt, damit Programme robuster und seltener abstürzen.

13.3 Juristische Grundlagen zur Fehlerbehebung

Meist wird bei der Lieferung von Software ein Werkvertrag zugrunde gelegt. Wenn nach der Abnahme der Software ein Fehler erkannt wird, hat der Kunde zunächst nur ein Nachbesserungsrecht. Dieses **Nachbesserungsrecht** besteht erst dann, wenn er eine Frist, verbunden mit einer Ablehnungsandrohung, gesetzt hat. Der Kunde kann also nicht unmittelbar Wandlung oder Minderung fordern. Ein **Schadensersatz** kann nur bei einwandfrei nachgewiesenem Verschulden des Lieferanten gefordert werden. Gewährleistungsansprüche entstehen erst, wenn die Abnahme erfolgt ist.

In der kaufmännischen Praxis führt dies häufig zu Problemen, weil es in der Regel schwierig ist, den Kunden zu einer Abnahme zu bewegen. Die Verpflichtung zur Abnahme bedeutet daher zunächst, dass der Lieferant die Möglichkeit hat, gerichtlich die Abnahme des Kunden zu erzwingen. Voraussetzung dafür ist selbstverständlich, dass die Leistung vertragsgemäß erbracht ist.

Neben der expliziten Erklärung gibt es auch die sogenannte **konkludente Abnahme**, bei der der Kunde durch sein Handeln deutlich macht, dass er die Leistung als vertragsmäßig anerkennt. Indizien für eine konkludente Abnahme können z. B. die vollständige, vorbehaltlose Bezahlung des Werkpreises und die Inbetriebnahme der Anwendung sein. Um Probleme bei der Abnahme zu verhindern, sollten die **Abnahmekriterien** im Vorfeld klar definiert und unmissverständlich schriftlich niedergelegt werden. Dazu gehört eine klare Beschreibung der Methode, mit der die Abnahme durchgeführt werden kann. Dazu sollten konkrete Prüfverfahren, Testfälle, Checklisten und Messmethoden definiert werden.

Das Verhalten der Software im Grenzbereich und das Verhalten im Fehlerfall stellt sich wesentlich kritischer dar, denn viele Systeme verfügen über Ausfallsicherungen oder Wiederanlaufkonzepte im Fehlerfall. Diese Mechanismen führen dazu, dass auch bei einem technischen Problem das Gesamtsystem weiterhin betrieben werden kann. Häufig ist in der Leistungsbeschreibung nur definiert, für welche Fehlerklassen das System fehlertolerabel ist, jedoch nicht, für welche Fehlerklassen das System fehlertolerant ist. Bei der Abnahme gibt es daher in der Folge immer wieder neue Fehlersituationen, in denen sich das System nicht optimal verhält.

Gelingt dem Lieferanten bei einer Nachbesserung nicht, das Problem zu beseitigen, kommt er also mit der Beseitigung des Mangels in Verzug, so kann der Kunde des Lieferanten einen Dritten mit der Nachbesserung beauftragen. Alternativ hat er die Möglichkeit, auf Wandung oder Minderung zu bestehen. Dafür gilt eine der folgenden Voraussetzungen:

- Dem Lieferanten wurde vergeblich eine Frist gesetzt und es wurde ihm angedroht, dass bei erfolglosem Verstreichen dieser Frist Wandlung oder Minderung in Anspruch genommen wird.
- Der Lieferant hat sich geweigert, die Nachbesserung durchzuführen.
- Es ist für den Kunden mittlerweile unzumutbar, weitere Nachbesserungsversuche hinzunehmen.

Häufig fehlen in den Verträgen mit Lieferanten von Software oder Konfigurationen konkludente Festlegungen, wie man im Fehlerfall vorzugehen ist. In vielen Projekten ist nicht eindeutig festgelegt, wie im Falle von Fehlermeldungen im Detail vorzugehen ist. Dazu gehören Festlegungen über das verwendete Tool, den Umfang der Fehlerdokumentation und die notwendige Zeit zur Fehlerbehebung. Wenn der Fehlerworkflow im Projekt aber nicht ausreichend definiert ist, kann das erfahrungsgemäß zu erheblichen Verzögerungen und Missverständnissen in der Praxis führen. Auch wird jede der Parteien nicht festgelegte Punkte zu ihren eigenen Gunsten auslegen.

Vor allem bei Teilsystemen oder Zulieferungen wird auf diese Punkte zu wenig geachtet. Dazu gehören z. B. auch eindeutige Service Level Agreements, wie lange die Fehlerbehebung dauern darf. In einem meiner früheren Projekte erlebte ich deswegen, dass sich die Fehlerbehebungen über Monate hingezogen hatte, weil der Lieferant immer wieder nur Fehler teilweise löste und sich allein dadurch die Projektdauer erheblich verzögerte. Entsprechende Service Level Agreements hatte man dabei leider nur für den Produktiveinsatz der Software, jedoch nicht für die Testperiode vereinbart, sodass sich das Projekt allein durch diesen Umstand bereits um mehrere Monate verzögerte.

13.4 Standards zur Fehlerklassifikation

Damit die Anbieter von Software effizient mit auftretenden Fehlern umgehen können, sind diese möglichst genau in Bezug auf deren Symptome und Systemzustandsinformationen (beispielsweise Logfiles) zu dokumentieren. Im Rahmen der anschließenden Fehleranalyse sollte neben einer Priorisierung der Fehler (beispielsweise anhand dessen Kritikalität aus Kundensicht durch den Anbieter) eine erste Klassifikation bezüglich der Fehlerart bzw. Fehlerausprägung vorgenommen werden. Beispielsweise könnte auf oberster Ebene eine erste Differenzierung zwischen Software-, Hardware- aber ggf. auch Dokumentations-, Installations- oder Herstellungsfehlern erfolgen, die durch immer weitere Einschränkung in der Wahl der geeigneten Fehlerkorrekturverfahren resultiert.

Fehlerklassifikationen helfen folglich bei der Fehleranalyse und sind Ausgangspunkt für **Defect Monitoring**. Zentrales Ziel von Fehlerklassifikationen ist es, eine möglichst unternehmensweit einheitliche Entscheidungshilfe für den Umgang mit Fehlern zu geben.

Für die Klassifizierung der durch Software verursachten Fehler, die im produktiven Einsatz beim Kunden auftreten, verwenden die folgenden Normen unterschiedliche Arten der Einteilung:

- Die Norm **DIN 66271** beschreibt den Umgang mit Software-Fehlern und ihre Beurteilung durch Lieferanten und Kunden. Die Fehlerklassifizierung ist an der Bewertung der Fehlerfolgen ausgerichtet und unterscheidet für die Beeinträchtigung des Einsatzes und für das Schadensrisiko in den drei Stufen hoch, mittel und niedrig.
- Die Norm **DIN 55350 Teil 31** definiert Begriffe der Qualitätssicherung und Statistik. Die Klassifizierung der Fehler ist an den Fehlerfolgen ausgerichtet. Ein kritischer Fehler bedeutet, dass gefährliche oder kritische Situationen entstehen, also z. B. die Nutzung einer Maschine verhindert wird. Ein Hauptfehler bedeutet, dass ein temporärer Ausfall entsteht oder die Brauchbarkeit der Software wesentlich herabgesetzt wird. Im Falle eines Nebenfehlers wird die Brauchbarkeit oder der Betrieb nur geringfügig beeinflusst.
- Der **IEEE-Standard 1044** „Classification for Software Anomalies“ beschreibt ein einheitliches Vorgehen für die Klassifikation von Unregelmäßigkeiten der Software. Die Fehlerklassifizierung wird dabei indirekt über den aus einem Fehler resultierendem „Produktstatus“ definiert. Die vier Stati sind „unbrauchbar“, „degradiert“, „beeinträchtigt, Work-Around (provisorische Fehlerumgehung) existiert“, sowie „nicht beeinträchtigt“.
- **Six Sigma** ist ein statistisch basiertes Managementsystem zur Prozessverbesserung, das auf die Reduzierung von Abweichungen und Fehlerquellen in Geschäftsprozessen abzielt, um die Qualität zu verbessern. Die Methode basiert auf dem Prinzip, dass durch die Reduzierung der Streuung in Prozessen die Fehlerquote signifikant gesenkt werden kann. Six Sigma unterscheidet die Fehlerklassen A und B: A-Fehler sind fehlerhafte oder fehlende Anforderung und nicht entdeckte Bedürfnisse des Kunden oder Endbenutzers. B-Fehler sind fehlerhafte Implementierungen von vorhandenen Anforderungen, beispielsweise die unvollständige Umsetzung von Spezifikationen oder klassische Softwarefehler wie z. B. fehlerhafte Implementierung oder „normale Abstürze“ [FEHK2026]. Six Sigma wurde anfangs vor allem in der Fertigungsindustrie angewendet, hat sich aber längst auf fast alle Branchen ausgeweitet (Logistik, Gesundheitswesen, Finanzwesen, Dienstleistungen, Verwaltung, Luftfahrt …) und stellt eine etablierte Methode dar, um Prozesse zu optimieren, Fehler zu minimieren, die Qualität zu steigern und Durchlaufzeiten zu verkürzen.

Literatur

[DROST2019]: Droste-Merz: Testmanagement in der Praxis, Springer Vieweg-Verlag Heidelberg 2019

[FOGE2026]: https://fogelperspektive.de/fehlerkultur/fehler-vermeiden/, zugegriffen am 05.01.2026

[ROCK2026]: https://rock-the-prototype.com/programmieren-lernen/tracing/, zugegriffen am 05.01.2026

[FEHK2026]: https://www.bitkom.org/sites/main/files/file/import/080118-Fehlerklassifikation-fuer-Software-haftung.pdf, zugegriffen am 21.02.2026

Fehlerauswirkungen 14

Softwarefehler können gravierende Auswirkungen für ein Unternehmen haben und zu erheblichen Problemen führen. Wenn man sie sich vor Augen hält, wird bewusst, wie wichtig eine möglichst hohe Testabdeckung und ein wirkungsvolles Fehlermanagement sind.

14.1 Schwerwiegende Fehlerauswirkungen und deren Ursachen

Es gibt einige Beispiele aus der Software-Entwicklung in denen es zu schweren und sehr teuren Fehlern kam, die neben finanziellen Schäden auch zu einem hohen Imageverlust geführt haben.

Versicherungsverträge falsch berechnet
In einem Versicherungsunternehmen wurden die Lebensversicherungen hunderttausender Kunden falsch berechnet wurde und sieben Millionen Verträge mussten überarbeitet werden [ITWE2026].

Ursache war eine zu geringe **Testabdeckung**, sodass bestimmte Datenkonstellationen beim Test nicht herangezogen wurden.

Für die Steigerung der Testabdeckung empfiehlt sich generell, die Automatisierung von Testfällen von Anfang an umzusetzen, um die Effizienz der Testdurchführung zu erhöhen, die Testdurchführung zu beschleunigen und dadurch die Risikoabdeckung erheblich zu steigern. Noch immer wird ein viel zu großer Anteil von relativ einfachen Testfällen manuell getestet. Manuelle Testverfahren sollten nur für komplexe Spezialfälle mit vielen Schritten oder einem schwierigen Testaufbau vorsehen.

F. Witte, *Fehlermanagement*, https://doi.org/10.1007/978-3-658-51918-6_14

Die Explosion der Ariane 5

Am 04. Juni 1996 startete die ESA eine unbemannte Rakete mit vier Satelliten an Bord von Französisch Guyana aus. Nach 37 Sekunden Flugzeit wich die Rakete stark von ihrem Kurs ab und musste mitsamt ihrer Nutzlast, den vier Cluster-Satelliten, gesprengt werden. Es entstand ein Verlust ca. 500 Mio. US-Dollar für Rakete und Satelliten. Die Entwicklungskosten des Systems betrugen ca. 7 Mrd. US-Dollar.

Ursache für den Absturz war ein Rechenfehler: Der Bordcomputer stürzte 36,7 Sekunden nach dem Start ab als er versuchte, den Wert der horizontalen Geschwindigkeit von 64 Bit Gleitkommadarstellung in 16 Bit signed Integer umzuwandeln:

$$-+b^{1\,b2}\ldots\, b^{15}.$$

Die entsprechende Zahl war größer als $2^{15} = 32.768$ und erzeugte einen Overflow. Das Lenksystem brach zusammen und gab die Kontrolle an eine zweite, identische Einheit ab. Die Selbstzerstörung wurde ausgelöst, da die Triebwerke abzubrechen drohten.

Folgende Probleme wurden nicht ausreichend berücksichtigt:

1) Die Software stammte von der Ariane 4, aber die Ariane 5 flog ungefähr 5-mal schneller. Man hatte aber auf einen intensiven Test des Navigations- und Hauptrechners verzichtet. Auch hier war also wiederum eine zu geringe Testabdeckung der auslösende Fehler.
2) Die Software war für den eigentlichen Flug überflüssig und diente nur den Startvorbereitungen. Um einen möglichen Restart im Falle einer kurzen Unterbrechung des Countdowns zu ermöglichen, blieb das Programm 50 Sekunden lang als Sicherheit während des Flugs aktiv, bis die Bodenstation bei einer Startunterbrechung die Kontrolle übernommen hat. Trotz des völlig anderen Systemverhaltens aufgrund der erneuerten Hardware der Ariane 5 wurde dieser Punkt bei der Programmierung nicht neu bewertet. Das zeigt, wie wichtig es ist, immer die Ausgangsbedingungen und Umgebungsvariablen angemessen zu berücksichtigen.
3) Der Backup-Rechner verwendete exakt das gleiche Programm. Die Systemspezifikation legte fest, dass sich im Fehlerfall der Rechner abschalten und der Ersatzrechner einspringen sollte. Hier zeigt sich, dass die Systemarchitektur immer genau zu bewerten ist.
4) Die Umwandlung war nicht abgesichert, da man glaubte, dass die Zahl sowieso nie so groß sein könnte. Das sind gefährliche Annahmen.

Letztlich wurde durch das Fehlverhalten einer Komponente ein Fehler in einer anderen Komponente ausgelöst.

Die Fehlerursachen lagen also im Verzichten von Kontrollen und unterlassener Testdurchführung, aufgrund von Termindruck, politischen Vorgaben und vermeintlichen Einsparungen, nicht an der Komplexität der Berechnung.

Der Pentium-Prozessor-Divisions-Fehler

Bereits 1994 kam es zu einem Fehler in einem Prozessor von Intel, der vor allem durch die ungeschickte öffentliche Aufbereitung der Fehlerursache zeigt, wie gravierend sich ein Softwarefehler auswirken kann.

Die Fehlerursache war wie folgt:

$$x = 4195835.0$$
$$y = 3145727.0$$
$$z = x - (x / y)^*$$

Bei exakter Rechnung und fehlerfreiem Prozessor ist das Ergebnis 0, Pentium lieferte als Ergebnis jedoch 256

Fehlerursache war die Verwendung eines speziellen Divisions-Algorithmus durch Intel, den „Radix-4 SRT Algorithmus":

1. Sammle die signifikanten Stellen in Divisor und Dividend
2. Lese aus einer Tabelle eine Schätzung für die nächste Stelle des Quotienten.

...

Die Tabelle sollte 1066 Einträge haben. Durch eine fehlerhafte FOR-Schleife wurden nur 1061 Einträge geladen und in den Chip aufgenommen. Die Auswirkungen des Pentium-Prozessor Divisions-Fehlers im Jahr 1994 waren einige falsche Ergebnisse bei der Gleitpunkt-Division an der vierten Dezimalstelle.

Intel gab zunächst an, der Fehler werde bei einem Normalanwender statistisch nur alle 27.000 Jahre einmal auftreten und sei nur bei der Primzahlerzeugung oder anderen anspruchsvollen Berechnungen relevant. Vor allem die Fachpresse hielt dem andere Schätzungen entgegen. Das deutsche Fachmagazin c't ermittelte in seiner Januar-Ausgabe 1995 eine durchschnittliche Häufigkeit von einem Fehler alle 60 Stunden bei gleitkomma-intensiven Anwendungen, räumte aber gleichzeitig ein, „dass die Zahl der wirklich Betroffenen tatsächlich nicht so groß sein dürfte".

IBM stoppte pressewirksam die Auslieferung von Rechnern mit Pentium-CPU und rechnete vor, dass der Fehler statistisch sogar alle sechs Stunden einmal auftreten könne. Die Reaktionen und Behauptungen IBMs waren damals aber nicht unumstritten, war IBM doch mit seiner Power PC-CPU und seinen RS/6000-Workstations einer der schärfsten Konkurrenten von Intel im Highend-Sektor. So wurde der Vorstoß IBMs von vielen eher als marktstrategisches Manöver gewertet. Auch Prof. Nicely vom Lynchburg College, der den Fehler entdeckt hatte, nahm persönlich Intel angesichts derart dramatischer Darstellungen in Schutz. In seinem FAQ vertrat er den Standpunkt, dass ein zwischenzeitlich von Intel in Umlauf gebrachtes White Paper mit einer statistischen Analyse des Fehlers deutlich näher an der Realität liege als die Darstellungen IBMs.

Nachdem Intel den Fehler entdeckt hatte, beseitigte man ihn stillschweigend und begann vermutlich irgendwann im Spätsommer oder Anfang Herbst damit, die Produktion der verschiedenen Pentium-Varianten nach und nach auf die fehlerbereinigten Versionen umzustellen. Trotzdem lieferte man betroffene CPUs noch bis spät ins Jahr 1994 aus, lange Zeit davon ohne Wissen der Anwender.

Kritiker warfen Intel deshalb vor, man hätte den Fehler zunächst vertuschen, dann verharmlosen wollen. Intel behauptete nach Bekanntwerden des Fehlers zunächst, er würde bei den meisten Anwendern nie auftreten. In diesem Zusammenhang soll auch von dem bereits oben erwähnten „statistischen Auftreten alle 27.000 Jahre bei normalen Endusern" die Rede gewesen sein. Diese Einschätzung löste bei Anwendern und Fachpresse empörte Reaktionen aus.

Intel kündigte zunächst an, nur CPUs von Anwendern tauschen zu wollen, die darlegen konnten, dass sie von dem Fehler betroffen seien. Viele Anwender forderten Intel daraufhin auf, alle betroffenen CPUs zu tauschen. Auch die Fachpresse ließ kein gutes Haar an dieser Ankündigung. Nachdem der Druck immer stärker wurde und dem Konzern ein ernstzunehmender Imageschaden drohte, lenkte Intel am 20.12.1994 schließlich ein und kündigte ein umfassendes Austauschprogramm für alle betroffenen CPUs an.

Aber Intel zog auch seine Lehren aus dem Vorfall. Der Mitbegründer von Intel, Andy Grove, entschuldigte sich in der Presse für den Ärger, den seine Haltung verursacht hat. Es wurde extra für den Umtausch der fehlerhaften CPUs eine Telefonzentrale eingerichtet. Insgesamt stellte Intel für diesen Vorfall 475 Mio. Dollar zur Verfügung, was über der Hälfte des Gewinns im vierten Quartal des Jahres 1994 entsprach. Am Ende wurden ca. eine Million fehlerhafte Prozessoren umgetauscht.

Ein wesentliches Problem war in diesem Fall die Verharmlosung und das Herunterspielen des Fehlers. Wenn man behauptet hätte, man hätte einen Testfall übersehen und würde schnell einen Patch nachliefern, wäre das Problem nicht so beachtet worden, als wenn man in der Debatte die 27.000 Jahre ins Gespräch gebracht hätte. Wenn schon ein derart gravierender Softwarefehler auftritt, sollte man immerhin richtig kommunizieren und nicht versuchen den Fehler herunterzuspielen.

Wenn keine gesunde Fehlerkultur im Unternehmen vorherrscht, ist man oft bestrebt, Fehler zu verharmlosen und gar nicht zu berichten oder zu verschweigen. Man will das Projekt nicht scheitern lassen und nicht die Einführung verhindern, und neigt dann dazu, Probleme herunterzuspielen. Dazu kommt, dass sich das Management für die Details meist gar nicht interessiert. Beim VW-Dieselskandal zum Beispiel hatten einige Mitarbeiter Angst, Dinge offenzulegen, weil sie sonst Nachteile in ihrer Karriere oder eine Gefährdung ihrer aktuellen Position hätten in Kauf nehmen müssen. Fehler stören den normalen Ablauf, sind aber ein wichtiger Hinweis darauf, dass meist tiefere Probleme vorliegen.

Verlust des Mars Climate Orbiters

Der Start des Mars Climate Orbiters der NASA war für den 11.12.1998 vorgesehen. Das Erreichen der Mars-Umlaufbahn und Unterstützung des Mars Polarlander war für den 03.01.1999 geplant. Danach sollten Daten von der Oberfläche des Mars gesammelt werden. Die Kartografierung der gesamten Oberfläche sollte mehrere Jahre in Anspruch nehmen, um eventuelle weitere Mars-Landungen vorbereiten zu können.

Die angesteuerte Umlaufbahn am 23.09.1999 lag 170 km tiefer als geplant.

Fehlerursache war, dass zwei Gruppen der NASA am Projekt beteiligt waren; eine Gruppe rechnete in Meter, die andere in Inch/Fuß. Die falsche Steueranweisung führt zu einer falsch berechneten Umlaufbahn und damit zum Verlust des Satelliten.

Es handelte sich also auch hier um ein klassisches Kommunikationsproblem, keine mathematische Herausforderung.

Weltraumteleskop Hitomi

Hitmoi (auf japanisch Pupille) war die Bezeichnung eines japanischen Röntgensatelliten, der Galaxien und Schwarze Löcher untersuchen sollte und nach einer Verkettung von Softwarefehlern im Jahre 2016 in zu schnelle Rotation geriet und dadurch verloren ging. Hier traten die Fehler noch in der Phase der Observationstests.

Nach dem Ausrichtungsmanöver auf die Markarian-Galaxie löste das Fluglage-Kontrollsystem eine falsche Lagebestimmung aus. Es signalisierte, dass der Satellit rotieren würde. Daraufhin wurde das Reaktionsrad aktiviert, um die vermeintliche Rotation zu stoppen. Dies führte zu einer tatsächlichen Rotation des Satelliten. Ein magnetischer Drehmomenterzeuger, der den Schwung des Reaktionsrades abschwächen sollte, trug aufgrund der falschen Lagebestimmung ebenfalls zur Rotation des Satelliten bei. Die kritische Situation wurde schließlich vom Fluglage-Kontrollsystem festgestellt. Es schaltete die Systeme in einen Sicherheitsmodus. Es wurden allerdings die Ausrichtungsschubdüsen auf Grundlage der falschen Werte aktiviert. Dieser Schub verstärkte erneut die Rotation. Die Teile, die die größten Rotationskräfte erfuhren, wie z. B. die Solarpaneele und optomechanische Elemente, brachen nun vom Satelliten ab.

Diese Art von Fehlern konnte man im Integrationstest nicht nachstellen, weil die Testumgebung dazu nicht vorhanden war. Auf Simulationen der Berechnung in Fehlerfällen war man aber nicht genügend vorbereitet. Die Kosten für dem Satelitten lagen bei ca. 273 Mio. USD.

Wie ein Untersuchungsbericht später offenbarte, waren vermeintliche Routine-Manöver völlig schief gelaufen. Das Flugteam hatte eine ganze Reihe von Fehlern gemacht, die jeder für sich zu korrigieren gewesen wären – in der Summe aber dazu führten, dass sich Hitomi immer schneller drehte und schließlich auseinander brach [DEFU2016].

Auszahlung am Geldautomaten

Bei einem neuen Computerprogramm zur Steuerung der Geldautomaten bei einer australischen Bank fehlte eine Abfrage auf die Deckung des Kontos. Ursache war, dass eine Programmzeile versehentlich im Code als Kommentar gekennzeichnet war. Die neue Software zahlte Geld in unbegrenzter Höhe aus – über die Tagesbegrenzung von 200 AUD, auch wenn das Konto nicht gedeckt war. Das sprach sich schnell herum und viele Kunden nutzten die neuen „Kreditmöglichkeiten“. Nach einer Woche musste die Bank jegliche Auszahlung an ihren Automaten einstellen und die Software zurückziehen. Neben den fehlerhaften Auszahlungen und dem dadurch entstandenen finanziellen Verlust war vor allem der Imageschaden nachhaltig.

Auch in diesem Beispiel war also war offensichtlich eine zu geringe Testabdeckung die wesentliche Fehlerursache. Vielleicht waren auch die Lasten- und Pflichtenhefte nicht aussagefähig genug, um diesen Fall abzudecken.

Boeing 737

Ein Fehler in der Software zur Verbesserung der Flugsteuerung hat wohl zu zwei Abstürzen des Flugzeugtyps Boeing 737 MAX geführt. 346 Menschen kamen dabei ums Leben. Die Steuerungssoftware hatte einen defekten Lagesensor nicht erkannt. In der Folge ermittelte das System falsche Steuerungsdaten. Das „Flugeigenschaftsverbesserungssystem“ hatte eine als Hubspindel (engl. jackscrew) bekannte Vorrichtung ausgelöst, die den Winkel der Höhenleitwerke steuert, um den Flugkurs auf Basis dieser Daten zu korrigieren. Die Nase des Flugzeugs senkte sich daraufhin plötzlich ab. Die Piloten waren nicht in der Lage, die fehlerhaften Steuerbefehle auszugleichen – mit fatalen Konsequenzen. Dieser tragische Vorfall dokumentiert, wie schwer sich das Versagen von Software Engineering auswirken kann. Denn in diesem Fall hat es auf ganzer Linie versagt: Piloten waren den Umgang mit der Software nicht gewohnt. Die Dokumentation war unzureichend, bestimmte Korrekturmaßnahmen des MCAS wurden offenbar im Handbuch nicht erwähnt. Das Qualitätsmanagement konnte trotz aller erfolgten Safety-Zertifizierungen kritische Fehler nicht verhindern.

War die eilige Time-to-Market der Maschine ein Faktor? In der Presse wurden Mutmaßungen angestellt, dass Boeing im Wettrennen mit Airbus unbedingt die Nase vorn haben wollte, und deswegen die 737-MAX-Reihe so schnell wie möglich auf dem Markt platzieren wollte. Um das Flugzeug so schnell wie möglich auf den Markt bringen zu können, mussten auch Kosten gespart werden – und offenbar wurde in diesem Zusammenhang auch darauf verzichtet, auf mögliche Änderungen der Flugeigenschaften hinzuweisen. Dementsprechend wurden Piloten, die das Handling einer regulären 737-Maschine gewohnt waren, nicht extra neu geschult worden. Das führte dazu, dass vielen die Existenz dieses Systems nicht einmal bekannt war. Je mehr Details über das Unglück ans Licht kamen, umso mehr erhärtete sich der Verdacht, dass die Integration der Steuerungssoftware wohl erst im Nachgang erfolgt ist. Die Integration des MCAS sollte nicht nur Piloten beim Flug unterstützen, es wurde wohl extra in die 737-MAX-Familie integriert, um ein Problem mit der Positionierung der Triebwerke zu lösen – die Software sollte das schon richten.

Vorfälle wie dieser machen auf besonders schmerzhafte Art und Weise klar, dass das Thema Sicherheit in der Softwareentwicklung heute noch immer viel zu häufig auf die leichte Schulter genommen wird. Man darf sich nie blind auf Safety-Richtlinien oder selbsterklärende Softwarebedienung verlassen. Anforderungen müssen klar definiert sein, Testfälle müssen die gesamte Codebasis abdecken können und größte Sorgfalt muss beim Entwickeln von Software geboten sein [ELET2026].

Man kann davon ausgehen, dass nur besonders schwerwiegende Softwarefehler überhaupt eine Erwähnung in der Presse finden. In der Regel wird jedes Unternehmen bemüht sein, diese Fehler soweit es möglich ist zu verschweigen. Wenn ein Kunde reklamiert, wird daher meist nur zugegeben, dass der Fehler eine einmalige Abweichung für diesen speziellen Fall darstellt.

Solange die Testaktivitäten noch nicht abgeschlossen sind, kann man immer noch eine Fehlerbehebung nachliefern. Es ist daher aus Sicht der Qualitätssicherung durchaus sinnvoll, die Auslieferung eines Produkts noch zu verschieben um einen extra intensiven Testlauf am Ende des Entwicklungszeitraums zu ergänzen. Meist führt das im Projekt aber zu einem Kosten- und/oder Zeitproblem und ist schwer durchsetzbar. Teilweise ist es eher so, dass man im Projektmanagement schon weiß, dass ohnehin im Softwareprodukt noch Fehler enthalten sind, aber der erste Auslieferungstermin wahrgenommen wird und evtl. sogar bekannte Fehler verschwiegen werden, um Umsätze generieren zu können, versprochene Liefertermine nicht zu gefährden und zeitnah ein Folgerelease begründen zu können. Microsoft ist dafür das prominenteste Beispiel. In der IT existiert schließlich auch der Slogan „Bananensoftware – reift beim Kunden".

14.2 Klassifikation von Fehlerauswirkungen

Die Klassifikation von Fehlerauswirkungen ist einerseits nach der **Schadenshöhe** möglich. Dabei sind die einzelnen Arten von Fehlerkosten (siehe Kap. 15) zu berücksichtigen.

Eine weitere Möglichkeit bezieht sich auf den Ort, wo die Fehlerauswirkung auftritt: sind manche Unternehmensbereiche oder Anwendungen besonders betroffen? Gibt es besonders neuralgische oder fehleranfällige Funktionen? Muss das Personal für die Entwicklung und der Test der als kritisch beurteilten Funktionen ggf. verstärkt werden und besonders qualifiziert sein?

Man kann auch aus der Klassifikation nach den Fehlerursachen oder des Programmbereichs Rückschlüsse auf Fehlerauswirkungen einerseits, aber sich auch auf notwendige Optimierungsmaßnahmen und Strategien zur Verhinderung dieser Fehlerrisiken konzentrieren.

So kann man untersuchen, in welchem Teil des Testprozesses die Fehlerursache lag und dann ggf. nur fortgepflanzt wurde: Wurde die Anforderung genau spezifiziert? War der Geschäftsvorfall überhaupt bekannt? Wurden im Testfall alle Aspekte der Anforderung berücksichtigt? Waren die Parameter im Test mit dem Produktivbetrieb vergleichbar? Wurde ausreichend getestet – also wurden neben Positivtests auch Negativtests durchgeführt? Wo lagen Kommunikationsprobleme? Dann kann auch ein schwerer Fehler dazu beitragen, dass Verbesserungen eintreten, die sich mittelfristig auf das gesamte Unternehmen auswirken. Wenn nach einem schweren Fehler diese Ursachen ehrlich aufgearbeitet werden, bedeutet das, eine Krise als Chance zu begreifen und Strukturen und Prozesse in der Softwareentwicklung und beim Test nachhaltig zu optimieren.

Literatur

[ITWE2026]: https://itwelt.at/news/unterschatzt-softwarefehler-als-ursache-fur-viele-systemstorungen/, zugegriffen am 05.01.2026

[ELET2026]: https://www.elektronikpraxis.de/tod-durch-software-kein-patch-kann-fatale-fehler-wieder-richten-a-810989/, zugegriffen am 05.01.2026

[DEFU2016]: https://www.deutschlandfunk.de/japans-roentgenmission-zerstoert-das-kurze-leben-von-hitomi-100.html, zugegriffen am 21.02.2026

Kosten pro Fehler im Entwicklungszyklus 15

Die Bedeutung des Fehlermanagements wird transparent, wenn man die Kosten die pro Fehler entstehen sichtbar macht. Der Return on Invest von Qualitätssicherungsmaßnahmen kann dadurch genauer definiert und finanziell dargestellt werden.

15.1 Ermittlung der Fehlerkosten

Jeder Fehler verursacht Nachbesserungen. Dabei sind die Kosten, die dadurch verursacht werden, nicht einfach zu ermitteln:

Häufig sind Entwickler und Testteam in unterschiedlichen Abteilungen. Welcher Teil der Arbeitszeit auf Neuentwicklung, Testfallerstellung oder Fehlernachtest entfällt, wird in der Regel nicht in einer Kalkulation erhoben.

Die einzelnen Fehler verursachen dabei auch unterschiedlich hohe Aufwände, je nachdem, wie komplex das Fehlverhalten ist und wie viele Stakeholder zur Fehlerbehebung mit eingezogen werden müssen. Fehler, die nach dem Nachtest immer noch auftreten oder bei denen es ein neues Fehlerbild gibt oder Fehler, die andere Fehler maskiert haben (wo also nach der Fehlerbehandlung neue Fehler offenbar werden) können die Aufwände für die Fehlerbehebung drastisch erhöhen.

Fehler können sich auf die Realisierungszeit auswirken und verursachen Projektverzug. Es ist nicht trivial zu ermitteln, was der Projektverzug für die zu späte Innovation bedeutet. Die Ermittlung der Kosten verspäteter Lieferung ist schwierig und oft interpretierbar, und welchen Anteil daran Softwarefehler haben, ebenfalls. Nichtsdestotrotz sollte die Notwendigkeit von qualitätssichernden Maßnahmen im Projekt vorhanden sein und ins Bewusstsein gerückt werden. Es empfiehlt sich daher, aus gewissen Annahmen Näherungswerte zu ermitteln, um mit gewissen gesamthaften Annahmen die Fehlerkosten plastisch darzustellen.

F. Witte, *Fehlermanagement*, https://doi.org/10.1007/978-3-658-51918-6_15

Die Einsparungen, die mit Verbesserungen des gesamten Entwicklungsprozesses erzielt werden können und die damit verbundenen Produktivitätszuwächse sind immens. Der Nutzen muss aber transparent (in Zahlen – also in Geldeinheiten!) dargestellt und die entsprechenden Maßnahmen müssen konsequent umgesetzt werden.

Man kann dazu z. B. die Anzahl korrekter und fehlerhafter Testfälle in Beziehung setzen und dann den Aufwand für einen „mittleren" Testfall und einen „mittleren" Fehler ermitteln, also Testfälle und Fehlerfälle mittlerer Komplexität miteinander vergleichen. Diese Aufwände werden zu den aufgelaufenen Gesamtkosten in Beziehung gesetzt und dann anteilsmäßig für die Testdurchführung angesetzt.

Da hier viele Einflüsse zusammenwirken und sowohl die Erhebung der Daten als auch deren richtige Gewichtung und Interpretation schwierig sind, sind das immer nur sehr ungefähre Annahmen mit gewissen Schwankungen. Sie helfen aber dem Fehlermanagement und dem Testmanagement bei der Argumentation im Management zur Abschätzung der Notwendigkeit qualitätssichernder Maßnahmen.

15.2 Arten von Fehlerkosten

Die unterschiedlichen Arten von Fehlerkosten können weiter klassifiziert werden. Werden Prüfungen oder Tests im Umfang reduziert oder (z. B. aus Zeitgründen oder mangelnden Ressourcen) ganz eingespart, erhöht sich als Folge die Zahl der unentdeckten Fehlerwirkungen und Mängel. Diese Defekte und Mängel verbleiben im Produkt und führen ggf. zu folgenden Kosten:

- **Direkte Fehlerkosten**: Kosten, die dem Kunden durch Fehlerwirkungen beim Betrieb des Softwareprodukts entstehen (und für die der Hersteller evtl. haften muss). Dazu gehören Kosten von Berechnungsfehlern (Datenverlust, Fehlbuchung, Schaden an Hardware oder Anlagenteilen, Personenschäden); Kosten wegen Ausfalls softwaregesteuerter Maschinen, Anlagen oder Geschäftsprozesse; Kosten durch Einspielen neuer Versionen ggf. mit Neueinweisung von Mitarbeitern (speziell diese Kosten werden häufig nicht in Erwägung gezogen, obwohl sie erhebliche Ausmaße annehmen können).
- **Indirekte Fehlerkosten**: Kosten bzw. Umsatzverlust für den Hersteller, weil der Kunde mit dem Produkt unzufrieden ist. Dabei handelt es sich z. B. um Vertragsstrafen oder Minderungsansprüchen wegen nicht erfüllten Verträgen, erhöhten Aufwand für Kundenhotline und Support, Imageschäden, Verlust der Marktzulassung (z. B. bei sicherheitskritischer Software).
- **Fehlerkorrekturkosten**: Kosten, die dem Hersteller im Zuge der Fehlerkorrektur entstehen. Dieser Kostenblock umfasst beispielsweise Zeit für Fehleranalyse und Korrektur, Zeit für Regressionstest, erneute Auslieferung und Installation, Nachschulung des Kunden, Verzug bei Neuprodukten wegen Bindung der Entwicklerkapazität im Wartungsbereich oder auch sinkende Konkurrenzfähigkeit.

Welche dieser Kostenarten eintreten, in welcher Wahrscheinlichkeit und welcher Höhe, wie hoch also das **Fehlerkostenrisiko** für ein Projekt ist, kann nur schwer ermittelt werden. Dieses Risiko ist u. a. von Art und Größe des Softwareprojekts, Art und Branche des Kunden (Vertragsgestaltung, rechtliche Rahmenbedingungen), Art und Anzahl auftretender Ausfälle, Anzahl der betroffenen Produktinstallationen bzw. Endanwender abhängig. Große Unterschiede bestehen sicherlich auch zwischen Individualsoftware und Standardsoftware. Im Zweifelsfall müssen all diese Einflussfaktoren in einer projektspezifischen Risikoanalyse abgeschätzt werden.

Dafür sollten bereits bei der Projektplanung potenzielle Risiken im Vorfeld mit bestimmten Kosten bewertet und anschließend mit Wahrscheinlichkeitsfaktoren multipliziert werden. Wenn das Risiko dann tatsächlich eintritt, hat man es zumindest in Höhe seiner Wahrscheinlichkeit in der Kalkulation bereits berücksichtigt [SPIL2005].

15.3 Fehlerkosten im Entwicklungsprozess

Eine frühe Erkennung von Fehlern im Entwicklungsprozess hat erhebliche Auswirkungen auf die Kosten pro Fehler.

Die **Barry-Boehm-Kurve** (siehe Abb. 15.1) zeigt die Dynamik der Fehlerkosten eindrucksvoll auf:

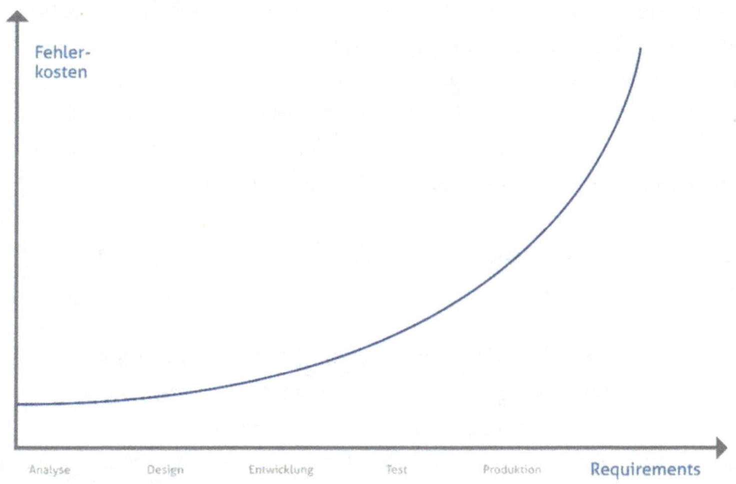

Abb. 15.1 Barry-Boehm-Kurve

Man spricht in Bezug auf die Kosten für die Fehlererkennung in den einzelnen Projektphasen auch von der „1:10:100-Regel“:

- Faktor 1: Bei Entdeckung durch den Programmierer selbst
  Wird ein Fehler noch während der Entwicklung in einem Test durch den Programmierer selbst entdeckt, so kann er meist schnell behoben werden. Der zusätzliche Aufwand beschränkt sich auf die Fehlerbehebung selbst. Es entstehen nur Kosten in Höhe von einer Arbeitseinheit.
- Faktor 10: Bei Entdeckung durch einen Tester
  Wird der Fehler erst durch einen Software-Tester entdeckt, wenn der neue Entwicklungsstand bereits auf einem Testsystem läuft, steigt der Aufwand bereits erheblich. Der Tester wird den Fehler dokumentieren, einen entsprechenden Vorgang in der Aufgabenverwaltung/im Bugtracking-System anlegen bzw. wiedereröffnen, den Entwickler darauf aufmerksam machen, dieser wird den Fehler beheben, der Stand auf dem Testserver wird noch einmal aktualisiert, es erfolgt ein weiterer Test auf dem Testserver, bevor der neue Stand live eingespielt werden kann. Womöglich kann hierdurch auch noch eine Verschiebung des GoLive-Termins entstehen, was nicht nur den Produktmanager besonders ärgern dürfte. Es entstehen bereits Kosten von 10 Arbeitseinheiten.
- Faktor 100: Bei Entdeckung im Live-Betrieb
  Am unangenehmsten und kostspieligsten ist der Fall, wenn der Fehler erst im Live-Betrieb bekannt wird, womöglich noch durch den Hinweis von einem oder mehreren Nutzern. Neben den Kosten durch die aufwändige Fehlerbehebung, wie sie auch bei der Entdeckung auf dem Testsystem anfallen, muss jetzt zusätzlich extra für diesen Fehler der Stand auf dem Live-System aktualisiert werden. Zusätzlich gefährdet solch ein Fehler das Image der Software und des gesamten Unternehmens, da die Wirksamkeit ihrer Qualitätssicherung in Frage gestellt wird. Das sorgt für Verärgerung bei den Nutzern und kann auch Umsätze verhindern, wenn umsatzrelevante Funktionen nicht mehr genutzt werden konnten. Dazu können Kosten für Vertragsstrafen, Sachfolgekosten und Vermögensschäden anfallen. Es entstehen Kosten von 100 Arbeitseinheiten.

Das bedeutet, dass in folgenden Stadien der Softwareentwicklung zwingend getestet werden muss:

- Abschließende Prüfung der Anforderungen und exakte Definition der Requirements mit Klärung aller offenen Fragen vor Übergabe an die Programmierer
- Tests während der Entwicklung durch den Programmierer
- Tests nach Abschluss der Entwicklung durch einen Software-Tester, ggf. auf Test- und Live-System

Die Kosten der Fehler steigen exponentiell, je länger sie unentdeckt bleiben, weil sie von Projektschritt zu Projektschritt vererbt werden und so noch mehr Schaden anrichten. Deshalb wird sich die höhere Qualität durch frühzeitige Softwaretests in vielfacher Hinsicht auszahlen. Vor allem bei Fehlern, die erst in der Produktion aufgetreten sind, ist daher eine sehr detaillierte Fehlerursachenanalysen erforderlich, um herauszubekommen, warum sie in allen vorherigen Stufen nicht entdeckt wurden.

Bei der Ermittlung der Fehlerkosten sind alle Tätigkeiten einzubeziehen, die bis zur Fehlerentdeckung aufgelaufen sind.

Um die Fehler auswerten zu können und neuralgische Punkte der Fehlerbehebung hervorzuheben, empfiehlt es sich, zu dokumentieren, wann welcher Fehler aufgetreten ist. Auch Fehler, die beim Test durch den Programmierer selbst entdeckt werden, sollten dabei zum Vergleich herangezogen werden. Mit diesem Kostenvergleich kann ein Benchmarking einzelner Projekte vorgenommen werden.

Projekt A	**Entdeckung durch Programmierer**	**Entdeckung durch Tester**	**Entdeckung im Livebetrieb**	**Gesamtkosten**
Anzahl Fehler	100	50	2	
Kosten der Fehlerentdeckung pro Fehler in €	50	500	50.000	
Kosten in Summe	5000	25.000	100.000	130.000
Projekt B	**Entdeckung durch Programmierer**	**Entdeckung durch Tester**	**Entdeckung im Livebetrieb**	**Gesamtkosten**
Anzahl Fehler	50	70	4	
Kosten der Fehlerentdeckung pro Fehler in €	50	500	50.000	
Kosten in Summe	2500	40.000	200.000	242.500

Auf den ersten Blick ist das Projekt B erfolgreicher, da weniger Fehler entdeckt wurden (insgesamt 100 + 50 + 2 = 152 Fehler bei Projekt A gegenüber 50 + 70 + 4 = 124 Fehler bei Projekt B). In Summe sind die Kosten aber erheblich höher, da im Livebetrieb mehr Fehler entdeckt wurden. Die Entdeckung durch den Endkunden führt zu Nachbesserungen, Produktrückrufen und ggf. sogar Schadensersatzforderungen – vom Imageverlust ganz zu schweigen.

15.4 Fehlerkosten in der Programmwartung

Softwarefehler wirken sich dann besonders stark aus, wenn das Produkt bereits freigegeben wurde und Fehler in der Produktion bzw. im Feldeinsatz bemerkt werden. Unvollständige Realisierungen oder Nachbesserungen der Anwendung können für die Wartungskosten des Produkts erhebliche Folgen haben.

Softwarewartung (**Maintenance**) beinhaltet mindestens vier Tätigkeiten:

- Fehlerkorrekturen: Fehlerkorrekturen bringen die Software in den ursprünglichen Zustand
- Änderungen: die Software verhält sich anders als ursprünglich geplant, z. B. Berechnung in EUR statt in DM
- Optimierungen: Dazu gehören Maßnahmen, um den Code in einen besseren Zustand zu bringen, z. B. Restrukurierung, Refaktorisierung
- Erweiterungen: Einbau neuer Funktionen und Daten ins System

Wartungskosten betragen erfahrungsgemäß 75 % der Softwarekosten. Sie fallen nach Fertigstellung des Entwicklungsprojekts an.

Das vorhandene Wartungspersonal, die zur Verfügung stehenden Wartungswerkzeuge, der Wartungsprozess und das Softwareprodukt beeinflussen die Wartungsproduktivität (Anzahl Korrekturen und Änderungen pro Personenmonat).

Wartungsproduktivität = Wartungsaufwand / geänderte bzw. hinzugefügte Änderungen

Folgende Faktoren sollten berücksichtigt werden, die sich alle auf die Wartbarkeit auswirken:

- Änderungsrate
- Fehlerrate
- Auswirkungsgrad der Eingriffe
- Anzahl der Wartungsaufträge
- Dauer der Wartungsaufgaben
- Reaktionszeiten
- Release-Intervalle
- Zufriedenheit der Kunden mit dem Wartungsbetrieb

Das IT-Servicemanagement (**ITIL**) hat einen starken Einfluss auf die Organisation und Steuerung der Wartungsaktivitäten und verlangt die Messung der Prozesse ebenso wie die der Produkte.

Um die Wartbarkeit der Software detailliert zu messen, existieren mehrere Berechnungsmethoden, die schon seit Jahrzehnten existieren, aber im betrieblichen Alltag zu selten angewendet werden. Hier liegen häufig große Optimierungspotenzial verborgen. Bereits in den 1990er-Jahren gab es erste Ansätze zur Wartungsproduktivitätsmessung aus der strukturierten Programmierung (PASCAL, FORTRAN, COBOL Systeme), die in den 2000er-Jahren auf objektorientierte Programmierung erweitert wurden.

Zur Ermittlung der Wartbarkeit werden unterschiedliche Maße berücksichtigt; es werden z. B. die mittlere Zeit einer Fehlerkorrektur, die Struktur der Programme, das Wissen über die Programmiersprache, die Dokumentationstechniken und Wartungsprozeduren oder die Systemstruktur und Architektur untersucht. Diese Untersuchungen sind sehr umfangreich und die einzelnen Parameter müssen in den meisten Fällen erst erhoben werden oder liegen in unterschiedlichen Bereichen, Systemen und Formaten vor. Es müssen auch Tools vorhanden sein, die diese Daten automatisiert auslesen können. Dadurch gewinnt man jedoch bedeutende Kenntnisse über die Möglichkeiten der Optimierung eigener Softwareprozesse.

Leider liegt gerade im deutschsprachigen Raum das Bewusstsein für die Nutzung von **Softwaremetriken** auf einem niedrigen Niveau, was man u. a. am CMMI-Reifegrad erkennen kann.

Generell gilt zum Thema Wartungskosten: nur eine umfassende Datenerhebung verhilft zur entsprechenden Datenbasis und daraus möglichen Analysen. Die Studien zeigen alle, dass unnötig hohen Aufwänden für die Softwarewartung vorgebeugt werden kann, wenn bereits beim Systementwurf das notwendige Augenmerk auf eine angemessene Wartbarkeit gelegt wird.

15.5 Key Performance Indicators für Fehlerkosten

Als **Key Performance Indicators** (**KPI**s) bzw. als **Leistungskennzahl** bezeichnet man betriebswirtschaftliche Kennzahlen, anhand derer der Fortschritt oder der Erfüllungsgrad hinsichtlich wichtiger Zielsetzungen oder kritischer Erfolgsfaktoren innerhalb einer Organisation gemessen und/oder ermittelt werden kann. Dabei werden aus unterschiedlichen Messwerten Quotienten als Indexwerte gebildet, um Maßzahlen in Beziehung zueinander zu setzen und Aussagen über den aktuellen Stand der Fehlerbehebung zu ermitteln.

Für den Testmanager sind lt. einer Untersuchung von Hutcheson folgende Indexwerte interessant zu wissen:

- **Fehlerfindungsrate** = Anzahl Fehlermeldungen/Testzeit (Stunden bzw. Tage)
- **Fehlerkosten** = Anzahl Fehlermeldungen/Testkosten (EUR)
- **Testproduktivität** = Testfälle/Testzeit (Stunden)
- **Testüberdeckung** = getestete Features/alle Features
- **Testvollständigkeit** = Testfälle/Features
- **Testfortschritt** = getestete Testfälle/alle Testfälle
- **Testeffektivität** = vom Test gemeldete Fehler/alle gemeldeten Fehler
- **Fehlerquote** = Anzahl fehlerhafte Testfälle/Anzahl durchgeführte Testfälle

Erfahrungsgemäß wissen Testmanager aus ihren Systemtests: Je länger der Test dauert bzw. je weiter er vorangeschritten ist, also auch je höher die Testabdeckung und die Testtiefe ist, desto teurer wird es, Fehler zu erkennen und zu beseitigen.

In einem detailliert untersuchten Projekt wurden in der ersten Testwoche 3,25 Fehler pro Teststunde gemeldet und es kostete sie damals 24,76 USD pro Fehler, um sie zu beseitigen, in der vierten Testwoche 0,143 Fehler pro Teststunde und es kostete 215,17 USD pro Fehler, um sie zu beseitigen. Daran ist der sinkende Return on Invest im zeitlichen Verlauf der Testphase klar erkennbar.

Ab dem Moment, in dem es mehr kostet, einen Fehler zu finden und zu melden, als es kostet, den Fehler zu beheben, ist es an der Zeit, den Test abzubrechen [SNEE2010]. In der betrieblichen Praxis jedoch stellt sich diese Frage erfahrungsgemäß gar nicht, weil man aufgrund zu früher Einführungstermine und zu eng getakteter Milestones gar nicht so weit kommt und meist ohnehin den Test abbrechen muss, lange bevor dieser Moment erreicht wird. Die Ermittlung und die Erhebung der oben genannten Parameter sollten aber auf jeden Fall vorgenommen werden, um überhaupt geeignete Zahlen und Metriken zur Vermessung und Analyse eines Softwareprojekts zu gewinnen und auch längerfristig vergleichen zu können.

Die Untersuchung der Fehlerkosten mit Hilfe geeigneter Key Performance Indicators zeigt immer wieder, dass die Fehlerhaftigkeit einer Applikation bzw. eines Systems erhebliche Auswirkungen auf den Testaufwand bis hin zur möglichen Freigabe für die Produktion hat. Jeder Fehler verursacht einen Aufwand als Folge der Behinderung einer zügigen Testdurchführung: durch die Erfassung einer nachvollziehbaren Fehlerbeschreibung im Fehlermanagement-Werkzeug, durch notwendig gewordene Retests der Fehlerbehebung oder gar durch einen von Fehlern erzwungenen Testabbruch und Testrestart.

Der konkrete Wert der **Fehlerquote** (siehe oben) oder auch **Fehlerdichte** (Fehler je Anweisung bzw. Function Point im Programmcode) ist stark von der Art des Softwareprojekts abhängig. Eine komplette Neuentwicklung wird eine höhere Fehlerquote aufweisen (erfahrungsgemäß 0,6 bis 1,2) als die Anpassung und Integration einer Standardlösung (0,1 bis 0,4). Auch dieser Wert ist stark abhängig von der prinzipiellen Qualität der vorangehenden Entwicklung und Teststufen.

Dennoch gilt auch hier, dass nach circa 20 % der Testdurchführungen die Fehlerquote relativ konstant bleibt und auf Basis der offenen Testdurchführungen die Gesamtfehlerzahl mit ca. 80 % Genauigkeit hochgerechnet werden kann. Diese Information kann man in die adaptierte Testplanung übernehmen, entsprechende Auswirkungen lassen sich klar nachvollziehen [SNEE2012].

Die **Testeffektivität** gehört zu den verborgenen organisatorischen Kosten, die zunächst gar nicht sichtbar sind. Wenn die gesamte Teamproduktivität sinkt, dann kann das zu weiteren erheblichen Problemen führen:

- **Motivationsverlust**: ständige Fehler und Nacharbeit können die Motivation der Mitarbeiter senken
- **Burnout**: Überstunden und ständige Fehlerbehebung können zu Burnout und erhöhter Mitarbeiterfluktuation führen.
- **Ineffiziente Ressourcennutzung**: Zeit und Ressourcen werden für Fehlerbehebung anstelle von Innovationsprojekten aufgewendet.

Auch eine verzögerte Markteinführung wegen Projektverzug kann erhebliche finanzielle und strategische Nachteile mit sich bringen:

- **Umsatzverlust**: verspätete Produkteinführungen führen zu entgangenen Umsätzen und Marktanteilsverlust.
- **Wettbewerbsnachteil**: Wettbewerber können schneller reagieren und Marktanteile gewinnen.
- **Vertrauensverlust**: Kunden verlieren das Vertrauen in die Fähigkeit des Unternehmens, pünktlich und qualitativ hochwertige Produkte zu liefern.

Die Fehlerquote führt zu weiteren Problemen in der **Reputation** des Unternehmens: Fehlerhafte Software führt zu unzufriedenen Kunden, was langfristig den Ruf des Unternehmens schädigen kann. Hierfür existieren in der Praxis zu wenig Messwerte und zu wenig Bewusstsein. Es wird zwar immer wieder vom Marketing und von der IT beklagt, wie lange die Entwicklung und die Fehlerbehebung gedauert hat, es wird aber meist dann doch als „alternativlos" hingenommen und schulterzuckend akzeptiert. Hier wären ebenfalls Messungen sinnvoll:

- **Negative Bewertungen**: Unzufriedene Kunden hinterlassen negative Bewertungen und Feedback.
- **Kundenschwund**: Kunden wechseln zu Wettbewerbern, die zuverlässigere Produkte anbieten.
- **geringere Kundenbindung**: Die Bindung bestehender Kunden wird durch wiederkehrende Probleme geschwächt.

Die **Marktpositionierung** hängt ebenfalls mit der Fehlerquote zusammen. Ein schlechter Ruf kann die Marktpositionierung eines Unternehmens erheblich beeinträchtigen:

- **schlechtere Marktchancen**: potenzielle Kunden und Partner zögern, mit einem Unternehmen zusammenzuarbeiten, das als unzuverlässig gilt.
- **erhöhte Marketingkosten**: höherer Aufwand und mehr Kosten sind erforderlich, um den Ruf wiederherzustellen und neue Kunden zu gewinnen.

Gerade in Softwareprojekten werden die **technischen Schulden** zwar häufig wahrgenommen, aber nicht ausreichend gemessen und in Zahlen umgewandelt. Wenn dem Management bewusst wäre, wie hoch die technischen Schulden in Wirklichkeit sind, wären manche Entscheidungen zielführender. Technische Schulden entstehen dann, wenn kurzfristige Lösungen langfristige Probleme verursachen. Diese Schulden umfassen:

- **Akkumulation von Fehlern**: Unentdeckte oder ungelöste Fehler können sich im Laufe der Zeit anhäufen. Das führt zu:
  - komplexeren Problemen: kleinere Probleme werden zu größeren, komplexeren Problemen.
  - erhöhten Behebungskosten: die Kosten für die Behebung akkumulierter Fehler steigen exponentiell

- **Wartungsaufwand**: Software, die unter technischen Schulden leidet, erfordert mehr Wartung, dies führt dann zu:
- höheren **Wartungskosten**: regelmäßige und umfangreiche Wartungsarbeiten der bestehenden Anwendung sind erforderlich
- eingeschränkter **Innovationsfähigkeit**: Ressourcen müssen für die Wartung anstelle von Innovationen verwendet werden.

Ebenfalls entscheidende Auswirkungen, die derzeit noch gar nicht ausreichend in der betrieblichen Praxis mit Hilfe von KPIs erhoben werden, sind strategischer Natur:

- **Innovationsstau**: Ineffiziente Tests und die daraus resultierenden Probleme können den Innovationsprozess hemmen:
  - Fokus auf Fehlerbehebung: anstatt neue Funktionen zu entwickeln, muss das Team ständig Fehler beheben.
  - verzögerte Innovationsprojekte: neue Projekte werden verzögert, da Ressourcen zur Behebung bestehender Probleme gebunden sind
- **Marktanpassungsfähigkeit**: Unternehmen, die überproportional mit Fehlerbehebung beschäftigt sind, haben Schwierigkeiten, sich an Marktänderungen anzupassen. Das äußert sich in:
  - langsamer Reaktionsfähigkeit: Die Fähigkeit, schnell auf Marktveränderungen und Kundenanforderungen zu reagieren, ist eingeschränkt.
  - verpassten Chancen für Marktanpassung und Innovation [RAZY2026].

Literatur

[SPIL2005]: Spillner, Linz: Basiswissen Softwaretest, 3,Auflage, dpunkt Verlag Heidelberg 2005
[SNEE2010]: Sneed, Baumgartner, Seidl: Software in Zahlen, Hanser-Verlag München 2010
[SNEE2012]: Sneed, Baumgartner, Seidl: Der Systemtest, Hanser-Verlag München 2012
[RAZY2026]: https://rayzr.tech/techtalk/die-unsichtbaren-kosten-ineffizienter-software-tests/, zugegriffen am 09.01.2026

Fehlertoleranz 16

Mit **Fehlertoleranz** wird die Fähigkeit eines Systems angesprochen, ein spezifiziertes Leistungsniveau auch bei Softwarefehlern und bei Nicht-Einhaltung der spezifizierten Schnittstelle (z. B. durch fehlerhafte Eingabe) zu erhalten. Die Software darf hierzu insbesondere auch bei falschen Eingabewerten nicht in einen undefinierten Zustand geraten [HENR2002]. Die Fehlertoleranz wird auch als **Robustheit** gegen Benutzerfehler bezeichnet.

Beim Softwaretest ist es daher notwendig, nicht nur die richtige Benutzung eines Systems zu testen, sondern auch bewusst gegen die Regeln zu verstoßen, um diese Robustheit zu verifizieren.

16.1 Robustheit gegen Benutzungsfehler

Man unterscheidet mehrere Arten von Robustheit gegen Benutzungsfehler.

1. Robustheit gegen Benutzungsfehler in der Hardware
Hardware, d. h. eine elektronische Schaltung, kann z. B. durch Hinzufügen von „heißer" **Redundanz** fehlertolerant gemacht werden. „Kalte" Redundanz benötigt hingegen den Eingriff eines anderen Systems (Operator, Software etc.) und erfüllt daher allein nicht die Anforderung nach Fehlertoleranz.

Laufen z. B. zwei Implementierungen einer Schaltung parallel (dual modular redundancy, DMR), so kann eine Entscheidungseinheit einen Fehler durch Vergleichen der Ausgänge der beiden Komponenten feststellen, jedoch nicht korrigieren. Fügt man eine weitere Instanz der Komponenten hinzu (triple modular redundancy, TMR), so kann eine Entscheidungseinheit einen Fehler auch korrigieren. Wird die fehlerhafte Einheit als defekt markiert, ist ein Fehler weiter erkennbar (wie bei DMR). Wenn für den sicheren Betrieb

F. Witte, *Fehlermanagement*, https://doi.org/10.1007/978-3-658-51918-6_16

eines Systems das Vorhandensein einer TMR gefordert ist, arbeitet man mit 4 oder mehr redundanten Komponenten.

2. Robustheit gegen Benutzungsfehler in der Software
Auf Software-Ebene kann Fehlertoleranz durch folgende Maßnahmen erreicht werden:

- **Design-Diversität**: verschiedene Implementierungen eines Algorithmus laufen parallel
- **Daten-Diversität**: die Eingabedaten werden leicht modifiziert mehrfach bearbeitet (z. B. zur Vermeidung von Rundungsfehlern)
- **Temporale Diversität**: ein Algorithmus wird mit denselben Daten mehrfach aufgerufen (z. B. zur Vermeidung kurzzeitiger Hardwarefehler)

3. Robustheit gegen Benutzungsfehler in Benutzerschnittstellen
Häufig verursachen fehlerhafte Benutzereingaben, also menschliches Versagen, abnorme Betriebszustände. Robustheit gegen Benutzungsfehler ist daher eines der Gestaltungsprinzipien für Dialoge nach EN ISO 9241, Abschn. 110 (Grundsätze der Dialoggestaltung). Ein Dialog ist fehlertolerant gegen Benutzungsfehler, wenn das beabsichtigte Arbeitsergebnis trotz erkennbar fehlerhafter Eingaben entweder mit keinem oder mit minimalem Korrekturaufwand durch den Benutzer erreicht werden kann:

- Unterstützung bei der Entdeckung und Vermeidung von Eingabefehlern (Plausibilitätskontrolle)
- Keine Systemabbrüche oder undefinierten Systemzustände
- Fehlererläuterungen zu Korrekturzwecken
- Zusätzlicher Darstellungsaufwand zur Lokalisierung von Fehlern und aussagefähige Fehlermeldungen
- Automatische Fehlerkorrekturen mit Information des Nutzers
- Aufschiebbare Fehlerbehandlungen
- Zusätzliche Erläuterungen auf Anforderung
- Prüfung und Bestätigung vor Ausführung
- Fehlerbehebung ohne Zustandsänderung des Dialogs

In der Praxis muss man jedoch immer abwägen, ob bestimmte Fehler auch zugelassen werden müssen. Es ist nämlich möglich, dass für einen bestimmten Fehler seine Eintrittswahrscheinlichkeit und seine Schadensauswirkung gering sind. Die zugehörige Fehlererkennung könnte aber eine hohe Anfälligkeit für falsche Alarme haben, und dadurch könnte die Fehlerbehandlung schlimmer sein als die Auswirkung des Fehlers. In so einem Fall wäre die Einführung einer Maßnahme zur Fehlerbehandlung kontraproduktiv.

Beispiel: Ein bestimmter Hardwaredefekt kann dazu führen, dass die Systemzeit verloren geht. Es ist möglich eine Schaltung vorzusehen, die diesen Hardwarefehler entdeckt (Fehlererkennungsmaßnahme) und an den Controller meldet, sodass das System einen Fehlerbildschirm anzeigt und nicht weiterläuft (Fehlerbehandlung). Wenn dieser

Hardwaredefekt und die verlorene Systemzeit aber gar keine kritischen Auswirkungen haben – es wird eine falsche Uhrzeit dargestellt – und vielleicht auch noch ihr Auftreten sehr unwahrscheinlich sind, ist die Erkennung und Behandlung hier unzweckmäßig [MEDT2026].

16.2 Arten von Benutzerfehlern

Die potenziellen Fehler, die Benutzer eines Systems verursachen oder die ihnen begegnen können, lassen sich wie folgt klassifizieren:

Vermeidbare Fehler
Diese Art von Fehlern treten aufgrund mangelnder Beschäftigung mit dem Benutzerverhalten auf und wären bei sorgfältiger Auseinandersetzung mit der Zielgruppe und ihrem typischen Nutzungsverhalten vermeidbar. Typisch vermeidbare Anwenderfehler auf Websites sind Navigationsfehler oder fehlerhafte Eingaben auf Formularen. Durch umfangreiche Tests vor dem Launch einer Website oder Anwendung können viele dieser Fehler vermieden werden.

Bekannte, nicht vermeidbare Fehler
Nicht alle bekannten Fehler lassen sich vermeiden. Ein Vertippen mit der Tastatur, ein versehentliches Abschicken eines Formulars, das noch nicht vollständig ausgefüllt war, sind nur zwei Beispiele für Fehler, mit denen man rechnen muss, weil sie sich nicht ausschließen lassen. Für alle vorhersehbaren Fehler muss es deshalb einfache, klar erkennbare Korrekturmöglichkeiten geben.

Nicht antizipierbare Fehler
In die Klasse der nicht antizipierbaren Fehler fallen all diejenigen Fehler, welche aufgrund unerwarteten Benutzerverhaltens passieren oder durch schwer identifizierbare Programmierfehler verursacht werden. Meist führen diese Fehler zu undurchsichtigen Arten von Programmverhalten, die für den Benutzer nicht verständlich sind. Ein typischer Fall wäre zum Beispiel ein Fehler durch die Verwendung von nicht normalisierten Uhrzeiten. Bei der Umstellung von Sommer- auf Normalzeit wird dadurch die zweite Stunde doppelt durchlaufen, wodurch eigentlich eindeutige Zeitstempel eventuell doppelt auftreten können oder Zeitmessungen scheinbar zu einer früheren Zeit enden als sie begonnen haben. Dieses Verhalten tritt nur einmal im Jahr auf und ist an den restlichen Tagen des Jahres nicht reproduzierbar. Die Lösung ist in solchen Fällen üblicherweise die Verwendung der UTC oder der normalisierten Lokalzeit (lokale Zeit ohne Sommerzeit-Verschiebung).

16.3 Risiken aufgrund Fehlerfolgen

Sowohl Fehler als auch Unvorhersehbares (**Anomalien**) können Ausfälle und Unfälle verursachen. Der Umgang mit Unvorhersehbarem ist allerdings schwieriger als mit Fehlern, weil es sich hierbei um Ereignisse und Sachen handelt, an die keiner gedacht hat. Schlimmer noch ist die Vorstellung, dass die meist unkreative und dumme Steuerung ganz allein mit unbekannten Zuständen, die nicht einmal ihr Schöpfer (Ingenieur) kannte, zurechtkommen soll. In der Praxis werden dann Klassen von unerwarteten Zuständen gebildet und eine passende Notreaktion für jede Klasse bereitgestellt.

Obwohl, scheinbar, die Unfälle durch Komponentenausfall, Entwicklungsfehler, unerwartete Ereignisse oder Bedienungsfehler verursacht werden, haben sie tiefere Grundursachen wie beispielsweise:

- Übermäßiges Selbstvertrauen und Selbstzufriedenheit
- Nichtberücksichtigen des Risikos
- Verlass auf Redundanz und auf die „sichere“ Technik
- Unrealistische Risikoeinschätzung (z. B. numerische Einschätzungen)
- Ignorieren von Ereignissen mit großen Folgen und kleiner Wahrscheinlichkeit
- Annahmen wie: „Wenn jahrelang nichts passiert ist, wird auch heute nichts passieren.“
- Unterschätzung der softwarebezogenen Risiken: Die Bedeutung von Hardware wird erfahrungsgemäß über- und die Bedeutung von Software immer noch unterschätzt.
- Ignorieren von Warnsignalen (z. B. Präzedenzfälle)
- Niedrige Priorität für Sicherheit
- Fehlerhafte Auflösung konkurrierender Ziele (z. B. Risiken eingehen, um kurzfristig Zeit oder Geld zu sparen)
- Benutzung von Patches, um spezifische Ursachen statt Designfehler zu eliminieren
- Falsche Annahmen bilden die Basis für das Design von Sicherheitsvorrichtungen

Daher ist es sehr wichtig, auf die Fehlertoleranz von Systemen zu achten. Folgende Tabelle (Tab. 16.1) zeigt die statistische Verteilung der Ausfallquellen:

Tab. 16.1 Statistische Verteilung der Ausfallquellen

	Kritische, aber nicht fehlertolerante Systeme	Fehlertolerante Systeme
Hardware	50 %	13 %
Software	25 %	65 %
Umgebung und Kommunikation	15 %	12 %
Bedienung	10 %	10 %

16.4 Fehlertoleranzstufen

Echte **Fehlertoleranz** wird bei Systemen ohne einen stabilen sicheren Zustand benötigt, bei denen ein Fehler oder ein Ausfall (Anomalien) tödliche Folgen haben (z. B. fliegende Flugzeuge) oder große Verluste (z. B. Telefonnetzwerke, Stromnetze) verursachen kann. Fehlertoleranz wird auch bei Systemen benötigt, bei denen keine Reparaturen möglich sind, wie z. B. bei Satelliten oder Unterwasserstationen.

Ein fehlertolerantes System soll seine Funktion weiter erfüllen, auch bei Fehlern und internen Ausfällen. Es darf Fehler enthalten, aber es darf keine Fehler propagieren oder sichtbar machen. Seine Fehler, Ausfälle oder Störungen dürfen keine externe Wirkung zeigen. Die Fehlertoleranz kann in 6 Stufen gestaffelt werden. Nicht nur die Kosten, sondern auch die Geschicklichkeit der Entwickler bestimmen die **Fehlertoleranzstufe** des Systems:

- Stufe 0: Keine Fehlertoleranz: Das System hat mindestens eine Stelle, deren Versagen den Verlust der kritischen Funktion bewirkt („Single point of global failure"). Auch wenn andere Stellen sehr gut (z. B. dreifach) gesichert sind, reicht ein Schwachpunkt (Stromanschluss, Aktuatoren wie z. B. nur ein einzelner E-Motor) schon aus, um die Fehlertoleranz zu verhindern.
- Stufe 1: Beibehaltung der **kritischen Funktion**: Es gibt keine Stelle, deren Versagen den Verlust der kritischen Funktion bewirken kann, auch wenn alle anderen nicht kritischen Funktionen verloren gehen könnten.
- Stufe 2: **Degradierung**: Die kritische Funktion geht niemals verloren. Die nicht kritische Funktion darf nicht vollständig verloren gehen, sie wird nur degradiert oder begrenzt.
- Stufe 3: **Temporale Degradierung**: Wie Stufe 1 oder 2, aber nur für eine kurze Zeitperiode, während das System sich rekonfiguriert und ein Recovery der verdächtigen Komponenten durchführt. Danach arbeitet das System mit der normalen Funktion weiter. Falls in dieser Periode auch die kritische Funktion ausfällt, handelt es sich nicht um ein fehlertolerantes, sondern um ein hoch verfügbares System.
- Stufe 4: **Vollständige Fehlertoleranz**: Das System erfüllt seine völlige Funktion trotz vorhandener Fehler und/oder interner Ausfälle für einen begrenzten Zeitraum weiter. Es liefert richtige Ergebnisse zum richtigen Zeitpunkt. Im System darf es keine (mechanische, elektrische, Hardware oder Software) Stelle geben, deren Versagen äußere Wirkungen verursachen kann (kein „**Single point of global failure**"). **Rekonfiguration** und **Recovery** sind so schnell, dass sich Anomalien nicht bemerkbar machen. Redundante Elemente dürfen keine gemeinsamen Komponenten haben (z. B. keine gemeinsame Steckdose, unterschiedliche Brandschutzabschnitte in einem Gebäude) und müssen physikalisch voneinander entfernt sein. Das System erkennt und schaltet ausgefallene Elemente aus und rekonfiguriert sich selbst, um unter Verwendung von anderen Elementen weiterzuarbeiten, welche dieselbe Funktion wie die ausgefallenen

haben (Redundanz). So wird eine virtuell fehlerfreie Maschine zur Verfügung gestellt. Das System braucht aber nicht unbestimmt lange weiterarbeiten zu können. Es gibt Zeitpunkte (Wartungspausen oder am Ende des Tages), wo das System heruntergefahren werden darf, um repariert zu werden (z. B. Flugzeuge nach der Landung).

- Stufe 5: **Nonstop** (**continuous availability**) oder (**ununterbrochene Verwendbarkeit**): Wie Stufe 4, aber die Reparaturen und der Komponentenaustausch werden im Betrieb durchgeführt, ohne das System anzuhalten oder seine Funktionalität zu beschränken, d. h. es muss trotz Ausfällen unbestimmt lange arbeiten können, wie z. B. Stromnetze oder der Vermittlungskern einer Telefonzentrale. Das Austauschen von Komponenten während des Betriebs beschränkt sich nicht nur auf Hardware und mechanische Komponenten, sondern es müssen auch alle Softwaremodule während des Betriebs ausgetauscht werden können. Dies impliziert eine sehr modulare Struktur, sodass die neue Softwareversion geladen wird, während die alte noch läuft, und erst nach vollständiger Installation der neuen Softwareversion die Umschaltung erfolgt. Andere Arten von Nonstop-Systemen können nicht repariert werden (z. B. Satelliten). Sie müssen sich umkonfigurieren und mit den noch verfügbaren Komponenten so lange arbeiten, wie es noch möglich ist. Meistens erlauben solche Systeme eine Ferndiagnose und das Fernladen von neuer Software, sodass nicht für alle möglichen Situationen die Fehlerbehandlung im Voraus vorbereitet sein muss.

Es kann dazu kommen, dass mehrere Anomalien eintreten, bevor der Defekt behoben werden kann (falls das überhaupt möglich ist). Bei einem einzigen internen Ausfall kann ein einfaches fehlertolerantes System weiterarbeiten, aber weitere Ausfälle können sich gefährlich auswirken. Das System ist dann in einem latenten Systemausfall-Zustand, der noch nicht gefährlich ist, aber kombiniert mit weiteren internen Ausfällen in einem Unfall enden kann. Deswegen sollen interne Ausfälle gemeldet und so schnell wie möglich repariert werden, oder Wartungsuntersuchungen müssen regelmäßig in so niedrigen Zeitintervallen durchgeführt werden, dass die Wahrscheinlichkeit für mehrere Ausfälle zwischen zwei Wartungsfenstern extrem niedrig ist. Die **Service Level Agreements** für die Instandhaltung müssen daher das Ausfallrisiko angemessen berücksichtigen [MONT2026].

16.5 Fehlertoleranzverfahren

Fehlertoleranzverfahren (**Fault Tolerance Techniques**) bezeichnen technische Methoden, Strategien und Mechanismen in Systemen (Hardware oder Software), die sicherstellen, dass das System trotz des Ausfalls, Fehlers oder der Störung einzelner Komponenten weiterhin ordnungsgemäß und ununterbrochen funktioniert. Das Hauptziel ist die Aufrechterhaltung der vollen Funktionalität oder zumindest eine kontrollierte Leistungsverringerung (**Graceful Degradation**), um hohe Verfügbarkeit und Zuverlässigkeit zu gewährleisten. Fehler breiten sich in der Regel ohne geeignete Maßnahmen innerhalb eines Systems aus. Fehlertoleranzverfahren basieren jedoch zumeist auf einer eingeschränkten

Fehlervorgabe. So kann zumeist nur eine begrenzte Anzahl an fehlerhaften Komponenten toleriert werden. Typischerweise werden deshalb Maßnahmen zur Isolierung getroffen:

- Hardwarekomponenten werden räumlich getrennt oder gekapselt
- Software wird so strukturiert, dass möglichst viele Berechnungen in einzelnen Modulen erfolgt
- an Schnittstellen werden Inkonsistenzprüfungen zwischen einzelnen Komponenten vorgenommen [ARCH2016]

Durch den Einsatz von Fehlertoleranzverfahren können Ausfallzeiten minimiert werden, Zeit für Reparaturen gewonnen werden (vor allem sinnvoll bei Wartung im laufenden Betrieb = „**Hot Swapping**"), der Weiterbetrieb der Produktion sichergestellt und die Systemsicherheit verbessert werden. Fehlertolerante Systeme weisen eine höhere Maschinenverfügbarkeit und Zuverlässigkeit auf, führen zu geringeren Kosten durch Produktionsausfälle und einem höheren Vertrauen in kritische Systeme (z. B. bei Banken oder in der Luftfahrt).

Literatur

[HENR2002]: Henrich, Management von Softwareprojekten, Oldenbourg-Verlag München Wien 2002

[MONT2026]: https://www.montenegros.de/sergio/public/ft_und_sicherheit.html, zugegriffen am 05.01.2026

[MEDT2026]: https://medtech-ingenieur.de/gastblog-fehlermanagement-ups-ein-fehler/, zugegriffen am 05.01.2026

[ARCH2016]: https://archive.air.in.tum.de/pub/Main/TeachingWs2008Echtzeitsysteme/echtzeit_090121.pdf, zugegriffen am 24.02.2026

Fehlermanagement und Risikoanalyse 17

Fehlermanagement und Risikoanalyse sind integraler Bestandteil des Risikomanagements und zielen darauf ab, potenzielle Fehler und Risiken zu identifizieren, zu bewerten und zu minimieren, um Qualität zu sichern und Kosten zu senken. Das Fehlermanagement nutzt Fehler zur Optimierung, während die Risikoanalyse potenzielle Gefahren systematisch bewertet, um proaktive Maßnahmen zur Fehlervermeidung zu entwickeln.

17.1 Methoden der Risikoanalyse

Die **Risikoanalyse** ist definiert als Summe der Aktivitäten, die darauf abzielen, die negativen Auswirkungen von Risiken durch Aktivitäten zu reduzieren, die ihr Niveau ändern. Die Analyse ermöglicht es, die Höhe des Risikos sowohl auf qualitativer als auch auf quantitativer Ebene zu definieren, zu bewerten und zu überwachen.

Die Durchführung einer Risikoanalyse ist vor allem bei der Erstellung von **Sicherheitsmanagementsystemen** und **Sicherheitsrichtlinien** von großer Bedeutung.

Bei der Risikoanalyse kommen unterschiedliche Methoden zum Einsatz. Sie werden in Abhängigkeit von den Besonderheiten des Unternehmens und der Aktivitäten ausgewählt, die das Risiko beeinflussen.

Dabei finden vor allem folgende Methoden Anwendung:

- **HAZOP-Bedrohungs- und Einsatzfähigkeitsanalyse**: Analyse von Bedrohungen und Einsatzmöglichkeiten. Die HAZOP wird am häufigsten bei der Planung von Gebäuden und Anlagen, deren Modernisierung und Erweiterung verwendet.

F. Witte, *Fehlermanagement*, https://doi.org/10.1007/978-3-658-51918-6_17

- **FTA – Fehlerbaumanalyse**: Verfahren zur Zuverlässigkeitsanalyse von technischen Anlagen und Systemen, die basierend auf der booleschen Algebra dazu dient, die Wahrscheinlichkeit des Ausfalls einer Anlage oder eines Gesamtsystems zu bestimmen. Im Rahmen der Fehlerbaumanalyse werden die logischen Verknüpfungen von Teilsystemausfällen auf allen kritischen Pfaden ermittelt, welche zu einem Gesamtsystemausfall führen. Das Gesamtsystem wird im Rahmen der Analyse in Minimalschnitte unterteilt; dies sind Ereigniskombinationen, die zu einem Gesamtausfall führen können. Die Anzahl der Minimalschnitte kann je nach Anwendung bis zu einige Millionen Ereigniskombinationen umfassen, die Erstellung komplexer Fehlerbäume und deren Auswertung erfolgt mit speziellen Softwarepaketen.
- **ETA – Ereignisbaumanalyse**: induktives Verfahren, welches mögliche Folgen eines auftretenden Fehlers bestimmen soll. Sie ist eine Art der Systemanalyse und als Qualitätsmethode in der Norm DIN EN62502 beschrieben. Die Ereignisbaumanalyse kann frühestens sinnvoll eingesetzt werden, wenn die Systemanforderungen bekannt sind.
- Die **Probabilistische Sicherheitsanalyse (PSA)**, auch **Probalistische Risikoanalyse** (**PRA**) genannt, untersucht die Risiken von Industrieanlagen mittels der Methoden der Wahrscheinlichkeitsrechnung und Systemanalyse.
- **PHA – Anfängliche Gefahrenanalyse**: Identifizierung und Bewertung potenzieller Risiken im Zusammenhang mit der Handhabung und Verarbeitung gefährlicher Materialien, vor allem im Umgang mit Gefahrgütern und in der chemischen Industrie zur Unfallvermeidung. Der höchste Schaden in einer potenziell häufig auftretenden schwer kontrollierbaren Situation bildet dabei die Referenz für die Sicherheitsintegritätsstufe für das zu entwickelnde System. Am Ende der Entwicklung wird die Gefahrenanalyse meist mit einem Review und einem Assessment durch eine externe und unabhängige Instanz durchgeführt.
- **FMEA** – Analyse der Art und Auswirkung möglicher Fehler: Die Methode der FMEA = **Fehlermöglichkeits- und -Einflussanalyse** findet vor allem in der Softwareentwicklung statt. Die Anwendung der FMEA ist in Kap. 22 detailliert beschrieben.
- **LOPA** (**Layers of protection analysis**): Die LOPA = Analyse von Schutzschichten ist eine Technik zur Bewertung der Gefahren, Risiken und Schutzschichten, die mit einem System, beispielsweise einer chemischen Prozessanlage, verbunden sind. Die erwarteten Eintrittshäufigkeiten unerwünschter Ereignisse (z. B. Freisetzung von Gefahrstoffen), die eintreten, nachdem die Barrieren des Systems versagt haben, werden mit kategorisierten Unfallfolgen verknüpft. Der Aufwand einer LOPA ist wesentlich geringer als der Aufwand zur Erstellung einer detaillierten Risikostudie.
- **QRA – Quantitative Risikobewertung**: Die quantitative Risikoanalyse ist eine Technik zur Quantifizierung des mit einer bestimmten Gefahr verbundenen Risikos. Die Risikobewertung wird für ungewisse Ereignisse verwendet, die viele Folgen haben könnten und für die es erhebliche Konsequenzen geben könnte [KURS2026].

17.2 Anwendung der Risikoanalyse in der Software-Entwicklung

Zur Anwendung der Risikoanalyse in der Software-Entwicklung ist die Bestimmung einer **Risikoprioritätszahl** (**RPZ**) erforderlich. Dabei wird das Risiko mit der Entdeckungswahrscheinlichkeit bewertet:

RPZ = Eintrittswahrscheinlichkeit x Ausmaß x Wahrscheinlichkeit der Nichtentdeckung

Jede der drei Faktoren eines Risikos enthält im Rahmen der Risikobewertung (z. B. mit Hilfe der FMEA) eine Bewertung zwischen 1 und 10, sodass jedes Risiko eine RPZ zwischen 1 und 1000 besitzt. In Abhängigkeit der Höhe der RPZ werden geeignete Maßnahmen festgelegt, mit denen dem Risiko begegnet wird.

Die Bestimmung der Risikoprioritätszahl ist für Software-Produkte nicht trivial, denn die Eintrittswahrscheinlichkeit und die Wahrscheinlichkeit der Nichtentdeckung eines nicht bekannten Fehlers sind – wenn überhaupt – nur schwierig zu bestimmen.

Durch systematische und ausführliche Tests kann die Eintrittswahrscheinlichkeit eines negativen Ereignisses, was im Kontext der Software-Entwicklung das Eintreten einer Fehlerwirkung bedeutet, verringert werden. Um im Rahmen der Testplanung die notwendigen Qualitätssicherungsmaßnahmen ergreifen und die richtigen Entscheidungen treffen zu können, muss das Ausmaß einer möglicherweise eintretenden Fehlerwirkung abgeschätzt werden. Dazu hat sich in IT-Projekten die **ABC-Analyse** bewährt, die eine dreistufige Bewertungsskala statt einer zehnstufigen anwendet.

Durch die ABC-Risikoanalyse werden die zu bewertenden Objekte in die **Risikoklassen** (**Risikostufen**) A, B oder C eingeteilt. Diesen drei Risikoklassen werden Maßnahmen zugeordnet, die dem Risiko entgegenwirken sollen. Die zu bewertenden Objekte und zugeordneten Maßnahmen können unterschiedlicher Natur sein, wie folgende Beispiele zeigen:

- Testobjekte werden einer Risikoklasse zugeordnet, um angemessene Qualitätssicherungsmaßnahmen und geeignete Testmetriken festlegen zu können. Kritische Komponenten mit hoher Risikoklasse unterliegen strengeren Maßnahmen als unkritische.
- Testfälle werden bewertet, um festzulegen, mit welcher Priorität sie zu testen sind. Die wichtigsten Testfälle, d. h. Testfälle, die Fehlerwirkungen mit der höchsten potenziellen Schadenshöhe aufdecken können, müssen zuerst durchgeführt werden.
- Mängel und entdeckte Fehler werden priorisiert, um Freigabeentscheidungen auf Basis potenzieller Risiken treffen zu können. Unkritische Mängel sollten nicht den Projektfortschritt oder eine Freigabestufe verhindern.

Die nachfolgenden Beispiele beschreiben Definitionen von Risikoklassen, wie sie im Qualitätssicherungsplan eines Projekts definiert werden können:

Beispiel 1: Risikoklassen für Mängel in Dokumenten
Wenn im Review zur Abnahme einer Anforderungsspezifikation Mängel festgestellt werden, so müssen sie bewertet werden, um die weiteren Schritte im Projekt festlegen zu können. In Tab. 17.1 sind Maßnahmen festgelegt, mit denen ein in einem Dokument gefundener Fehler einer Risikoklasse zugeordnet wird:

Für jede der Risikoklassen werden geeignete Maßnahmen und Konsequenzen festgelegt:

- Mängel mit der Risikoklasse A und B verhindern die Freigabe eines Dokuments und der darauf basierenden Arbeitsergebnisse. Mängel der Risikoklasse A und B müssen vor der Freigabe zwingend behoben werden.
- Wird bei einem Review ein Fehler der Risikoklasse A festgestellt, so muss nach Überarbeitung des Dokuments ein erneutes Review durch Experten stattfinden. Für B-Fehler ist die Prüfung durch den Verantwortlichen für Qualitätssicherung ausreichend.
- Mängel der Risikoklasse C können bis zu einem im Prüfprotokoll festgelegten Termin beseitigt werden, der nach dem Freigabetermin liegen kann. Die Nachprüfung erfolgt durch den Verantwortlichen für Qualitätssicherung.

Die in diesem Beispiel beschriebenen Risikoklassen und damit verbundenen Qualitätssicherungsmaßnahmen werden im Dokumententest angewendet.

Beispiel 2: Risikoklassen für Programme
Ein fehlerhaft arbeitendes Programm stellt ein Risiko dar (siehe Tab. 17.2):

In Tab. 17.2 sind Risikoklassen festgelegt, die durch das Ausmaß einer potenziellen Fehlerwirkung bestimmt werden. Im Rahmen der Risikoanalyse muss jedes Programm einer Risikoklasse zugeordnet werden, bevor es von der Qualitätssicherung geprüft wird.

Tab. 17.1 Risikoklassen für Dokumente

Risikoklasse	Risikomerkmal
A – Hoch	Falsche oder unvollständige Beschreibung, fehlende Funktionalität oder fehlender Algorithmus
B – Mittel	Formulierungen, die falsch interpretiert werden können
C – Gering	Schreib- und Formfehler, fehlende Erläuterungen

Tab. 17.2 Risikoklassen für Programme

Risikoklasse	Risikomerkmal/Fehlerwirkung
A – Hoch	Geldwerte Nachteile entstehen, Schadenansprüche können gestellt werden, Verlust von Aufträgen, Imageverlust
B – Mittel	Verärgerung von Kunden, Abschreckung von Interessenten, keine Lieferung relevanter Informationen
C – Gering	Mängel und Schönheitsfehler, die nicht geschäftsrelevant sind

Tab. 17.3 Risikoklassen für Programme

Risikoklasse	Qualitätssicherungsmaßnahme/Qualitätssicherungsmaß
A – Hoch	Code-Inspektion durch Review-Sitzung, Checkliste zur Code-Inspektion erfüllt, 100 % Testfallabdeckung, 90 % C1-Testabdeckung
B – Mittel	Code-Inspektion durch schriftliche Stellungnahme, Review-Sitzung, Checkliste zur Code-Inspektion erfüllt, 100 % Testfallabdeckung, 60 % C1-Testabdeckung
C – Gering	80 % Testfallabdeckung

Anbei die Bewertung von drei Beispielprogrammen anhand dieser Risikoklassen:

- Ein Finanzierungsrechner, der falsche Finanzierungsraten berechnet, ist in der Risikoklasse A einzuordnen, weil hier direkt ein finanzieller Schaden entstehen kann.
- Ein Programm, das Informationsmaterial versendet, wird der Risikoklasse B zugeordnet. Wenn ein Interessent keine Informationsunterlagen erhält, so ist dies negativ für den Vertrieb, aber es entsteht kein direkter finanzieller Schaden.
- Wenn eine intern verteilte wöchentliche Statistik Schreibfehler enthält oder Grafiken abgeschnitten sind, wird der Fehler der Risikoklasse C zugeordnet, da der Fehler keine negative Außenwirkung hat und keine falschen Informationen ausgegeben werden.

Für jede der drei definierten Risikoklassen werden in Tab. 17.3 die notwendigen **Qualitätssicherungsmaßnahmen** (**Qualitätssicherungsmaße**) festgelegt, wie zum Beispiel der Nachweis des Testfallabdeckungsgrads, der Testabdeckungsgrad oder die Durchführung von Code-Inspektionen.

Die in Abhängigkeit von der Risikoklasse festgelegten Qualitätssicherungsmaßnahmen verringern das Risiko, dass eine Fehlerwirkung erst im produktiven Betrieb des Programms auftritt [FRAN2007].

17.3 Risikobehandlung

In der betrieblichen Umsetzung werden zur Behandlung von Risiken wird ein Risikoverantwortlicher benannt, die risikomindernden Maßnahmen und ihr Umsetzungsdatum definiert. In diesem Zusammenhang werden mehrere Klassifizierungen vorgenommen, um das Risiko zu bewerten (siehe Tab. 17.4 und 17.5):

Zur Bewertung des Risikos wird eine **Schutzbedarfsfeststellung** vorgenommen. Dabei wird untersucht, wie viel Schutz der betrachtete Informationsverbund und die ihm zugehörigen Zielobjekte haben.

In diesem Zusammenhang wird geprüft, welche Zielobjekte mehr Sicherheit benötigen und bei welchen es genügt, Standard-Anforderungen zu erfüllen.

Tab. 17.4 Bewertung der Eintrittswahrscheinlichkeit des Risikos

Einstufung	Definition
unwahrscheinlich	nahezu ausgeschlossen, seltener als einmal in zehn Jahren
möglich	fernliegend, denkbar, einmal in zehn Jahren
Wahrscheinlich	gelegentlich, alle zwei bis fünf Jahre
sehr wahrscheinlich	naheliegend, jederzeit damit zu rechnen, mindestens einmal pro Jahr

Tab. 17.5 Bewertung der Schadenskategorien und Schutzklassen

Schadenskategorie/ Schutzklasse	Finanzielle Auswirkungen	Beeinträchtigung des informationellen Selbstbestimmungsrechts	Verstoß gegen Gesetze, Regularien und Vorschriften	Beeinträchtigung der Geschäftstätigkeit (operativ)	Negative Außenwirkung (Imageverlust)
Definition	Einnahmeverluste, Schadensersatz, zusätzliche Personalkosten oder Investitionen, materielle Schäden etc.	Umgang mit personenbezogenen Daten von Kunden, Mitarbeitern und Lieferanten auf der Grundlage der geltenden Datenschutzgesetze und der dazu anwendbaren Richtlinien. Es wird dringend empfohlen, die Bewertung mit der zuständigen Datenschutzorganisation abzustimmen.	Zum Beispiel: Konzernrichtlinien, Betriebsvereinbarungen, Dienstvorschriften, Rechtsverordnung, Zollbestimmungen etc.	Verzögerte Durchführung, verspätete Lieferung, Mehraufwand, unzureichende Dienstleistung etc.	Negative Berichterstattung, Ansehensverlust, Vertrauensverlust bei Kunden und Geschäftspartnern etc.
Niedrig	Keiner oder nur geringer finanzieller Schaden	Eine Beeinträchtigung des informationellen Selbstbestimmungsrechts hat keine Auswirkungen auf das Persönlichkeitsrecht der betroffenen Person. Zum Beispiel allgemein zugängliche Daten, Adressdaten im Rahmen eines Arbeitsvertrages oder sonstigen Vertragsverhältnisses, Personalnummer.	Der Risikoeintritt umfasst einen Ein zelsachverhalt mit politisch/rechtlich relevanten Teilaspekten.	Vereinzelte Einschränkungen im operativen Betrieb ohne oder mit geringen Auswirkungen auf die Fähigkeiten/ Prozesse.	Lokale Berichterstattung zu Einzelsachverhalten mit kritischen Aspekten.

Schadenskategorie/ Schutzklasse	Finanzielle Auswirkungen	Beeinträchtigung des informationellen Selbstbestimmungsrechts	Verstoß gegen Gesetze, Regularien und Vorschriften	Beeinträchtigung der Geschäftstätigkeit (operativ)	Negative Außenwirkung (Imageverlust)
Mittel	Tolerierbarer finanzieller Schaden.	Eine Beeinträchtigung des informationellen Selbstbestimmungsrechts hat geringe Auswirkungen auf das Persönlichkeitsrecht der betroffenen Person, z. B. allgemein zugängliche Daten, Adressdaten im Rahmen eines Arbeitsvertrages oder sonstigen Vertragsverhältnisses, Personalnummer.	Der Risikoeintritt umfasst einen Einzelsachverhalt, welcher zu einer vertragsrechtlichen, rechtlichen oder politischen Prüfung führt mit voraussichtlichen Folgen (bspw. Strafzahlungen).	Vermehrte Einschränkungen in dem operativen Betrieb mit akzeptablen Auswirkungen auf Fähigkeiten/Prozesse	Deutschlandweite und überregionale (angrenzende Nachbarländer) kritische Berichterstattung über Teilbereiche/ Einzelpersonen des Unternehmens.
Hoch	Hoher finanzieller Schaden.	Eine Beeinträchtigung des informationellen Selbstbestimmungsrechts hat erhebliche Auswirkungen auf das Persönlichkeitsrecht der betroffenen Person oder ist ein Straftatbestand, z. B. Kunden- oder Mitarbeiterprofile, Qualifikations- oder Scoring-Daten, Lohn- oder Gehaltsdaten, Bankdaten usw.	Der Risikoeintritt umfasst einen Sachverhalt/Serie von Sachverhalten, welche vertragsrechtliche, rechtliche oder politische Konsequenzen für Teilbereiche des Unternehmens führen.	Umfangreiche Einschränkungen im operativen Betrieb mit hohen Auswirkungen	Nationale/internationale kritische Berichterstattung. Die Reputation des gesamten Unternehmens, Marktanteile und Neugeschäft sind gefährdet.
Sehr hoch	Existenzbedrohender Schaden.	Es besteht hoher Schutzbedarf und darüber hinaus ist die Verarbeitung der personenbezogenen Daten existenzieller Geschäftszweck des Unternehmens. Eine Beeinträchtigung des informationellen Selbstbestimmungsrechts kann die Existenz des Unternehmens bedrohen. Beispiele: personenbezogene Daten, die einem Berufsgeheimnis unterliegen, oder Bank- oder Kreditkartenkonten beim Call Center.	Der Risikoeintritt umfasst eine Serie von Sachverhalten, welche zu kritischen vertragsrechtlichen, rechtlichen und politischen Folgen für das gesamte Unternehmen führen.	Großflächige Einstellung des operativen Betriebes. Die Fähigkeiten/ Prozesse sind unterbrochen.	Internationale negative Berichterstattung, Image des Unternehmens nachhaltig bei allen Stakeholdern geschädigt.

Ziel der Schutzbedarfsfeststellung ist es, durch Klärung der damit verbundenen Fragen zu begründeten und nachvollziehbaren Einschätzungen des Schutzbedarfs zu kommen und damit die Festlegung der Sicherheitsanforderungen und die Auswahl angemessener Sicherheitsmaßnahmen für die einzelnen Zielobjekte des betrachteten Informationsverbundes zu steuern.

Ziel der Maßnahmen im Risikomanagement ist es, die größten Risiken proaktiv zu erkennen und bereits in der Planungsphase dafür einen Risikopuffer anzulegen. So kann man z. B. bestimmte Kosten, die aus den Risiken entstehen, mit der Wahrscheinlichkeit multiplizieren und bei der Kalkulation mit ansetzen. Wenn dann während des Projektverlaufs das Risiko wirklich eintritt, wird der entsprechende Betrag aktiviert und dem Projektbudget hinzuaddiert.

Literatur

[KURS2026]: https://kurso.edu.pl/de/die-am-haufigsten-verwendeten-methoden-risikoanalyse-hazop-und-andere/, zugegriffen am 05.01.2026

[FRAN2007]: Franz, Handbuch zum Testen von Web-Applikationen, Springer-Verlag Berlin Heidelberg, 2007

18 Releaseplanung und Fehlerbehandlung

In der Regel sind in den ersten Softwarepaketen einer Entwicklung zusätzliche Features geplant. Es können und sollen dabei aber zusätzlich bereits erkannte Fehler ab der zweiten Release behandelt werden.

Wenn das Projekt „feature complete“ ist (zumindest für den vereinbarten Lieferumfang), sind nur noch Fehlerbehebungen einzuplanen. Um die Behandlung der Fehler richtig zu priorisieren, ist die Releaseplanung zu beachten. So kann man evtl. ursprünglich geplante Features für eine erste Lieferung in den Produktionsbetrieb weglassen und erst später liefern.

In komplexen Projekten benötigen Projektmanager und Kunden daher eine Übersicht, wie ein Projekt entwickelt werden soll. Die klassische Projektplanung greift an dieser Stelle zu kurz, da eine **WBS** (**Work-Breakdown-Structure**) nicht abbildet, wie sich die Reife des Systems entwickelt. Hinzu kommt, dass Kunden, z. B. in der Automobilentwicklung, zu gewissen Meilensteinen einfach relevante Funktionen eines Systems benötigen, egal ob sie in Software, Hardware oder Mechanik gelöst sind. Das geschieht beispielsweise, wenn man in der Entwicklung mit dem Auto auf Wintertest geht. Dazu wird von den Systemingenieuren eine Releaseplanung benötig, die auch über einen Zeitraum von mehreren Releases oder Meilensteinen eine grobe Einschätzung gibt, welche Produktreife die einzelnen Funktionen eines Systems haben sollen. Zusätzlich benötigen die Projektmanager eine Aussage darüber, wieviel Entwicklungsbudget für das Projekt anzusetzen ist.

18.1 Inhalte der Releaseplanung

Eine Releaseplanung sollte darstellen, wie sich der Reifegrad eines Systems über die Entwicklungsmeilensteine darstellt und mit Aufgaben und Aufwänden verknüpft. Das kann über die verschiedenen Funktionen des Systems wie folgt dargestellt werden:

F. Witte, *Fehlermanagement*, https://doi.org/10.1007/978-3-658-51918-6_18

- **Gruppierung der Funktionen**: Die einzelnen Funktionen werden zunächst in die verschiedenen Disziplinen Software, Hardware und Konstruktion. Innerhalb dieser Gruppen wird eine Detaillierung nach Basisfunktionen und Zusatzfunktionen vorgenommen. Komplexe Funktionen des Systems können als eigenständige Gruppe hinzugefügt werden.
- **Definition der Meilensteine**: Die Meilensteine sind oft bereits durch das Projekt oder den Entwicklungsprozess vorgegeben. Meist ergeben sich dabei aber auch zusätzlich Zwischenreleases, die bei der Bestimmung der Meilensteine ebenfalls berücksichtigt werden. Dazu wird eine erste grobe Abschätzung erstellt, welche Funktion zu welchem Release in welchem Reifegrad vorhanden ist. Diese Abschätzung wird prozentual vorgenommen. Es handelt sich hierbei nicht um eine genaue Zahl, sondern einen ungefähren Reifegrad der Funktion im prozentualen Verhältnis. Es geht dabei um eine punktuelle Abschätzung, wobei die Unsicherheit und folglich der Schätzfehler bei der Betrachtung der Zukunft umso größer wird, je weiter der betrachtete Zeitraum in der Zukunft liegt. Die Meilensteinplanung soll im Überblick ausdrücken, welche Funktionen zu wichtigen Meilensteinen vorhanden sind. Ebenso ergibt sich daraus auch, wie der Reifegrad der Funktionen voneinander abhängt. Während der Projektlaufzeit ist es erforderlich, in regelmäßigen Abständen (in der Regel wöchentlich) den Plan zu überprüfen, um rechtzeitig gegensteuern zu können und Anpassungen vorzunehmen. Daher sollten von Anfang an genügend Reserven gegen Ende des Zeitraums der Meilensteinplanung eingeplant werden. Erfahrungsgemäß liegt die Abweichung bei der ersten Schätzung eines größeren Softwareprojekts durchaus im Bereich bis zu 400 % (also bis zu 4-mal so lange bzw. so teuer wie zur anfänglichen Schätzung), was die Notwendigkeit professioneller Schätzverfahren und eines stringenten Projektmanagements hervorhebt.
- **Abschätzung der Tätigkeiten**: Der Umfang der Tätigkeiten, die in den einzelnen Releases notwendig sind, wird hierbei abgeschätzt. Dabei werden von den generellen Tätigkeiten aus, die den Entwicklungsprozess definieren, die systemspezifischen Aufgaben ergänzt. Manche Tätigkeiten fallen in mehreren Releases an. Zum Erwartungswert wird die Unsicherheit bewertet und abhängig vom Wert der Unsicherheit ein Worst-Case-Szenario errechnet (siehe auch Tab. 18.1). In der Regel liegt die Projektdauer am Ende der Entwicklung ohnehin recht nah am Wert des Worst-Case-Szenarios, weil man generell geneigt ist, Aufwände zu unterschätzen. Oft wird nur die eigene Arbeit betrachtet aber nicht die Abstimmung mit anderen Abteilungen und selten der gesamte Prozess. Auch die Fehlerbehandlung findet in diesen Prognosen zu wenig Eingang.
- **Ergebnis der Ermittlung**: Wenn diese Schritte nun für alle **Releasezyklen** durchgeführt wurden, erhält man am Ende der Berechnungen folgendes Ergebnis:
  - Aufwand der Tätigkeiten für jedes Release über die verschiedenen Disziplinen
  - Verhältnis der Reifegrade zueinander und zum Release
  - Gesamtaufwand für das Entwicklungsprojekt
  - Mit Hinzufügung eines geeigneten Stundensatzes kann das Budget über die Zeit dargestellt werden. Es empfiehlt sich, dabei unterschiedliche Wahrscheinlichkeiten zu betrachten und Erfahrungswerte aus ähnlich gelagerten Projekten einfließen zu lassen [ZUPR2026].

Tab. 18.1 Aufwandsermittlung der Releaseplanung

Aufwände	Release	1.0						2.0					
	Geplantes Release-Datum	12.03.2027						04.06.2027					
		N	E	U	W (N*U)	%	Auf-wand	N	E	U	W	%	Auf-wand
Softwaretest													
Definition Testfälle		60	90	8	480	80 %	175	…					
Testdurchführung		40	70	5	200	80 %	160						
Testautomatisierung		60	100	6	600	80 %	480						
Testreporting		10	15	4	40								
Fehlermanagement		10	18	8	80								
Summe		…	…										

18.2 Aufwandsermittlung bei der Releaseplanung

Folgendes Beispiel (Tab. 18.1) zeigt exemplarisch einige Tätigkeiten aus einer Releaseplanung beim Softwaretest auf.

Es gibt mehrere Faktoren, die sich dabei erheblich auf die Aufwandsermittlung auswirken, etwa die fachliche Ausbildung, Erfahrung und Motivation der einzelnen Mitarbeiter.

Erläuterung der einzelnen Spalten:

- Spalte N bezeichnet den **Nano-Prozent-Wert**: Wie viel Aufwand würde benötigt, wenn es keinerlei Störungen gibt, alle Umgebungsvariablen perfekt erfüllt sind, keine Ablenkungen, keinerlei Urlaube oder Krankheiten im Team sind. Der Nano-Prozent-Wert bildet den idealen Zustand in einem Entwicklungsprojekt ab.
- Spalte E benennt den **Erwartungswert**. Die Schätzung wird aufgrund von Erfahrungswerten vorgenommen.
- Spalte U bezeichnet den **Unsicherheitsfaktor**. Der Unsicherheitsfaktor wird in großem Maße von der Erfahrung und Motivation der Stakeholder und der Komplexität der Aufgabenstellung verantwortlich. Externe Abhängigkeiten, Abstimmungen mit anderen Abteilungen, mangelnde Systemvoraussetzungen beeinflussen ebenfalls den Unsicherheitsfaktor erheblich.
- Spalte W bezeichnet das **Worst-Case-Szenario**. Dieser Wert ergibt sich aus der Multiplikation von Spalte N mit Spalte U.

Durch die Einführung des Unsicherheitsfaktors ergibt sich eine Aussage über den Aufwand mit einer zusätzlichen Information, wie wahrscheinlich es ist, mit dem prognostizierten Aufwand zurecht zu kommen. Durch diese Vorgehensweise kann man eine Schätzung klarer kalkulieren:

- 80 % Wahrscheinlichkeit oder mehr bedeutet, dass man die Umsetzung sehr wahrscheinlich nahe am erwarteten Wert liegt und nicht viele Unbekannte darauf einwirken
- 60–80 % Wahrscheinlichkeit bedeutet, dass man den Versuch wagen kann, dass es aber gewisse Unwägbarkeiten gibt. In diesem Bereich liegt der Standardwert für die meisten Projekte.
- Bei einer Wahrscheinlichkeit von 50 % ist man nicht mehr überzeugt, dass das Projekt in Time and Budget abgeschlossen werden kann.
- Ein Wert unter 50 % bedeutet, dass die Chance das Ziel zu erreichen, gering ist und man von den Vorgaben nicht überzeugt ist (weniger als 50 %) [ZUPE2026].

Wenn zu ambitionierte Ziele ausgegeben werden, sinkt in Regel die Motivation der Beteiligten. Obwohl man dann nach wie vor Ziele erfüllen könnte, hält man die eigenen Anstrengungen ohnehin für sinnlos, wenn man sich am Ende als Verlierer und Versager fühlt, weil man das Projektziel nicht erreicht hat. Andersherum lähmen auch völlig unambitionierte Ziele die Motivation und führen dann eher zu einem Bore Out. In beiden Fällen strengen sich die Mitarbeiter zu wenig an. Wichtig ist, einen gesunden Mittelweg zu finden. Hier das richtige Maß zu finden, kann für den Manager eine sehr herausfordernde Aufgabe darstellen.

Junge Mitarbeiter mit wenig Projekterfahrung sind häufig zu ambitioniert, ältere erfahrene Mitarbeiter, die eventuell schon das Scheitern mehrerer Projekte selbst erlebt haben, zu defensiv in ihren Annahmen. Auch hier ist es wichtig, einen realitätsnahen Kompromiss zu erarbeiten.

Die Aufwandsermittlung der Releaseplanung ist auch für andere Tätigkeiten im Entwicklungsprozess (z. B. Definition der Systemanforderungen oder der Systemarchitektur) analog zu erheben.

18.3 Priorisierung der Fehlerbehandlung

Als Faustregel gilt in einem größeren Projekt exemplarisch eine Anzahl von ca. 10 Releases, die geliefert werden müssen. Dabei sind die ersten Releases ggf. noch intern und werden nur in eine Testumgebung geliefert, erst ab einem späteren Zeitpunkt erfolgt die Lieferung auch in die Produktionsumgebung. Bei sehr großen Projekten können Teillieferungen und weitere Zwischenreleases definiert werden, sodass die Anzahl der Releases und der jeweilige Feature Hub nicht zu groß wird; in sehr kleinen Zusatzreleases kann man die Anzahl senken, aber in etwa ist diese Anzahl ein sinnvoller Wert.

Man sollte dabei nur die Hälfte der Releases (also in diesem Beispiel 5 Releases) für zusätzliche Funktionalitäten einplanen, nach dem fünften Release also „feature complete“ sein und danach nur noch Fehlerbehebungen oder höchstens noch im Vergleich zum Gesamtumfang sehr geringe Anpassungen an der Anwendung vornehmen. Der Testmanager sollte bereits von Anfang des Projekts an auf die entsprechende Planung Einfluss nehmen.

Tab. 18.2 Fehlerpriorität [SPIL2005]

Priorität	Bedeutung
1 – Patch	Der Arbeitsablauf beim Anwender ist blockiert oder die laufenden Tests können nicht fortgesetzt werden. Das Problem muss unmittelbar, ggf. provisorisch, behoben werden; ein Patch ist zu erstellen.
2 – nächste Version	Die Fehlerkorrektur erfolgt mit der nächsten regulären Produktversion oder der nächsten Testobjektlieferung.
3 – gelegentlich	Die Fehlerkorrektur erfolgt, sobald die betroffenen Systemteile ohnehin überarbeitet werden.
4 – offen	Die Korrekturplanung ist noch zu treffen.

Das gilt auch vor allem für Projekte mit agilem Vorgehen, wo die einzelnen Sprints im betrachteten Zeitraum immer auch Sprints für die Fehlerbehebung vorsehen müssen.

Die Frage, wie dringlich ein Fehlerzustand zu korrigieren ist, wird über das Attribut der **Fehlerpriorität** gesteuert. Ein mögliches Schema für Fehler zeigt Tab. 18.2:

Dieses Schema gilt grundsätzlich sowohl für Fehler, die im Produktionsbetrieb auftreten als auch bei Fehlern, die während der Entwicklung auftreten. Bei Fehlern während des Entwicklungsprozesses sollte aber die Zuordnung zu den ohnehin geplanten Releases bereits bei Erfassung des Fehlers oder bei Bewertung des Aufwands durch den Entwickler vorgenommen werden.

Bei der Bewertung der Fehler ist unter anderem darauf zu achten, ob die Fehlerbehebung notwendig ist um andere, bisher blockierte Tests überhaupt durchführen zu können. Eine Verschiebung von geplanten Fehlerbehebungen in spätere Releases hat ggf. die Auswirkung, dass dadurch der Testfortschritt nicht schnell genug wächst und das Testteam blockiert ist, und als langfristige Konsequenz wiederum Terminverschiebungen am Ende des Projekts oder erhebliche Zusatzaufwände für zu spät entdeckte Fehler und deren Regressionstests entstehen können. Strategien zur Risikominderung sollten während des gesamten Release-Prozesses regelmäßig bewertet und aktualisiert werden.

Literatur

[ZUPR2026]: https://zukunftsarchitekten-podcast.de/nachvollziehbare-releaseplanung-fur-komplexe-systeme/, zugegriffen am 05.01.2026

[ZUPE2026]: https://zukunftsarchitekten-podcast.de/effektive-aufwandsschatzung-fur-komplexe-projekte/, zugegriffen am 05.01.2026

[SPIL2005]: Spillner, Linz: Basiswissen Softwaretest, 3,Auflage, dpunkt Verlag Heidelberg 2005

Fehlerbewertung im Defect Control Board 19

Eine Bewertung von Fehlern in einem Gremium führt dazu, dass unterschiedliche Perspektiven wahrgenommen werden können und dass für die Bedeutung des Fehlers und seine Auswirkungen ein gemeinsames Verständnis erarbeitet werden kann.

19.1 Gremien im Unternehmen für Änderungen und Fehlerbehebung

In der Softwareentwicklung, bei Projekten und Programmen ist ein **Change Control Board (CCB)** ein Ausschuss, der aus Fachexperten (z. B. Softwareentwicklern, Testexperten usw.) und Managern (z. B. Qualitätssicherungsmanagern) besteht, die entscheiden, ob vorgeschlagene Änderungen an einem Projekt umgesetzt werden. Das Hauptziel eines CCB besteht darin, sicherzustellen, dass der Kunde das Projekt akzeptiert. Zu den Faktoren, die die Entscheidung eines CCB beeinflussen, können die Entwicklungsphase des Projekts, das Budget, der Zeitplan und die Qualitätsziele gehören.

Auch die Änderungskontrolle (siehe Scope Management) ist Teil des Anforderungsengineerings. CCBs werden am häufigsten mit der Wasserfallmethode der Softwareentwicklung in Verbindung gebracht, können jedoch in einigen Implementierungen der agilen Softwareentwicklung als analog angesehen werden.

Das Change Control Board prüft alle vorgeschlagenen Änderungen gegenüber den ursprünglichen Grundanforderungen, die mit dem Kunden vereinbart wurden. Wenn das Komitee einer Änderung zustimmt, wird die Änderung dem Projektteam und dem Kunden mitgeteilt und die Anforderung mit der Änderung begründet. Die Befugnisse des Change Control Board können von Projekt zu Projekt unterschiedlich sein (meist handelt es sich um eine konsensbasierte Entscheidungsfindung), die vom Change Control Board getroffenen Entscheidungen werden jedoch häufig als endgültig und bindend akzeptiert. Ein

F. Witte, *Fehlermanagement*, https://doi.org/10.1007/978-3-658-51918-6_19

typisches Change Control Board könnte aus dem Entwicklungsmanager, dem Testleiter und einem Produktmanager bestehen. Seltener vertritt der Kunde bzw. Endanwender seine Interessen möglicherweise direkt im Change Control Board.

Ein **Change-Advisory Board (CAB)** unterstützt ein Change-Management-Team, indem es zu angeforderten Änderungen berät und bei der Bewertung und Priorisierung von Änderungen hilft. Dieses Gremium besteht im Allgemeinen aus IT- und Geschäftsvertretern, zu denen ein Änderungsmanager, Benutzermanager und -gruppen, Produktbesitzer, technische Experten sowie mögliche Dritte und Kunden (falls erforderlich) gehören.

Die CAB-Mitglieder sollten gezielt ausgewählt werden, um sicherzustellen, dass die gewünschten Änderungen sowohl aus technischer als auch aus geschäftlicher Sicht gründlich geprüft und bewertet werden. Die in Betracht gezogene Änderung bestimmt, wie viel Personal zu einer CAB-Sitzung einberufen werden muss. Diese Teilnehmer sind nicht verpflichtet, sich zu jeder angeforderten Änderung persönlich zu treffen, sondern nutzen stattdessen elektronische Unterstützungs- und Kommunikationstools als Medium. Es wird jedoch empfohlen, mindestens einmal pro Quartal eine gemeinsame Sitzung des CAB mit physischer Anwesenheit aller Stakeholder einzuplanen, um ausstehende Änderungen zu besprechen, genehmigte Änderungen zu genehmigen und zukünftige größere Änderungen zu besprechen.

Ein CAB bietet mehrere Perspektiven, die für eine ordnungsgemäße Entscheidungsfindung erforderlich sind. Beispielsweise kann es sein, dass eine Entscheidung, die ausschließlich von der IT getroffen wird, die Belange der Produktion oder des Rechnungswesens nicht ausreichend berücksichtigt. Die Aufgabe des CAB besteht darin, beantragte Änderungen zu überprüfen und zu priorisieren, den Änderungsprozess zu überwachen und dem Management Rückmeldungen über den Fortschritt der Produktentwicklung und neue Entwicklungsstrategien zu geben.

Ein CAB ist ein integraler Bestandteil eines definierten Änderungsmanagementprozesses, der darauf abzielt, den Änderungsbedarf mit der Notwendigkeit der Minimierung inhärenter Risiken in Einklang zu bringen. Beispielsweise ist das CAB für die Überwachung aller Änderungen in der Produktionsumgebung verantwortlich. Daher gehen Anfragen vom Management, Kunden, Benutzern und der IT ein. Darüber hinaus können die Änderungen Hardware, Software, Konfigurationseinstellungen, Patches usw. betreffen. Dies ist als Teil des Änderungskontrollprozesses innerhalb von ITIL definiert. Das CAB-Konzept kann auch außerhalb der IT-Welt eingesetzt werden, da der Veränderungsprozess auf hohem Niveau auf jedes System anwendbar ist.

Wenn in ITIL ein Vorfall eine Notfalländerung erfordert, kommen ausgewählte Mitglieder des oben genannten Change Advisory Boards zusammen und entscheiden. Ihre Zusammensetzung und besondere Befugnisse werden festgelegt, bevor es zum Handeln im Rahmen des Veränderungsprozesses kommt.

Notfalländerungen bergen hohe Risiken bergen und müssen prompt bearbeitet werden. Um die Effizienz und Sicherheit von IT-Services zu gewährleisten, sind Organisationen auf einen gut strukturierten Change-Prozess angewiesen. In diesem Zusammenhang spielt das **Emergency Change Advisory Board (ECAB)** eine entscheidende Rolle.

Das ECAB ist ein spezialisiertes Gremium, das für die Bearbeitung von Notfalländerungen verantwortlich ist und den Change-Manager dabei unterstützt, den Notfalländerungsprozess zu beschleunigen. Es besteht aus hochqualifizierten Mitgliedern, die den gesamten Prozess der Notfalländerung bewerten und Empfehlungen sowie Korrekturen geben können. Im Gegensatz zum regulären Change Advisory Board (CAB) arbeitet das ECAB unter einem strengeren Zeitrahmen und konzentriert sich auf Risikoanalyse und -minimierung. Notfalländerungen erfordern schnelle Maßnahmen, da sie Sicherheitslücken oder andere kritische Probleme beheben sollen.

Das ECAB besteht normalerweise aus einer kleineren Gruppe von Mitgliedern, die schnelle Entscheidungen treffen und Maßnahmen ergreifen können, um die Notfalländerung umzusetzen. Die Entscheidungen des ECAB werden auf der Grundlage einer schnellen Risikoanalyse getroffen, um den größtmöglichen Nutzen mit minimalen Auswirkungen auf den laufenden Betrieb zu erzielen.

Die Verantwortlichkeiten des ECAB beziehen sich auf

- Bewertung von Change-Anfragen: Change-Anfragen werden aus technischer und geschäftlicher Sicht bewertet, um deren potenziellen Vorteile, Risiken und Auswirkungen zu untersuchen.
- Planung und Priorisierung von **Notfalländerungen**: Notfalländerungen (und dadurch notwendige Notlieferungen geänderter Software) werden hinsichtlich ihrer Dringlichkeit und Wichtigkeit bewertet. Bestehende Änderungen im Change-Management-Prozess sind dabei zu berücksichtigen, um Konflikte zu vermeiden und einen reibungslosen Ablauf sicherzustellen.
- Berechnung der mit der Änderung verbundenen Risiken: Potenzielle Auswirkungen auf den laufenden Betrieb und die Sicherheit der IT-Services werden finanziell bewertet, um zu einer Risikoabschätzung zu gelangen.
- Überwachung des Änderungsfortschritts: Sicherstellung der erfolgreichen Implementierung der Notfalländerungen, Feedback und Unterstützung bei ggf. weiteren Anpassungen
- Pflege und Aktualisierung von Änderungsstandards: Gewährleistung einer einheitlichen und wirkungsvollen Bearbeitung von Notfalländerungen unter Berücksichtigung von Best Practices und Lessons Learned
- Kommunikation und Dokumentation: Ergebnisse der Bewertung von Änderungen werden aufbereitet und dokumentiert, um den Wissensaustausch innerhalb der Organisation zu erleichtern

Das Change Advisory Board (CAB) und das Emergency Change Advisory Board (ECAB) haben unterschiedliche Rollen und Prozesse bei der Bearbeitung von Änderungen. Das CAB hat die Verantwortung, alle Arten von Änderungen zu bewerten und zu genehmigen, während das ECAB spezialisiert auf Notfalländerungen spezialisiert ist. Das

CAB findet in der Regel in einem strukturierten und ausführlichen Prozess statt, der eine umfassende Analyse und Bewertung der Änderung beinhaltet.

Das ECAB dagegen arbeitet unter einem strengeren Zeitrahmen und legt den Fokus auf Risikoanalyse und -minimierung. Die Entscheidungen des CAB werden vom **Change Manager** getroffen, während das ECAB schnelle Entscheidungen treffen und Maßnahmen ergreifen muss, um die Notfalländerung umzusetzen.

Beide Gremien haben jedoch das gemeinsame Ziel, Änderungen effizient und mit minimalen Auswirkungen auf den laufenden Betrieb umzusetzen [TECN2026].

Zusätzlich zu diesen Gremien besteht ein **Defect Control Board** (**DCB**). Beim Defect Control Board kommen wichtige Stakeholder zusammen – darunter Projektmanager, Fehlermanager, Testmanager, Tester und Entwickler –, um den Status offener Fehler zu besprechen, Prioritäten zuzuweisen und den Fortschritt zu verfolgen. Der kollaborative Charakter dieser Treffen ist ein entscheidender Vorteil, da er unterschiedliche Blickwinkel und Fachkenntnisse zusammenbringt.

19.2 Organisation des Defect Control Boards

Der Fehlermanager ist für die Durchführung des Defect Control Boards (DCB) verantwortlich. Es empfiehlt sich, ein Defect Control Board in regelmäßigen Abständen von ein oder maximal zwei Wochen an einem Regeltermin durchzuführen.

Zum Teilnehmerkreis gehört mindestens der Fehlermanager, der Testmanager, der Leiter der Entwicklung und der Verantwortliche für den Betrieb bzw. der Fachabteilung. Dabei werden mehrere Defects besprochen. Zu den einzelnen Defects werden einzelne Mitarbeiter hinzugezogen, also derjenige, der den Fehler festgestellt hat und der Entwickler, der für die Fehlerbehebung verantwortlich ist.

Das genaue Fehlerbild sollte hierbei allen Mitarbeitern nachvollziehbar erklärt werden. Die Auswirkungen können dabei durchaus unterschiedlich bewertet werden. Der Mitarbeiter der Produktion bzw. der Fachabteilung sieht häufig erhebliche Auswirkungen eines Defects, die man in der IT als nicht so gravierend bewertet und umgekehrt. Der Perspektivwechsel und der stärkere Blick auf die praktischen Belange hilft dem Entwicklungsteam dabei, die Anforderungen in der Praxis besser zu verstehen, andersherum versteht auch ein Mitarbeiter einer Fachabteilung, warum manche Punkte nicht ohne weiteres geändert werden können, weil durch die gewünschte Änderung andere Probleme und negative Seiteneffekte ausgelöst würden. Die Agenda sollte daher alle Fehler beinhalten und der Tester, der den Fehler gefunden hat, sollte sich auf die Präsentation des jeweiligen Fehlers vorbereiten.

Im Defect Control Board wird über die gefundenen Fehler und Auffälligkeiten gesprochen, die weiteren Schritte zur Behebung diskutiert und das Ergebnis schriftlich protokolliert. Es wird u. a. die Kritikalität des Fehlers und die Erfassung des Fehlerzustands geprüft. Die Version bzw. das Release, mit dem der Fehler behoben und zum Nachtest bereit sein soll, wird ebenfalls festgehalten. Der Release-Manager plant die Fehlerbehebung ein und bereitet sie bereits für die Releasenote der geplanten Auslieferung vor. Der Releasemanager kann hier auch Einspruch erheben, wenn die Risiken zu groß sind oder der Umfang der Lieferung so groß wird, dass man Gefahr läuft, das geplante Release nicht mehr bereitzustellen und daher die Priorisierung der geplanten Änderung geändert werden muss. Der Fehlermanager übernimmt damit unter Mitwirkung des Defect Control Boards die Priorisierung der Fehlerbehandlung.

Eine gute Vorbereitung des Defect Control Boards ist erforderlich, um die Kategorisierung, Priorisierung und Kritikalität zu bewerten. Das Meeting muss zielgerichtet moderiert werden, um auf die einzelnen Aspekte ausreichend einzugehen, aber auch nicht vom Thema abzuschweifen. Außerdem sollte gewährleistet sein, dass man nicht unnötig über Fehlerduplikate spricht [ROET2024].

Literatur

[TECN2026]: https://technavigator.de/wiki/ecab-emergency-change-advisory-board/, zugegriffen am 05.01.2026

[ROET2024]: Röttger-Runze-Dietrich: Basiswissen KI-Testen, dpunkt-Verlag Heidelberg 2024

Analysen und Metriken beim Fehlermanagement 20

Eine der wesentlichen Aufgaben eines Fehlermanagers ist es, über Fehler im Entwicklungsprojekt dem Testmanagement und dem Projektmanagement jederzeit Auskunft geben zu können. Nur was sinnvoll gemessen wird, kann auch zielgerichtet verbessert werden. Daher ist es erforderlich im Verlauf des Projekts geeignete Metriken zu erheben.

Nur die Anzahl der Fehler zu erheben ist dazu nicht aussagefähig genug. Je genauer die Fehlerursachen untersucht werden und je mehr detaillierte Analysen vorhanden sind, umso genauer kann man gegensteuern und betriebliche Prozesse optimieren. Im Folgenden werden geeignete Fehlermetriken erläutert.

20.1 Anzahl, Schwere und Frequenz der Fehler

Entwicklungsarbeiten ziehen sich oft über Jahre hin. Häufig besteht zur Markteinführung ein relativ bescheidenes System mit einem überschaubaren Funktionsumfang, das dann um weitere Funktionen erweitert wird. Oft weiß das Management des Herstellers aber gar nicht, ob das neue Release nun wirklich besser als das alte ist. Die Kunden sind auch nicht nur an weiteren Features, sondern vor allem auch an einem stabilen Systemverhalten interessiert.

Bei dieser Einschätzung kann der **gewichtete Fehlerindex** eine Hilfe sein. In dieser Metrik werden die während der Entwicklung (und besonders der Testphase) dokumentierten Fehler nach ihrer Schwere bewertet. Das führt zu einem wesentlich genaueren Bild über die Qualität als die reine Fehleranzahl. Der Index lautet wie folgt:

$$I = w_1 (S / G) + w_2 (M / G) + w_3 (L / G)$$

F. Witte, *Fehlermanagement*, https://doi.org/10.1007/978-3-658-51918-6_20

wobei

I	der gewichtete Fehlerindex,
w_1, w_2, w_3	die Wichtungsfaktoren (im nachfolgenden Beispiel auf 0,7, 0,2 und 0,1 gesetzt),
G	die Gesamtzahl der bekannten Fehler,
S	die Anzahl der schweren Fehler, d. h. Fehlerklasse I,
M	die Anzahl der mittelschweren Fehler, d. h. Fehlerklasse II,
L	die Anzahl der leichten Fehler, d. h. Fehlerklasse III, sind.

Um die Anwendung dieser Metrik an einem Beispiel aus der Praxis zu demonstrieren, werden die Daten zum Test eines Betriebssystems verwendet. Auch bei dieser Software handelte es sich um ein Paket, das im Laufe der Jahre erweitert wurde und einige Releases gesehen hat. Die Zahlen dazu sehen wie in Tab. 20.1 aus, wobei es sich um die prozentuale Aufteilung der Gesamtfehler handelt.

In der Gleichung der Formel stellen die Brüche bei den Wichtungsfaktoren den prozentualen Anteil einer bestimmten Klasse von Fehlern dar. Da in der Tabelle bereits Prozentzahlen vorliegen, können diese Werte direkt mit dem jeweiligen Wichtungsfaktor multipliziert und am Ende summiert werden (siehe Tab. 20.2).

Das Ergebnis in Tab. 20.2 zeigt, dass sich der Index in den drei letzten Releases kaum verändert hat, obwohl die absolute Zahl der Fehler und auch ihre Verteilung in den Fehlerklassen durchaus Unterschiede aufweisen. Da jedoch auch bei den späteren Versionen der Software ein relativ hoher Anteil schwerwiegender Fehler vorhanden war, blieb der Index unterm Strich fast konstant.

Tab. 20.1 Fehler nach Klassen für verschiedene Versionen einer Software

Version des Betriebssystems	Fehlerklasse		
	I	II	III
Alpha	0	14	86
Beta	6	31	63
Gamma	8	55	37
Delta	8	55	37
Epsilon	8	66	26

Tab. 20.2 Entwicklung des gewichteten Fehlerindex

Version des Betriebssystems	Gewichteter Fehler; S = 0,7	Gewichteter Fehler; M = 0,2	Gewichteter Fehler; L = 0,1	Summe der gewichteten Fehler
Alpha	0	2,8	8,6	11,4
Beta	4,2	6,2	6,3	16,7
Gamma	5,6	11,0	3,7	20,3
Delta	5,6	11,0	3,7	20,3
Epsilon	4,9	13,2	2,6	20,7

Andererseits zeigt die Metrik auch ein Urteil über die Qualität der Testdurchführung. Die Testgruppe hat in diesem Fall die meisten Fehler gefunden, bevor das Produkt an den Kunden ausgeliefert wurde. Das zeigt sich daran, dass nur wenige schwerwiegende Fehler aus dem Feld bekannt wurden.

Eine weitere Kenngröße ist die **Fehlerfrequenz**. Sie sagt aus, wie oft ein bestimmter Fehler auftritt. Der Begriff der Fehlerfrequenz ist von größerer praktischer Relevanz als der Begriff der Fehlerdichte. Wenn man ein Steuerungsprogramm einer Maschine nutzt, das alle ein bis zwei Jahre einmal zu einem Stopp der Maschine führt, also eine geringe Fehlerfrequenz aufweist, so wird das in der industriellen Praxis von geringem Interesse sein. Wenn jedoch eine Software zwei Mal am Tag zu Problemen im Praxiseinsatz führt, es sich also um einen häufig auftretenden Fehler handelt, wird der Kunde einen hohen Druck auf die Entwicklung ausüben, der es garantiert ermöglicht, den Fehler umgehend zu beseitigen [DUSC2025].

20.2 Prognosen zur Fehlerentwicklung

Während des Entwicklungsprozesses will man häufig wissen, wie viel Aktivitäten zur Qualitätsoptimierung noch durchgeführt werden müssen und welche Qualität man am Ende der Testaktivitäten überhaupt erwarten kann. Die **Restfehlerrate** ist als die Anzahl Fehler definiert, die sich nach Auslieferung der Software an den Kunden noch im Produkt befindet. Leider sind Zahlen darüber nur von denjenigen Organisationen zu bekommen, die ihren Prozess zur Software-Erstellung sehr gut unter Kontrolle haben. Der Großteil der Anbieter erhebt diese Zahl gar nicht oder hüllt sich diesbezüglich lieber in Schweigen (siehe Tab. 20.3).

KLOC bedeutet dabei Thousands (Kilo) of Lines of Code (KLOC), zu Deutsch Tausende von Codezeilen, ist ein Maß dafür, wie groß ein Computerprogramm ist oder wie lange es dauert beziehungsweise wie viele Entwickler man benötigt, um es zu schreiben.

Wenn man annimmt, dass etwa 10 % der Restfehler sich in Fehlerklasse I (schwerwiegende Fehler) befinden, kann man das mit der Auslieferung der Software verbundene Risiko abschätzen. Diese Einschätzung kann als ungefährer Anhaltswert zur Ermittlung der Serviceaufwendungen oder erwarteter Rückrufaktionen verwendet werden [THAL2000].

Tab. 20.3 Restfehler in ausgelieferter Software

Quelle	Restfehlerrate (Fehler pro KLOC)
Restfehler in ausgelieferten C-Programmen	24
Industriedurchschnitt	1–3
IBM Durchschnittszahl	2,0
IBM Federal Software Division, Flugsoftware für die amerikanische Raumfähre	< 1,0
NASA Goddard Flight Center, Software für die unbemannte Raumfahrt	0,6

Ein eher theoretischer Ansatz ist die Abschätzung der **Testendekriterien** anhand der Fehlerentwicklung. In der Praxis ist in der Regel die Projektlaufzeit von Anfang an eng begrenzt und am Ende bleibt ohnehin nicht genügend Zeit, noch mittels weiterer Testaktivitäten so lange die Testtiefe zu höhen, bis man überzeugt ist, nun wirklich die mögliche Testabdeckung nahezu vollständig erreicht zu haben. Generell erhebt man bei der Ermittlung der Testendekriterien eine Fehler-Zeit-Statistik. Die gefundene Fehleranzahl pro Zeiteinheit wird dabei über einer Zeitachse eingetragen. Aufgrund dieses Diagramms kann man durch die Überschreitung des Extremwerts feststellen, wann die Effizienz des Testens erschöpft ist, also zusätzliche Testfälle zwar die Testabdeckung erhöhen, aber keine wesentlichen neuen Erkenntnisse mehr bringen. Eine hohe Anzahl an Testfällen sieht zwar auf den ersten Blick beeindruckend aus, bedeutet aber nicht, dass man eine ähnliche Qualität nicht auch mit erheblich geringerem Testaufwand hätte erreichen können. Im Beispiel in der Fehler-Zeit-Statistik in Abb. 20.1 sieht man, dass der Extremwert in der sechsten Woche der Testaktivitäten überschritten ist. Zu diesem Zeitpunkt ist die Testeffizienz erschöpft [WALL2011].

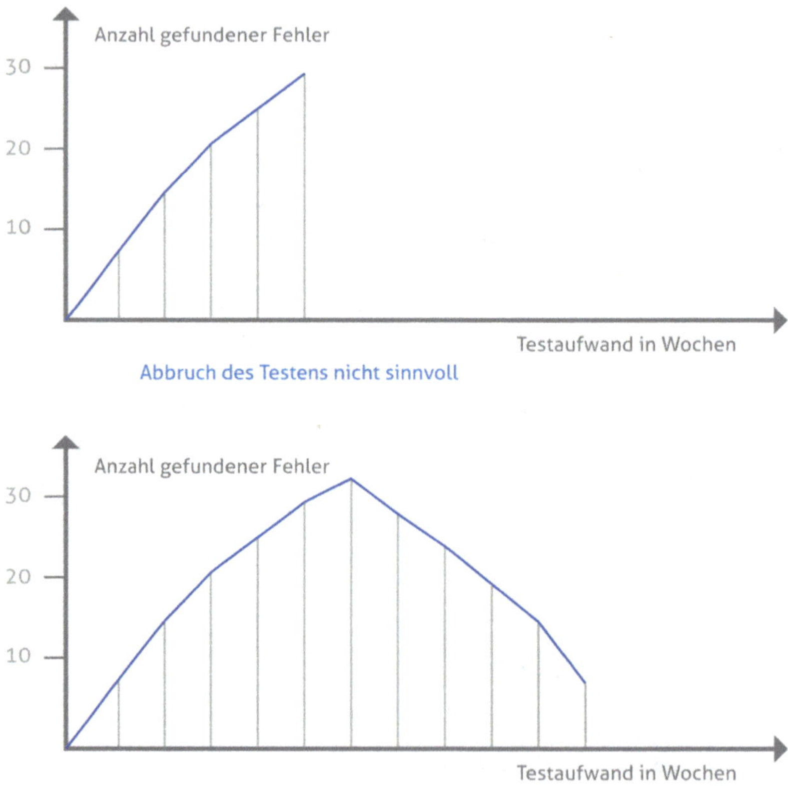

Abb. 20.1 Fehler-Zeit-Statistik, Testendekriterien

Voraussetzung für dieses System ist ein Fehlerverfolgungssystem und ein Testfallentwurf, der eine Kombination der verschiedenen Testmethoden berücksichtigt.

Die **Fehlerdichte** wird berechnet, indem man die Gesamtzahl der gefundenen Fehler durch die Anzahl der Testfälle teilt, die für eine bestimmte Funktionalität oder ein bestimmtes Cluster von Testfällen durchgeführt wurden. Wenn beispielsweise bei einer bestimmten Funktionalität eine hohe Fehlerdichte auftritt, ist zu untersuchen, ob die Funktionalität besonders komplex ist und daher eine hohe Fehlerdichte plausibel zu erwarten ist. Es kann in diesem Bereich aber auch ein Problem mit dem Design oder der Implementierung geben, oder es wurden dieser Funktionalität die falschen oder nicht genügend Ressourcen zugewiesen, weil ihr Risiko falsch eingeschätzt wurde. Man kann dadurch auch zusätzlichen Schulungsbedarf erkennen.

Bei der Bewertung der Fehlerdichte sollten außerdem die Prioritäten der Fehler mit einbezogen werden. So kann eine Anwendungsanforderung 20 Fehler niedriger Priorität aufweisen und trotzdem die Akzeptanzkriterien erfüllen. Bei einer anderen Anforderung liegt vielleicht ein offener Fehler hoher Priorität vor, der das Erfüllen der Akzeptanzkriterien verhindert.

Die **Fehlertrendanalyse** wird ermittelt, indem die Gesamtzahl der gefundenen Fehler durch die Anzahl der durchgeführten Testverfahren geteilt wird. Wenn beispielsweise zu Beginn des Tests eine große Anzahl von Fehlern gefunden wurde und diese Anzahl abnimmt, nachdem alle Testverfahren einmal durchgeführt wurden, ist ein positiver Trend erkennbar.

Der **Testerfolgsindex** (auch als **Qualitätsrate** bezeichnet) stellt das Verhältnis der Gesamtzahl der erfolgreich durchgeführten Testfälle an der Gesamtzahl aller durchgeführten Testfälle dar. Diese Metrik ermöglicht dem Testteam eine Aussage über den Umfang der erfolgreich erprobten Funktionalität [DUST2001].

20.3 Testfortschritt und Fehlerentwicklung

Bei zunehmendem Testfortschritt steigt normalerweise auch die Zahl der Fehler zunächst an, weil ja sowohl die Testabdeckung und die Testtiefe ebenfalls steigen. Bei erfolgreichem Nachtest und während des Tests weiterer Versionen des Testobjekts sollte die Anzahl der Fehler wieder sinken. Aus dem entsprechenden Kurvenverlauf lassen sich Schlussfolgerungen zur Softwarequalität ermitteln.

Die **Fehlerlaufzeit** ist die Zeit von der Erkennung des Fehlers bis zu dessen Behebung. Mit den über alle Fehler kumulierten Daten kann eine Fehlertrendanalyse durchgeführt werden. Wenn beispielsweise die Fehlerlaufzeitstatistik einen Wert von 20 Tagen aufzeigt und 100 offene Fehler vorhanden sind, können rechnerisch innerhalb einer Woche (5 Arbeitstage) alle Fehler behoben sein. Man muss dabei allerdings beachten, dass einzelne Ausreißer die Fehlerbehebung in erheblichem Maße beeinflussen können. Bei Fehlerlaufzeiten, die im Bereich ab 20 Arbeitstage liegen, kann man im Allgemeinen davon ausgehen, dass entweder die Ressourcen verstärkt werden und/oder die Qualität der

Fehlerbeschreibung und/oder die Qualität der Fehlerbehebung optimiert werden müssen; meist sind mehrere Faktoren dafür zuständig [DUST2001]. Daraus können sich unterschiedliche sinnvolle Gegenmaßnahmen ableiten, die individuell bewertet werden müssen. Es ist auch zu empfehlen, die durchschnittliche Fehlerlaufzeit zu ermitteln.

Eine weitere Metrik kann für die **Kontrolle von Fehlerkorrekturen** erhoben werden: Diese Metrik dient der Feststellung, ob das Testteam die Korrekturen mit einer angemessenen Geschwindigkeit kontrolliert. Sie wird berechnet, indem man die Zeit zwischen der Korrektur eines Fehlers durch eine neue Version und der Wiederüberprüfung der korrigierten Funktionalität misst.

20.4 Qualität der Fehlerbehebung

Zur Qualität der Fehlerbehebung existieren mehrere Metriken zur Korrekturqualität:

Die **Korrekturqualität 1** bezeichnet die Gesamtzahl der wieder eröffneten Fehler geteilt durch die Gesamtzahl der korrigierten Fehler. Der entsprechende Index ist ein Hinweis für die Qualität der Softwarekorrekturen, die als Reaktion auf Fehlerberichte vorgenommen worden. Wenn dieser Wert hoch ist, muss das Testteam die Qualität der Fehlerbeschreibungen überprüfen und zusammen mit der Entwicklung geeignete Gegenmaßnahmen einleiten.

Die **Korrekturqualität 2** ist ein Indexwert für bislang unbeanstandete Funktionalitäten im Vergleich zu neu eingebrachten Fehlern. Diese Metrik zeigt auf, welche bislang fehlerfreien Funktionen durch Softwarekorrekturen negativ beeinflusst wurden.

Die **Fehlererkennungsrate** teilt die Gesamtzahl der dokumentierten Fehler durch die Anzahl der durchgeführten Testverfahren. Die Kontrolle der Fehlererkennungsrate durch das Testteam unterstützt die Fehlertrendanalyse und hilft bei der Abschätzung eines möglichen Freigabetermins. Der Freigabetermin ist zwar häufig ohnehin aufgrund von Projektvorgaben gesetzt. Man sieht dann aber immerhin, wie stark das Testteam evtl. noch kurzfristig zu verstärken ist oder ob man ein Folgerelease einplanen muss und zunächst nur eine bedingte Abnahme unter Auflagen für eine Teilfunktionalität erwirken muss.

Literatur

[THAL2000]: Thaller: Software-Metriken, HUSS-Medien Berlin, 2.Auflage 2000
[DUST2001]: Dustin-Rashka-Paul: Software automatisch testen, Springer-Verlag Berlin Heidelberg 2001
[WALL2011]: Wallmüller: Software Quality Engineering, Carl Hanser Verlag München 2011
[DUSC2025]: Software-Fehler erkennen und vermeiden, Springer-Vieweg Verlag Wiesbaden 2025

Interpretation von Messergebnissen 21

Um Messergebnisse zuverlässig bewerten zu können ist es von besonderer Relevanz, nicht nur einzelne Werte zu erheben, sondern Zahlen miteinander in Beziehung zu setzen.

Wenn bei einem Test viele Fehler gefunden werden, ist dann die Qualität der Software besonders schlecht oder wurde besonders intensiv getestet? Andersherum: wenn wenig Fehler gefunden wurden, ist man dann sicher, dass die Softwarequalität wirklich so hoch ist, oder wurden notwendige Testfälle bewusst oder unbewusst gar nicht durchgeführt? Wie hoch war die Testabdeckung? Wurden Fehler erkannt oder falsche Annahmen getroffen? Gibt es maskierte Fehler?

21.1 Beispiele zur Interpretation von Messergebnissen

In der folgenden Tabelle werden dazu zunächst 2 Metriken in Beziehung gesetzt. Eine entsprechende beispielhafte Graphik ist ebenfalls referenziert (Tab. 21.1, Abb. 21.1, 21.2, 21.3 und 21.4).

Die Betrachtung von kombinierten Daten aus einzelnen Metriken führt zu speziellen Ergebnissen und zusätzlichen Erkenntnissen und wirft dabei einige offene Fragen auf, denen man im Rahmen der weiteren Analyse nachgehen sollte. Es sind jeweils besondere Situationen aufgezeigt, in denen Handlungsbedarfe sichtbar werden. Es werden in den Beispielen unterschiedliche Metriken miteinander kombiniert.

Diese Betrachtung zeigt exemplarisch auf, wie komplex bereits die Betrachtung der verschiedenen Einflussfaktoren schon werden kann, wenn nur wenige Metriken miteinander in Beziehung gesetzt werden.

Die Bewertung weiterer Faktoren und Kurven ist ein aufwändiges Unterfangen, kann aber zu erheblichen Erkenntnissen zu Optimierungspotenzialen bei der Softwareerstellung führen.

F. Witte, *Fehlermanagement*, https://doi.org/10.1007/978-3-658-51918-6_21

Tab. 21.1 Interpretation von Messergebnissen

Metriken	Ergebnis	Offene Fragen	Abbildung Nr.
Testfortschritt und Fehleranzahl	Bei fortschreitender Testabdeckung steigt die Fehleranzahl überproportional an	• Wurden besonders komplexe Programmteile implementiert? • Ist die Qualität der Testdurchführung gestiegen, so dass mehr Fehler gefunden werden? • Gab es personelle Änderungen im Entwicklungsteam? • Waren Fehler vorher maskiert?	10
Testfortschritt und Fehleranzahl	Die Anzahl Fehler nimmt geringer zu, allerdings auch der Testfortschritt	• Bestanden personelle Engpässe in der Entwicklungs- oder Testabteilung? • Gab es ein anderes Projekt, das höhere Priorität hat als das betrachtete Projekt?	11
Fehleranzahl und Fehlerbehebung (behobene und neue Fehler)	Es kommen im Vergleich von zwei Software-Versionen deutlich mehr neue Fehler hinzu als alte Fehler gelöst werden, sodass die Gesamtzahl offener Fehler steigt	• Wurde der Funktionsumfang der Software erweitert, kamen neue Features hinzu? • Dauert die Fehlerbehebung zu lange?	12
Anzahl Fehler gesamt und Anzahl zurückgewiesene Fehler	Die Anzahl und der Anteil der zurückgewiesenen Fehler steigen stark an	• Wurden personelle Veränderungen im Testteam vorgenommen? • Hat die Qualität der Fehlerbeschreibungen nachgelassen?	13

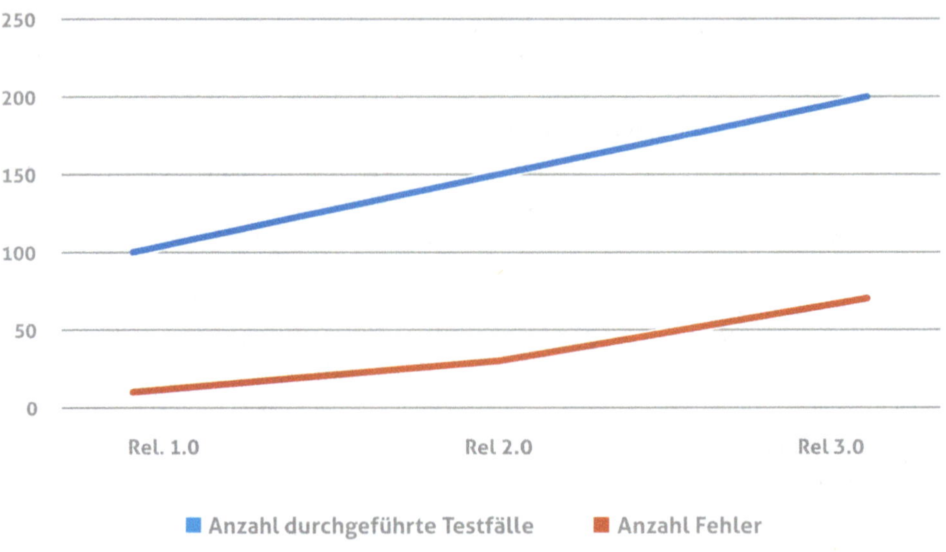

Abb. 21.1 Überproportionaler Anstieg der Fehleranzahl

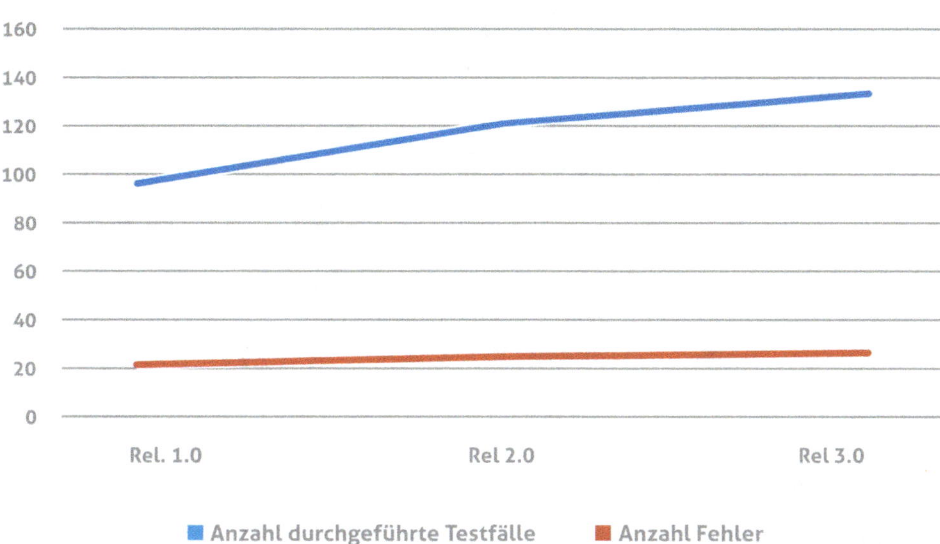

Abb. 21.2 Verlangsamter Testfortschritt

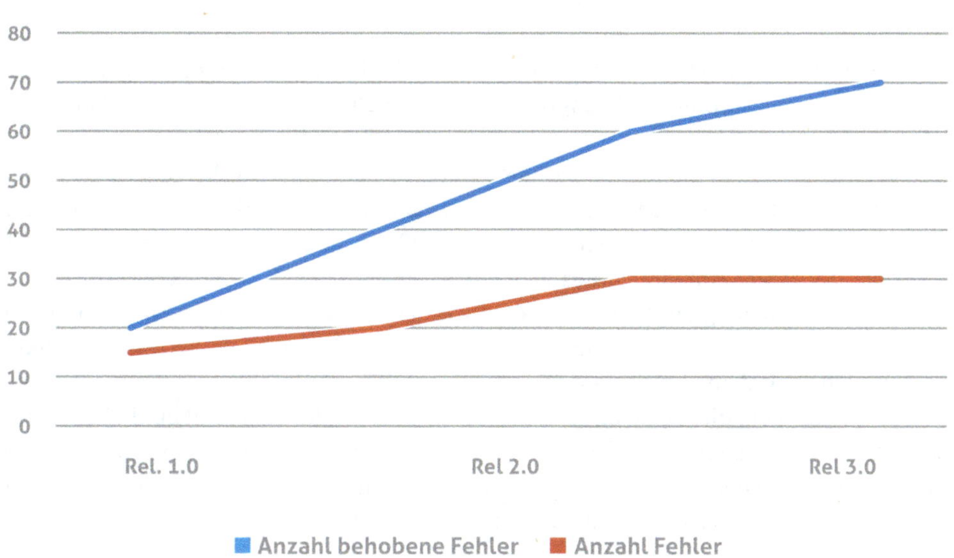

Abb. 21.3 Mehr neue als behobene Fehler

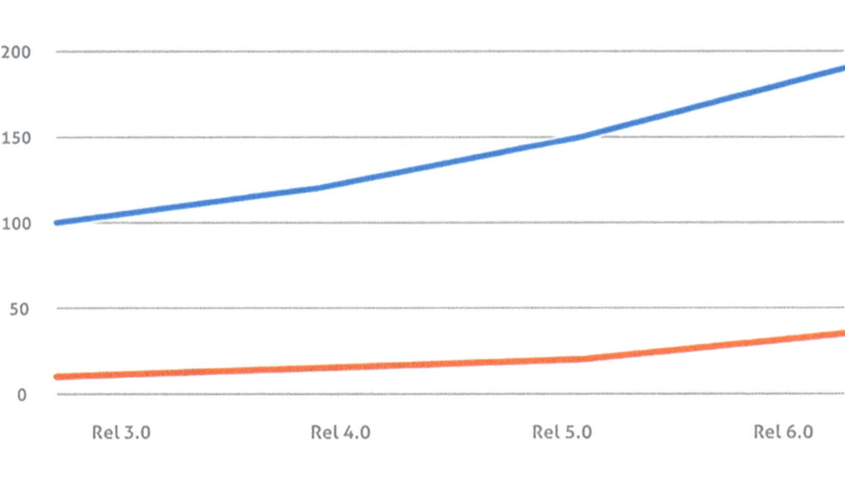

Abb. 21.4 Anzahl zurückgezogener Fehler

21.2 Messergebnisse und Rückwirkungen auf Projektmanagement

Zu Beginn eines Projekts geht man bei der Projektplanung von Schätzungen und Erfahrungswerten aus, ermittelt Abhängigkeiten der einzelnen Tasks und kommt dadurch zu einem Projektplan.

In der Regel gibt es dann während des Projektverlaufs mehrere Verzögerungen, weil entweder einzelne Aktivitäten unterschätzt oder nicht berücksichtigt wurden, Abhängigkeiten nicht erkannt wurden oder Ereignisse außerhalb des Projekts (z. B. Budgetprobleme, dringende Aktivitäten aus anderen Projekten oder dem Betrieb) dazu führen, dass die Projektplanung angepasst werden muss, also z. B. bestimmte Aktivitäten personell verstärkt oder erstmals geplante Funktionen abgekündigt werden. Besonders trifft das auf Aktivitäten auf dem „**kritischen Pfad**" zu.

Es empfiehlt sich, die Daten aus den Messungen der Fehler dabei mit einfließen zu lassen. Von Anfang an sollte mit einer gewissen Anzahl Fehlerzyklen kalkuliert werden. Bei den gewonnenen Daten aus der laufenden Betrachtung des Testprojekts kann man sich auf die Schwerpunkte konzentrieren, die zuerst optimiert werden sollten.

So kann man z. B. die Statistik des Testfortschritts prüfen, um festzustellen, wann alle Testfälle zumindest einmalig durchgeführt wurden oder die Kurve der Anzahl behobener und neuer Fehler in die Zukunft extrapolieren, um abschätzen zu können, wann in etwa eine qualitativ ausreichende Version zur Verfügung steht.

Teilweise nützen diese Aussagen nicht mehr direkt für das laufende Projekt, können aber zumindest wertvolle Erfahrungswerte für künftige Projekte oder Releases liefern und die Schwachstellen aufzeigen, die vordringlich im Unternehmen optimiert werden sollten.

Anwendung der FMEA 22

Es gibt mehrere Methoden zur Risikoanalyse (siehe auch Kap. 17). Da in der Softwaretechnik vor allem die FMEA angewendet wird, soll dieses Verfahren hier vertieft werden.

22.1 Vorgehen bei der FMEA

Bei der **FMEA** („**Failure Mode and Effects Analysis**"), deutsch „**Fehlermöglichkeits- und Einflussanalyse**" werden mögliche Produktfehler nach ihrer Bedeutung für den Kunden, ihrer Auftretenswahrscheinlichkeit und ihrer Entdeckungswahrscheinlichkeit mit jeweils einer Kennzahl bewertet. Im Rahmen des Qualitäts- und Sicherheitsmanagements wird die FMEA zur Fehlervermeidung und Erhöhung der technischen Zuverlässigkeit vorbeugend eingesetzt. Die FMEA findet insbesondere in der Design- bzw. Entwicklungsphase neuer Produkte oder Prozesse Anwendung.

Die FMEA wird in folgenden Schritten durchgeführt:

- Schritt 0 = **Fokussierung, Teamzusammensetzung und Teamplanung**: Die FMEA soll frühzeitig begonnen werden, um die Fehlerbehebungskosten möglichst gering zu halten. Die Durchführung der FMEA erfolgt in interdisziplinären Expertenteams aus den für die Entwicklung und Produktion des Produkts relevanten Bereichen unter Leitung eines erfahrenen und idealerweise ausgebildeten FMEA-Moderators. Für die im Rahmen der FMEA festgelegten Maßnahmen zur Risikominimierung werden Verantwortliche definiert und mit einem Fertigstellungsdatum terminiert.
- Schritt 1 = **Systemstrukturierung**: Das Produkt bzw. der Prozess wird systematisch in einer Top-Down-Vorgehensweise in einzelne Systemelemente und Schnittstellen zwischen den Systemelementen bzw. in wertschöpfende Prozessschritte und deren Einflussfaktoren (Menschen, Maschinen, Material, Messmittel, Mitwelt, Methode)

F. Witte, *Fehlermanagement*, https://doi.org/10.1007/978-3-658-51918-6_22

untergliedert. Daraus entsteht eine Systemstruktur, die auch als System- oder Strukturbaum bezeichnet wird.

- Schritt 2 = **Funktionszuordnung**: Den System- bzw. Prozesselementen werden je nach FMEA-Art Funktionen, Produktmerkmale und Prozessmerkmale zugeordnet. Funktionale Zusammenhänge zwischen den System- bzw. Prozesselementen werden in einem Funktionsnetz dargestellt.
- Schritt 3 = **Fehler- und Risikoanalyse**: Anhand der Funktionen und Merkmale der System- bzw. Prozesselemente werden potenzielle Fehlfunktionen oder Fehler abgeleitet.
- Schritt 4 = **Maßnahmenanalysen und Risikobewertung**: Die bei der Risikoanalyse ermittelten Risiken werden Vermeidungs- und Entdeckungsmaßnahmen zugeordnet. Anschließend werden die potenziellen Risiken (Hypothesen) bewertet.
- Schritt 5 = **Risikominimierung oder Optimierung**: Auf Basis der Risikobewertung werden für besonders risikobehaftete Komponenten bzw. Prozesse definierte Verbesserungsmaßnahmen zur Risikominimierung oder Optimierung durchgeführt.

22.2 Arten und Grenzen der FMEA

Es kommen unterschiedliche Arten von FMEAs zur Anwendung.

Ziel der **System-FMEA** ist die Überprüfung des Sicherheitskonzepts eines im Allgemeinen mechatronischen Systems auf systematische Fehler. Die Strukturierung von Systemen in einer System-FMEA erfolgt dabei nach Subsystemen, Systemkomponenten und Funktionsgruppen. Den Systemelementen der Struktur werden im Rahmen der Funktionsanalyse Funktionen zugeordnet. Funktionale Zusammenhänge zwischen den Systemelementen werden im Funktionsnetz abgebildet. Man unterschiedet hierbei zwischen **Vermeidungsmaßnahmen**, die das Auftreten von Fehlerfolgen in der Nutzung verhindert (z. B. Sicherheitskonzept, Redundanzbetrieb, Fehlererkennung und Fehlerreaktion) und **Entdeckungsmaßnahmen**, die Fehler des Sicherheitskonzepts in der Entwicklung aufdecken. Zu den Entdeckungsmaßnahmen zählen Modul-, System- und Integrationstests (also Labortests) sowie **Fault-injection-Tests**, die gezielte Angriffe gegen das System vornehmen und dabei die Reaktion des Systems überprüfen. Das ist schon deswegen erforderlich, weil ansonsten eine komplette Anweisungsüberdeckung nicht nachgewiesen werden kann. Im Bereich der Softwareentwicklung ist demnach vor allem die System-FMEA zu beachten.

Bei der **Konstruktions-FMEA** wird die Zuverlässigkeit bei der Entwicklung eines Produkts und seiner Komponenten überprüft. Produkte und Komponenten werden dabei nach Baugruppen und Bauteilen strukturiert. Bei der Konstruktions-FMEA geht es darum, ob die untersuchte Einheit unter den zu erwartenden Umwelteinflüssen und Störgrößen die definierten Anforderungen robust über die gesamte Lebensdauer erfüllt.

Die **Prozess-FMEA** zielt auf die Überprüfung der Zuverlässigkeit der Produktion von Komponenten, untersucht also die Fertigungsprozesse und Lenkungsmethoden, um eine fehlerfreie Produktion zu gewährleisten.

Die FMEA stellt somit ein wirkungsvolles Instrument des präventiven Qualitäts- und Risikomanagements dar. Sie baut auf dem Erfahrungswissen der Stakeholder auf und beschreibt die Zusammenhänge zwischen Fehler, Fehlerfolge und Fehlerursache. Die FMEA kommt an ihre Grenzen, wenn die Teammitglieder keine klaren Zusammenhänge beschreiben können. In diesen Fällen sollte auf die Methode **Design of Experiments (statistische Versuchsplanung)** umgestiegen werden. Diese Methode umfasst alle statistischen Verfahren, die vor Testbeginn angewendet werden sollten und dient zur systematischen Planung und statistischen Auswertung von Versuchen.

Die FMEA wird höchstwahrscheinlich keine neuen Erkenntnisse bringen, wenn Produkte und Prozesse bereits einen hohen Reifegrad erreicht haben. In diesen Fällen sollte eine Standard-FMEA erstellt werden, auf deren Erfahrungen man dann im Projekt zurückgreifen kann. Da der Reifegrad in der Softwareindustrie nach wie vor nicht so hoch ist wie in klassischen Fertigungsprozessen (z. B. in der Fahrzeugtechnik oder im Maschinenbau), findet man das in der Praxis der Softwareentwicklung jedoch nur selten vor [HESC2019].

22.3 Verfahren der Fehleranalyse und Risikobewertung

Der **Fehleranalyse** kommt in diesem Zusammenhang eine besondere Bedeutung zu:

Die wesentlichen Eingangsgrößen für die Fehleranalyse sind die Ergebnisse der **Funktionsanalyse**. Bei der Funktionsanalyse werden die Funktionen der Systemelemente eindeutig beschrieben. Das Zusammenwirken von Funktionen verschiedener Systemelemente wird über verknüpfte Funktionsnetze dargestellt. In der Fehleranalyse geht es darum, Funktionen sprachlich und inhaltlich korrekt zu negieren. Nicht erfüllte Anforderungen müssen klar benannt werden, denn diese Anforderungen spezifizieren die Funktionen. Wenn man die Funktionen ebenfalls negiert, kann man mögliche Fehlerfolgen, vorwiegend auf höchster Ebene, realistisch beschreiben [DZCO2026].

Auf der nächsten Ebene werden in der Fehleranalyse die Auslegung der Produktmerkmale aus der Funktionsanalyse negiert. Wenn man die daraus resultierenden Erkenntnisse in der Fehleranalyse der FMEA dann wiederum fehlfunktional verknüpft, wird auf der tiefsten Ebene die falsche Auslegung automatisch zur Ursache und die Leckage auf der darüber liegenden Ebene zum Fehler. Das hat die Negierung auf der obersten Ebene zur Folge.

Die strukturierte Vorgehensweise der Fehleranalyse ermöglicht

- die Definition von **Fehlerarten** und **Fehlerursachen** (eingesetzte Methoden sind z. B. P-Diagramme, Fehlernetze, Ishikawa-Diagramme oder Fischgrätdiagramme)
- die Bestimmung von **Fehlerfolgen** und Fehlerfolgeketten. Fehlerfolgen sind dabei die Folgen einer Fehlerart.

- Quantifizierung und Dokumentation von **Fehlerrisiken**
- Einleitung geeigneter Maßnahmen zur Fehlerbehebung in Zusammenarbeit zwischen Lieferanten und Kunde

Fehlerarten sind in der FMEA definiert als Art und Weise, auf die eine Komponente die beabsichtigte Funktion nicht erfüllt beziehungsweise liefern kann. Sie werden von den Funktionen abgeleitet und müssen in der **Fehleranalyse** der FMEA mit technisch korrekten Begriffen beschrieben werden. Beispiele für Fehlerarten sind unterbrochene Signale, unzureichende Befestigungen, Druckverlust, instabiler Betrieb von Anlagen oder falsch montierte Bauteile.

Die Fehlerursache ist ein klarer Hinweis darauf, warum der Fehler auftreten kann; die Auswirkung der Fehlerursache wiederum bezeichnet die Fehlerart. Fehlerursachen können von den Fehlerarten der Funktion, Anforderungen des nächstniedrigeren Elements sowie möglicher Störfaktoren abgeleitet werden. Die Betrachtung eines Fehlers als Fehlerfolge, Fehlerart oder Fehlerursache ist davon abhängig, ob die Systemebene, Teilsystemebene oder Komponentenebene betrachtet wird. Bei den Verknüpfungen stehen die Fragen „Warum tritt der Fehler auf?" (Fehlerursache und Fehlerart) und „Was passiert, wenn der Fehler auftritt?" (Fehlerfolge und Fehlerart) im Mittelpunkt.

Bei der Anwendung der FMEA ist es erforderlich, zunächst den Prozess einzugrenzen und zu dokumentieren. Zu diesem Zweck werden dabei die betroffenen Prozesse und Teilprozesse modelliert.

Im nächsten Schritt der **Risikoanalyse** werden systematisch alle potenziellen Fehler, deren Folgen und die dafür verantwortlichen Fehlerursachen untersucht. Diese Analyse wird anhand folgender Fragen vorgenommen:

- Welche Fehler können passieren?
- Welche potenziellen Fehler können in den identifizierten Teilprozessen auftreten (Anhaltspunkt: Fehler der Vergangenheit)
- Welche Folgen würden bei Eintritt des potenziellen Fehlers entstehen? Bei dieser Untersuchung müssen die Leistungsempfänger mit einbezogen werden.
- Wodurch können die Fehler entstehen, was sind die potenziellen Fehlerursachen für jeden Fehler?

Bei jedem Teilprozess können mehrere potenzielle Fehler entstehen. Jeder Fehler kann zu mehreren Fehlerfolgen führen und für jede Kombination von Fehlern können mehrere Fehlerursachen verantwortlich sein.

In der anschließenden Bewertung der FMEA wird die Risikoanalyse vorgenommen. Für jedes Fehler bzw. jedes Risiko werden folgende Daten ermittelt:

- Auftrittswahrscheinlichkeit (A): Wie wahrscheinlich ist der Eintritt dieses Fehlers bzw. dieses Risikos?
- Bedeutung (B): Welche Wirkung entsteht durch das Auftreten des Fehlers bzw. Eintritt des Risikos?

Tab. 22.1 Bewertungsskala zur Risikoermittlung bei der FMEA

Auftrittswahrscheinlichkeit (A)	Bedeutung (B)	Entdeckungswahrscheinlichkeit (E)
1 • nahezu auszuschließen • Wahrscheinlichkeit ca. 1:20.000	1 • keine Auswirkung auf den Prozess • Kunde bemerkt nichts	1–2 • zwangsläufige Entdeckung in folgenden Prozessabschnitten
2 • unwahrscheinlich • Wahrscheinlichkeit ca. 1:5000	2–3 • unbedeutend • Kunde wird nur geringfügig gestört	3–4 • hohe Wahrscheinlichkeit der Entdeckung in folgenden Prozessabschnitten
3 • gering • Wahrscheinlichkeit ca. 1:1000	4–6 • Störungen im Prozess • Probleme bei einigen Kunden	5–6 • Entdeckung nur im Rahmen gezielter Prüfung
4–6 • gelegentliches Auftreten • Wahrscheinlichkeit ca. 1:500 bis 1:100	7–8 • eingeschränkte Dienstleistung • Verärgerung von Kunden	7–8 • keine Entdeckung vor dem Zugang beim Kunden • Kunde wird Fehler wahrscheinlich entdecken
7–8 • häufiges Auftreten • Wahrscheinlichkeit ca. 1:50 bis 1:20	9–10 • Verletzung von Vorschriften • finanzielle Schäden in der Organisation oder beim Kunden	9 • ein sachverständiger Kunde wird den Fehler entdecken
9–10 • ständiges Auftreten • Wahrscheinlichkeit ca. 1:10 bis 1:5		10 • Entdeckung nicht sofort möglich, erst im Laufe der Zeit

- Entdeckungswahrscheinlichkeit (E): Wie wahrscheinlich ist es, dass das Auftreten des Fehlers bzw. der Risikoeintritt bemerkt wird?

Jeder dieser Größen wird ein Wert aus nachfolgender Bewertungsskala (siehe Tab. 22.1) zugeordnet:

Um das potenzielle Risiko zu definieren und bewerten zu können, wird eine **Risikoprioritätszahl** (**RPZ**) ermittelt.

Dabei gilt:

$$RPZ = A \, x \, B \, x \, E$$

Mit Hilfe dieser Formel können Risikoprioritätszahlen zwischen 1 und 1000 entstehen, also:

$$1 <= RPZ <= 1.000$$

Tab. 22.2 Handlungsalternativen zur RPZ-Bildung

RPZ	Fehlerrisiko	Handlungsbedarf	Maßnahmen
100 < = RPZ	hoch	dringender Handlungsbedarf	müssen formuliert und umgesetzt werden
50 < = RPZ > = 100	mittel	mittlerer Handlungsbedarf	sollten formuliert und umgesetzt werden
2 < = RPZ < = 50	akzeptabel	kein zwingender Handlungsbedarf	können formuliert und umgesetzt werden
RPZ = 1	kein Risiko	kein Handlungsbedarf	keine

Je höher die dabei ermittelte RPZ dabei ist, desto inakzeptabler ist der Fehler beziehungsweise das Risiko. Welchen Wert die RPZ erreichen darf ist jedoch nicht analytisch ableitbar, sondern empirisch festgelegt. Dabei muss auch berücksichtigt werden, um welche Art von Prozess es sich handelt. Ist ein geschäftskritischer Prozess betroffen, ist sicherlich ein anderer Maßstab zu wählen als bei einem unterstützenden Prozess.

Eine mögliche Festlegung einer aus der RPZ entstehenden praktischen Konsequenz ist in der Folge dargestellt (siehe Tab. 22.2):

Um potenzielle Fehler und Risiken abzustellen oder zu mindern sind deren identifizierte Ursachen zu beseitigen. In diesem Zusammenhang ist es sinnvoll, die geeigneten Abstellmaßnahmen zu beschreiben und der Prozess einer erneuten Analyse zu unterziehen. Die Rest-RPZ sollte danach kleiner (und möglichst akzeptabel) sein als die Ausgangs-RPZ des potenziellen Fehlers. Die Differenz aus Ausgangs- und Rest-RPZ kann schließlich als Maß für die Qualitätsverbesserung des Prozesses definiert werden.

Die FMEA dient dazu, Fehlerquellen im Vorfeld erkennen und proaktiv zu vermeiden. Die dazu erforderliche detaillierte Analyse der Prozesse verursacht allerdings nicht unerheblichen Aufwand [ORGH2026].

Vorteile der FMEA sind:

- Vermeidung von Fehlern in Produkten und Prozessen
- Steigerung der Funktionssicherheit und Zuverlässigkeit von Produkten und Prozessen
- Unterstützung eines robusten Designs und stabiler zielgerichteter Prozesse
- Minimierung nachträglicher Produktänderungen und Reduktion von Kosten
- Erbringung von Entlastungsnachweis im Produkthaftungsfall
- Vermeidung von Störungen bei Serienanläufen
- Optimierung der Kommunikation in der Kunden-/Lieferantenkette
- Aufbau einer Wissensbasis im Unternehmen
- Etablierung eines frühzeitigen Informationsabgleich der Projektbeteiligten aus allen Bereichen (Produkt- und Prozessexperten, einschließlich der verantwortlichen Vorgesetzten)
- Reduktion interner und externer Fehlerkosten
- Verbesserung des Systemverständnisses der Beteiligten

Bei der Anwendung der FMEA sind die Grenzen der Methode zu berücksichtigen:

- Die FMEA ist eine Methode zur Analyse von Einzelfehlern (keine Betrachtung von Fehlerkombinationen).
- Die FMEA ist eine qualitative und keine quantitative Methode. Die Ergebnisse der Risikobewertung sind relative Einschätzungen und nicht als absolute Maßzahl zu sehen, daher sind Bewertungen verschiedener FMEA nicht miteinander vergleichbar.
- Quantitative Aussagen zum Ausfallverhalten von Produkten sind nicht möglich [ASSB2026].

22.4 FMEA in der Softwareentwicklung

Die FMEA ist für den Einsatz im Entwicklungsprozess von Software oder beim testgetriebenen Design sehr gut geeignet. Dabei werden die Fehlerarten nach **Datenfehlern** und **Ereignisfehlern** unterschieden.

Datenfehlerarten sind

- fehlende oder verloren gegangene Daten
- inkorrekte Daten
- falsches Timing der Daten (z. B. veraltet, zu früh, zu spät)
- zusätzliche Daten (Redundanzen, Daten-Overflow)

Bei Ereignisfehlerarten handelt es sich um

- Stillstand oder anormales Programmende (z. B. Hänger, Deadlock, Absturz der Anwendung)
- ausgelassene Ereignisse, z. B. die Ausführung eines Programmteils, obwohl das startende Ereignis nicht erfolgte
- inkorrekte Logik, z. B. falsche Vorbedingungen, das Ereignis löst nicht die geplante Ausführung aus
- Problemen mit dem Timing oder der Reihenfolge von Ereignissen, z. B. Ereignisse werden zum falschen Moment ausgelöst, falsche Ereignisfolge [VIGE2005]

Die FMEA identifiziert also potenzielle Fehlerpunkte in Code, Architektur und Funktionen und unterstützt das Software-Risikomanagement durch Verbesserung von Zuverlässigkeit und Leistung. Ziel ist die Zuverlässigkeit der Software sicherzustellen und Risiken zu mindern, die mit Codierungsfehlern oder Funktionsproblemen verbunden sind. Dadurch können potenzielle Fehlerquellen in Softwareanwendungen identifiziert und beseitigt werden. Durch das Verständnis dieser Schlüsselkonzepte der FMEA können Unternehmen mithilfe strukturierter Prozesse und Tools Risiken effektiv identifizieren, analysieren und mindern. Der Einsatz von FMEA-Software, -Plattformen und -Lösungen verbessert die Genauigkeit, Effizienz und Zusammenarbeit bei der Verwaltung von Fehlermodi und deren Auswirkungen [VISU2026].

Literatur

[DZCO2026]: https://www.dietz-consultants.com/de/fmea-methode/fehleranalyse, zugegriffen am 05.01.2026

[VIGE2005]: Vigenschow, Objektorientiertes Testen und Testautomatisierung in der Praxis, dpunkt-Verlag Heidelberg, 2005

[ORGH2026]: https://www.orghandbuch.de/Webs/OHB/DE/Organisationshandbuch/6_Methoden-Techniken/63_Analysetechniken/633_FehlermoeglichkeitUndEinflussanalyse/fehlermoeglichkeitundeinflussanalyse-node.html, zugegriffen am 05.01.2026

[HESC2019]: Hering-Schloske, Fehlermöglichkeits- und Einflussanalyse, Springer-Vieweg Verlag Wiesbaden, 2019

[VISU2026]: https://visuresolutions.com/de/alm-guide/fmea, zugegriffen am 05.01.2026

[ASSB2026]: https://assets.bosch.com/media/global/bosch_group/purchasing_and_logistics/information_for_business_partners/downloads/quality_docs/general_regulations/bosch_publications/booklet-no14-fehler-moeglichkeits-und-einfluss-analyse_de.pdf, zugegriffen am 09.01.2026

Fehlersuche und Fehlerzyklen 23

Der Fehlermanager sollte darauf achten, dass die in der Software verborgenen Fehler zu einem großen Teil auch wirklich aufgedeckt werden. Dabei ist es notwendig, die Fehlersuche dahingehend zu optimieren, dass Fehler wirklich gefunden, vom Entwickler verstanden und umfassend behoben werden.

23.1 Fehlersuche

Fehlerbehebung bezeichnet den Prozess des Scannens, Identifizierens, Diagnostizierens und Behebens von Problemen, Fehlern und Bugs in Software. Es handelt sich um einen systematischen Prozess, der darauf abzielt, Probleme herauszufiltern, zu beheben und den Normalbetrieb der Software wiederherzustellen. Die Fehlersuche steht am Anfang dieses Prozesses.

Die systematische **Fehlersuche** ist ein strukturierter Ansatz zur Lösung von Problemen in technischen Systemen oder Prozessen. Sie beginnt mit der genauen Beschreibung des Problems und führt dann zu einer systematischen Analyse möglicher Ursachen für den Fehler. Der Prozess umfasst verschiedene Schritte, wie die Informationsbeschaffung, das Einengen des Fehlerbereichs, die Verwendung von Messgeräten und Testsignalen sowie die Lokalisierung des Fehlers innerhalb einer Baugruppe oder Software-Komponente.

Zu einer gezielten und effizienten Fehlersuche ist ein gutes Systemverständnis und eine gewisse Erfahrung bei der Testdurchführung erforderlich. Ein guter Instinkt zum Aufspüren bekannter Fehlerquellen und neuralgischer Punkte hilft dem Tester dabei, möglichst viele, unterschiedliche Fehler in einer Anwendung zu finden.

Der **Positivtest** (auch verifizierender Test, verifizierendes Testverfahren oder Gut-Test genannt) will nachweisen, dass eine Anforderung an die Anwendung fehlerfrei ausführbar ist. Der Testfall prüft also die korrekte Verarbeitung bei korrekter Handhabung ab. Zweck

F. Witte, *Fehlermanagement*, https://doi.org/10.1007/978-3-658-51918-6_23

des Positivtests ist es nachzuweisen, dass die Anwendung bei richtiger Bedienung das tut, was sie tun soll. Mit einem Positivtestfall wird das korrekte Verhalten der Anwendung und des Anwenders geprüft. Dabei werden ausschließlich gültige Werte eingegeben, Eingabemasken korrekt und vollständig ausgefüllt, Schnittstellen richtig beliefert.

Der **Negativtest** (auch Provokationstest, Robustheitstest, falsifizierender Test oder Schlecht-Test genannt) ist eine Erweiterung des Positivtests. Der Negativtest prüft, ob die Anwendung auf eine (falsche) Eingabe oder Bedienung, die nicht den Anforderungen an die Anwendung entspricht, erwartungsgemäß (also ohne Programmabbruch, Systemabsturz/blue screen oder komplettem Neustart der Anwendung) reagiert, z. B. durch eine Fehlermeldung. Beim Negativtest werden absichtlich ungültige Werte eingegeben, Masken nicht oder nur unvollständig ausgefüllt, Schnittstellen mit falschen Werten beliefert oder die Datenbank wird abgeklemmt. Der Testfall prüft also, ob das Programm einen definieren Ausgang und eine erwartete Verarbeitung auch bei fehlerhaft eingegebenen Eingabewerten oder fehlerhafter Handhabung liefert. Ziel des Negativtests ist es nachzuweisen, dass die Anwendung robust auf Bedienungsfehler reagiert. Damit wird sichergestellt, dass die Sicherheit der Anwendung gegen falsche Bedienung und technische Störungen gewährleistet ist.

In der Softwareentwicklung sind neben Positivtests auch Negativtests zu planen und zu definieren. Exploratives Testen ist notwendig, damit man nicht nur den geraden Weg nachvollzieht, nach dem das Testobjekt arbeiten soll, sondern bewusst Fehlhandlungen vornimmt und danach die Systemreaktion prüft. Dazu sind eine hohe Flexibilität und Kreativität im Testprozess und ein gutes Systemverständnis erforderlich. Erfahrene Tester mit gutem Gespür für mögliche Fehler können dadurch „mehr Qualität ins Produkt hineintesten".

Besonders problematisch im Zusammenhang mit der Fehlersuche sind „schleichende Fehler", die erst nach längerer Programmnutzung auftreten. Das ist zum Beispiel dann der Fall, wenn im Laufe der Programmverarbeitung angelegte Dateien nicht mehr geschlossen werden und dadurch der Speicherverbrauch und die Performance des Programms erst nach längerer Verarbeitungszeit zu Fehlern führt. Für die Analyse des Laufzeitverhaltens von Programmen sind daher spezielle Tools erforderlich [KLEU2019].

23.2 Fehlerzyklen

Der Status eines Fehlers geht im Idealfall nach seiner Behebung und erfolgreichem Nachtest auf „geschlossen". Beim Fehlernachtest ist generell darauf zu achten, dass nicht nur das explizite Fehlerbild, sondern auch Variationen des Fehlverhaltens geprüft werden.

In der Praxis hat es sich als sinnvoll erwiesen, den Fehlernachtest direkt nach Lieferung einer neuen Version zuerst durchzuführen, also noch vor dem Test der gesamten Release mit den dazu vorgesehenen Testfällen, weil dadurch zuallererst die Qualität der Fehlerbehebung festgestellt werden kann.

Dabei kommt es aber auch vor, dass ein Fehler nicht oder nur teilweise gelöst wurde. Der Entwickler führt zwar auch einen kurzen Nachtest durch, beschränkt sich dabei aber in der Regel auf das berichtete Fehlverhalten, die Abwandlungen und Erweiterungen werden erst durch die Testabteilung geprüft. Dadurch kommt es immer wieder vor, dass Fehlermeldungen teilweise mehrmals zwischen Entwicklung und Testabteilung hin- und herwandern, bis eine befriedigende Lösung zur Verfügung steht.

Das liegt teilweise an unvollständigen Fehlerangaben, fehlenden Logfiles und Screenshots. Immer wieder sind Fehler „nicht reproduzierbar", teilweise weder vom Entwickler noch vom Tester bei einem wiederholten Testdurchlauf. Das deutet darauf hin, dass von Anfang an bestimmte Nebenbedingungen nicht erfasst wurden oder (schlimmstenfalls) sich inzwischen die Testumgebung geändert hat, sodass der Fehler nicht mehr auftritt. Viele Fehlerbeschreibungen sind interpretierbar. Ein ähnliches Problem wie bei den Anforderungen und Testfällen pflanzt sich dabei im Workflow der Entwicklung fort. Deswegen sind die exakte sprachliche Analyse jeder Anforderung, die Eindeutigkeit der Erwartungen an das Produkt und die genauen Dokumentationen ja auch von so großer Bedeutung. Je länger die Behebung dauert, desto mehr **Fehlerzyklen** sind erforderlich, was sich direkt auf die Projektdauer auswirkt. Ein nicht behobener Fehler muss zurück an die Entwicklung, neu analysiert werden, benötigt separate Abstimmungen, muss in einer neuen Software-Version erneut ausgeliefert und wieder getestet werden. Wenn es sich dabei um Tests handelt, die in der Abnahmeumgebung des Kunden wiederholt durchgeführt werden müssen, beträgt die Dauer der gesamten Projektabwicklung ein Vielfaches der Bearbeitungszeit. Das gilt besonders dann, wenn Tester und Entwickler räumlich voneinander getrennt oder in verschiedenen Organisationen angesiedelt sind.

Auch eine hohe Arbeitslast des Entwicklers, problematische Qualität der Fehlerbehebung oder Abhängigkeiten anderer Gewerke (die Fehlerbehebung kann in diesem Fall erst mit anderen ohnehin geplanten Erweiterungen oder Fehlerbehebungen durchgeführt und neu getestet) können zu erheblichen Verzögerungen im Projektverlauf führen. Dasselbe gilt, wenn andere Projekte temporär bevorzugt werden müssen und man die Arbeiten am laufenden Projekt zwangsweise unterbrechen muss.

Bei der Fehlerbehebung kommt es hin und wieder zum Phänomen der **Fehlermaskierung**, bei der ein Fehlerzustand oder mehrere Fehlerzustände die Aufdeckung eines Fehlerzustandes verhindern, d. h. seine Fehlerwirkung verbergen und damit kompensieren. Um Fehlermaskierung zu verhindern, müssen Fehlertestfälle, d. h. Testfälle für unzulässige Äquivalenzklassen, einzeln in Testszenarien geprüft werden können, weil sich Fehlersituationen sonst überlagern können [FRAN2007].

In diesem Zusammenhang ist es wichtig, fehlerhaften Code vorsichtig zu beseitigen: Es könnte nämlich sein, dass eine fehlerhafte Funktion in Applikationen genutzt wird, wo sie keinen Schaden anrichtet. Das ist eine unübliche, aber nicht selten vorkommende Art des Bugfixings. Solche Bugfixes verbieten sogar die Fehlerbeseitigung in der Funktion, da damit die Workarounds in den Applikationen ausgehebelt werden. Es kann in diesem Fall vorkommen, dass alle Workarounds in den Applikationen nunmehr zu Problemen führen. Eine Funktion, die fehlerhaft ist und von vielen Applikationen benutzt wird, aber nur bei einer Funktion zu einem Fehlverhalten führt, sollte an dieser Stelle durch eine neue Funktion ersetzt werden, weil unter Umständen an anderen Stellen schon Workarounds für diesen Fehler existieren [DUSC2025].

23.3 Dauer und Effektivität der Fehlerbehebung

Fehler werden nicht immer in der kürzest möglichen Zeit abgearbeitet. Häufig geraten Fehler in der komplexen Realität der Softwareentwicklung gerade in größeren Organisationen aus dem Fokus und bleiben zeitweise unbearbeitet. Vor allem dann, wenn Software gemeinsam von mehreren Teams entwickelt und diese Teams an unterschiedlichen internationalen Standorten arbeiten, ist allein die Koordination der Fehlerbehebung aufwändig und schwierig, und es fällt schwer, den Überblick zu bewahren. Das gilt auch dann, wenn Software gleichzeitig in unterschiedlichen Produkten eingesetzt wird und verschiedene Versionen der Software freigegeben sind. Zeitlich überlappende Projekte machen die Lage dabei noch unübersichtlicher.

Dazu kommen in vielen Branchen regulatorische Anforderungen in immer höherem Maße. Das führt auch dazu, dass behobene Fehler von Personen verifiziert werden müssen, die nicht an der Lösung des Problems beteiligt waren. Das vergrößert die Anzahl der an der Fehlerbehebung beteiligten Teams und Personen noch weiter. Aus all diesen Faktoren folgt, dass die bekannten Softwarefehler zu anonymen Datensätzen werden, die in den Tiefen der Fehlerdatenbank versteckt sind und dort über längere Zeiten unbearbeitet bleiben oder im schlimmsten Fall sogar vergessen werden.

Gleichzeitig wird neue Software entwickelt. So mancher Entwickler bevorzugt die Arbeit an neuer Software gegenüber der Fehlersuche im „alten" Quellcode und lässt Fehler erst einmal liegen. Deswegen ist es von enormer Wichtigkeit, Fehlerwarteschlangen aufmerksam zu beobachten, zu messen und bei einem Anstieg offener Fehler proaktiv zu handeln.

Hat die Entwicklungsmannschaft mehr Aufträge als sie abarbeiten kann, bilden sich Stapel unerledigter Arbeit. Eine hohe Auslastung bis hin zur Überlastung gilt in der Softwarebranche landläufig als ökonomisch sinnvoll. Es wird als Vorteil angesehen, dass es zu keinen Leerlaufzeiten kommt. Leider wird dieser scheinbare Vorteil teuer erkauft. Große Stapel von ungelösten Fehlern bedeuten lange Wartezeiten und damit lange Fehlerbehebungszeiten. Es ist immer wieder zu beobachten, dass Fehlerwarteschlangen anwachsen, wenn zu viele Entwicklungsprojekte gleichzeitig abgearbeitet werden.

Es empfiehlt sich dazu, die **Kosten der Fehlerbehebungsdauer** zu ermitteln. In diese Berechnung fließen zahlreiche Faktoren ein. Entwicklungsprojekte zur Einführung eines neuen Produktes sind zeitkritisch. Je schneller ein Softwareprodukt entwickelt wird, desto geringer sind die Lohnkosten der Entwicklungsmannschaft. Verzögert sich ein Projekt, kann der erwartete Preis nicht mehr erzielt werden, wenn die Konkurrenz bereits ein ähnliches Produkt auf den Markt gebracht hat und man nicht mehr der Alleinanbieter ist. Einbußen in der Rentabilität des Projekts sind die zwangsläufige Folge. Verringert man die durchschnittliche Fehlerbehebungszeit für Entwicklungsprojekte, wird damit auch die Gesamtdauer des Projekts verkürzt. Teilweise sind die Entwicklungszeiten in definierten Kundenprojekten bei Zulieferungen auch vorgegeben, sodass bei späteren Lieferungen, Verschiebungen von Features auf Folgereleases oder Verschiebung von Lieferterminen im schlimmsten Fall Vertragsstrafen, mindestens aber Verzögerungen der Abrechnung auftreten.

Treten Fehler bei Kunden auf und müssen diese lange auf notwendige Produktaktualisierungen warten, so wirkt sich das primär negativ auf die Kundenzufriedenheit aus. Wie hoch die Einbußen dadurch für das Unternehmen sind, lässt sich nicht auf den Cent genau berechnen, aber dennoch sollten Softwareentwickler und Management alles tun, um solche Nachteile zu vermeiden. Der Kern von **„Lean Software Development“** ist die Vermeidung von „Verschwendung“ (japanisch: **Muda**). Dazu gehören auch „Lagerbestände“ von ungelösten Fehlern, die während einer Produktentwicklung entstehen. In diese Halbfabrikate wurde bereits Zeit und Geld investiert. Ein Tester hat z. B. Stunden von Arbeit investiert, um bestimmte Fehler aufzudecken oder zu reproduzieren. Einige Fehler können schon von Entwicklern untersucht worden sein und warten jetzt darauf, gelöst zu werden. Wieder andere Fehler sind bereits gelöst und müssen noch von einem Tester verifiziert werden, bevor die Lösungen zum Kunden gelangen. Je länger es dauert, die Fehler zu lösen und damit Wert zu schaffen, desto länger ist das bereits investierte Kapital als „Lagerbestand“ gebunden.

Eine andere Form von Verschwendung ist die späte Rückmeldung. Wenn ein Tester einen von ihm gefundenen Fehler erst viele Tage oder gar Wochen später als gelöst zurückbekommt und ihn verifizieren möchte, braucht er länger, um sich wieder in den Sachverhalt einzuarbeiten oder auch das Testsystem zu präparieren, als wenn er bereits am nächsten Tag die Lösung auf dem Tisch gehabt hätte. Unzufriedenheit breitet sich sowohl bei den Testern aus, die auf die Lösung für das von ihnen entdeckte Problem warten müssen, als auch bei den Entwicklern, die auf die Rückmeldung zu der von ihnen erarbeiteten Lösung warten müssen, sodass dann manchmal Entwickler und ein anderes Mal Tester zur Untätigkeit verdammt sind. Aufgestaute Stapel von Fehlern auf dem Tisch von Mitarbeitern verursachen großen Arbeitsdruck und damit Stress. Arbeit unter Stress wird ineffizient. Lange Fehlerbehebungszeiten haben daher hohe indirekte Kosten. Eine gute Koordination beider Bereiche ist daher von zentraler Bedeutung.

Jedes Unternehmen sollte daher ein gesteigertes Interesse daran haben, Fehler möglichst schnell zu lösen.

23.4 Verkürzung der Fehlerbehebungsdauer

Um die Fehlerbehebungsdauer nachhaltig zu senken, sollte zunächst aus dem Fehlerverwaltungssystem die Dauer der Fehlerbehebung erhoben werden, indem die Dauer von Fehlererfassung mit Schließen des Fehlers gemessen wird. In der Praxis ist daher der Bestand an ungelösten Fehlern ein gutes Maß für die aktuelle Fehlerbearbeitungsdauer. Je

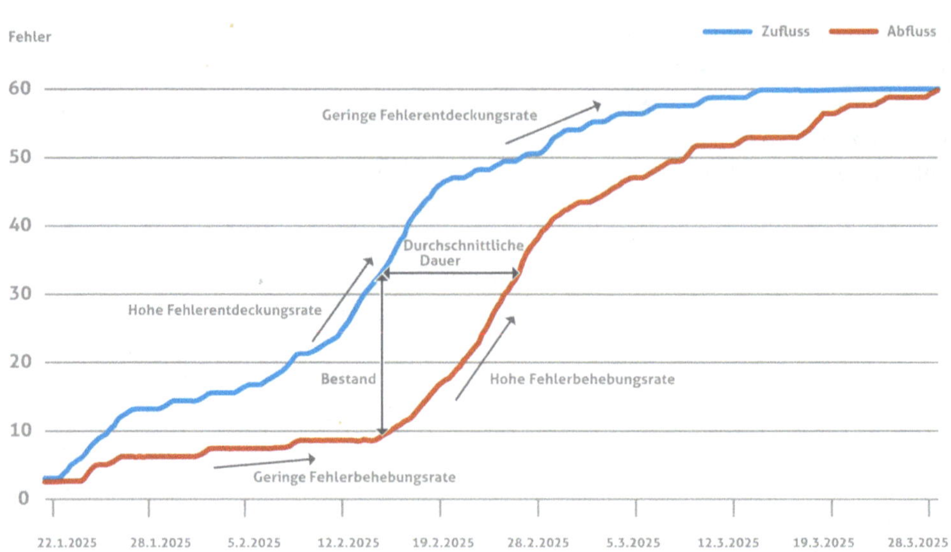

Abb. 23.1 Kumulatives Flussdiagramm für die Bearbeitung von Softwarefehlern

größer der Bestand, desto länger dauert es, bis die Fehler gelöst sind. Diese Messung ist also ideal, um Aussagen über die aktuelle Situation zu treffen. Daher ist die Messung des Fehlerbestandes die zentrale Kenngröße für den Fehlerbehebungsprozess. Daraus lässt sich ein kumulatives Flussdiagramm entwickeln, bei dem auf einer zeitlichen X-Achse die kumulierte Anzahl der entdeckten Fehler als Kurve des Fehlerzuflusses und die kumulierte Anzahl der gelösten Fehler als Kurve des Fehlerabflusses dargestellt wird (siehe Abb. 23.1).

Ist die Zuflusskurve flach, treffen wenig neue Fehler pro Zeiteinheit ein. Bei einer steilen Kurve ist die Fehlerrate (also der Zuwachs an Fehlern pro Zeiteinheit) hoch. Entsprechend kann die Fehlerabflusskurve interpretiert werden. Bei einer flachen Kurve werden weniger Fehler pro Zeiteinheit behoben als bei einer steilen Kurve. Der vertikale Abstand zwischen den Kurven zeigt den Bestand an offenen Fehlern. Der horizontale Abstand entspricht der mittleren **Fehlerbearbeitungszeit**. Ein kumulatives Flussdiagramm eignet sich sehr gut zur Ursachenforschung, wenn der Fehlerbestand oder die Fehlerbearbeitungszeiten zu groß sind. Auch die unterschiedliche Auslastung von Entwickler- und Testteam, zu später Beginn der Testaktivitäten oder Einflüsse anderer Projekte lassen sich gut am kumulativen Flussdiagramm ablesen. Man sieht, wenn sich Fehler aufstauen und die Durchlaufzeiten steigen. Durch das frühere Starten von Testaktivitäten ließ sich der Zufluss neuer Fehler auf einen größeren Zeitraum verteilen und die Entwicklerteams bekommen eine größere Chance, die Fehler zeitnah abzuarbeiten.

Da es durchaus sinnvoll ist, die Fehlerbehebungsdauer zu senken, sind meist Umpriorisierungen der bestehenden Tätigkeiten und Arbeitspakete zu treffen. Auch eine stärkere Automatisierung von Testaktivitäten und Methoden der **Continuos Delivery** können helfen. Man muss dabei allerdings bedenken, dass eine Testautomatisierung bestimmte Grundlagen benötigt und meist erst mittelfristig wirken kann. Welche Maßnahme hier am besten zielführend ist, ist vom individuellen Projekt und der betrieblichen Situation abhängig. Dabei ist es wie immer von enormer Wichtigkeit, die gewonnenen Aussagen in den richtigen Kontext zu stellen.

Aufgrund der Bewertung der Flussdiagramme können weiterführende Metriken erstellt werden, wie z. B. ein Vergleich der Bearbeitungsdauer in unterschiedlichen Software-Entwicklungsteams. Wie immer ist es dabei wichtig, besonders gute Ergebnisse lobend zu erwähnen aber deswegen nicht Teams, die eine lange Fehlerbehebungsdauer aufweisen, zusätzlich zu demotivieren, wenn sie ohnehin schon überlastet sind, sondern proaktiv nach Lösungen zu suchen, die auch pro Entwicklungsteam durchaus unterschiedlich sein können [SIGS2026].

Die Fehlerbehebungsdauer in einem Entwicklungsprojekt zu senken kann zu einem umfangreichen Vorhaben werden. Es steigert aber mittelfristig das Qualitätsniveau einer Organisation erheblich und führt mittelbar zu einer wesentlich höheren Rendite.

Literatur

[KLEU2019]: Kleuker: Qualitätssicherung durch Softwaretests, Springer-Vieweg Verlag Wiesbaden 2019

[FRAN2007]: Franz, Handbuch zum Testen von Web-Applikationen, Springer-Verlag Berlin Heidelberg, 2007

[SIGS2026]: https://www.sigs-datacom.de/uploads/tx_dmjournals/grand_OS_05_15_1jDv.pdf, zugegriffen am 05.01.2026

[DUSC2025]: Software-Fehler erkennen und vermeiden, Springer-Vieweg Verlag Wiesbaden 2025

Aufgaben des Fehlermanagers 24

In Großprojekten wird in der Regel ein dediziertes Fehlermanagement und ein dafür verantwortlicher eigener Fehlermanager etabliert, um die bei der Entwicklung komplexer Multisysteme auftretende sehr große Menge von Fehlern effektiv zu bearbeiten. Diese explizite Funktionsrolle ist in Großprojekten üblicherweise für sämtliche Fehler ab der Teststufe Systemintegrationstest zuständig, welche gesamtsystemübergreifend in einem gemeinsamen Fehlermanagementsystem verfolgt werden [FBSW2026].

24.1 Aufgabenprofil Fehlermanager

Folgendes Aufgabenprofil ist einer Stellenausschreibung für einen Fehlermanager entnommen:

- Voranalyse von Auffälligkeiten in der Fehlerticketerstellung
- Erstellung und Zuweisung von Fehlertickets in Abstimmung mit den Testteams
- Kontrolle und Sicherstellung korrekter Abläufe im Fehlerabstellprozess
- Durchführung von Fehlerrunden mit Kunden, Lieferanten und Testteams
- Erstellung und Nachverfolgung der Fehlerberichte inclusive Priorisierung der Fehler
- Unterstützung bei der systematischen Fehleranalyse und Fehlerabstellung
- Management der verwendeten Fehlerdatenbank
- Einsatz geeigneter Tools zur Fehlerverfolgung
- Dokumentation von Maßnahmen und Entscheidungen im Fehlermanagement
- Bevorzugt Berufserfahrung im Fehlermanagement
- Kenntnisse entlang des Entwicklungsprozesses
- Erfahrung mit Fehlermanagementtools
- Organisation und Durchführung von Meetings mit dem Fehlermanagement

F. Witte, *Fehlermanagement*, https://doi.org/10.1007/978-3-658-51918-6_24

Als Qualifikation wird in der Regel ein abgeschlossenes Studium in einer Ingenieurwissenschaft, Informatik oder Betriebswirtschaft (je nach Branche) und einschlägige Berufserfahrung erwartet. Dazu kommen starke Kommunikationsfähigkeiten, Führungskompetenz, Organisationstalent, Erfahrung in der Präsentation vor Gremien, Teamgeist, analytisches Denkvermögen, Kenntnisse von Fehlerabstellprozessen und Qualitätsprozessen, ISTQB-Zertifizierung, sehr gute Deutsch- und Englischkenntnisse und manchmal auch Reisebereitschaft.

Der Fehlermanager muss den gesamten Problemlösungsprozess von Erstellung bis zur Lösung jedes einzelnen Fehlers initiieren, überwachen und steuern. Die Fehlermeldungen müssen zu Funktionen und Bauteilen zugeordnet werden. Die Maßnahmen zur Fehlerbehebung müssen geklärt und aussagefähige Problemberichte erstellt werden.

Um erfolgreich eine positive Fehlerkultur im Unternehmen nachhaltig zu entwickeln und zu etablieren, muss der Fehlermanager über das notwendige Fingerspitzengefühl verfügen und diplomatisch zwischen unterschiedlichen Interessen vermitteln können. Wichtig ist, dass er lösungsorientiert denkt, Neutralität wahrt und die Entscheidungen gegenüber den Kollegen aber auch dem Management selbstbewusst vertreten kann.

24.2 Umsetzung des Fehlermanagements

Wichtig ist es, das Fehlermanagement aktiv zu betreiben. Wie im Projektmanagement generell muss der Fehlermanager dafür sorgen, dass der Prozess eine gewisse Dynamik enthält, also die Beteiligten zusammenbringen und bei Störungen („Sand im Getriebe") prüfen, welche Maßnahmen erforderlich sind. Dabei kann ein Fehlermanager für die Beschleunigung und Optimierung der einzelnen Schritte im Prozess zur Qualitätssicherung erhebliche Impulse geben. Mit systematischer Analyse und konsequenten Einleitung geeigneter Korrekturmaßnahmen können Fehler vermieden und Prozesse verbessert werden.

Eine wesentliche Voraussetzung für den professionellen und nachhaltigen Umgang mit Abweichungen ist eine klare Festlegung von Zielen, Standards und Qualitätsanforderungen.

Das Fehlermanagement muss in den Entwicklungsprozess voll integriert sein. Daraus kann das Produktmanagement einerseits ablesen wie der Reifegrad/-zustand des Produktes ist und die Release Planung für Fehlerbehebungen und funktionale Erweiterungen steuern [SIGS2026].

Der **kontinuierliche Verbesserungsprozess** (siehe Kap. 32) ist ein weiterer bedeutender Baustein zur Umsetzung eines erfolgreichen Fehlermanagements.

Häufig ist im Unternehmen kein Vollzeit-Fehlermanager vorhanden, sondern die Aufgabe wird nur „nebenbei" zum Beispiel von einem Testmanager mit erledigt oder es gibt mehrere kleinere Projekte und einen Fehlermanager, der mehrere Projekte koordinieren muss und dabei auch die Daten von mehreren Test- und Entwicklungsgruppen abfragen muss. Es sollte geprüft werden, ob das von der Kapazität her möglich ist und ob es dabei nicht zu Interessenkonflikten kommen kann: wenn der Fehlermanager zu viele Fehler verwalten muss, ist er schnell überlastet; also wird er evtl. Interesse daran haben, die Tests oberflächlicher durchzuführen damit weniger Fehler gefunden werden können. Solch ein Vorgehen steht naturgemäß den Zielen der Qualitätssicherung diametral entgegen.

Wenn die Anzahl der Fehler zu hoch wird und dadurch die Aufgaben des Fehlermanagers zu umfangreich (und in der Praxis kommt das häufig vor) steigen die Anforderungen an Organisation und Koordination nämlich immens an. Allein die Terminvereinbarung für Workshops und Meetings ist in größeren Organisationen fast immer eine besondere Herausforderung. Durch den Trend zum Homeoffice, der mit Corona eine starke Beschleunigung erfahren hat, und die stärkere permanente Kommunikation durch Teams oder Zoom ist die Anzahl der Meetings in vielen Unternehmen in den letzten Jahren stark angestiegen, die Produktivität dadurch aber in vielen Fällen – bei genauerem Hinsehen – teilweise erheblich gesunken. Auch das agile Arbeiten mit Sprint-Planungen muss richtig umgesetzt werden, da sonst die Kommunikation ausufert. Es ist schon schwierig genug festzulegen, wer alles bei welchem Meeting überhaupt dabei sein muss. Wenn es zu wenige Mitarbeiter sind, fehlt genau dann, wenn es um ein spezielles Problem geht die notwendige Expertise (und man muss dann ggf. erneut einladen bis man alle Beteiligten wieder an einen Tisch bekommt, was das Projekt weiter verzögert), wenn andererseits zu viele Mitarbeiter eingeladen sind, entsteht zu viel Leerlauf und für den einzelnen nicht oder nur am Rande betroffenen Mitarbeiter zu viel unproduktive Zeit. Oft ist man bei einem Meeting, das z. B. eine Stunde dauert nur 5 min von den Themen direkt betroffen und hört den Rest der Zeit zwar zu, aber entweder gar nicht oder doch nur am Rande vom aktuell behandelten Tagesordnungspunkt betroffen. Man muss jedoch ständig aufmerksam dabei sein, weil sonst ggf. Punkte besprochen werden, die auf die eigene Arbeit negative Auswirkungen haben. Wenn man dann in einer zu großen Runde Detailprobleme ansprechen muss, wird das Thema entweder schnell abgewürgt oder aber die Diskussion ufert aus und frisst Arbeitszeit oder aber geht am Zweck des ursprünglich angesetzten Themas des Meetings vorbei. Fehlermanagement bedeutet vor allem Kommunikation, und Projekte scheitern so gut wie nie an technischen Herausforderungen, sondern fast immer an fehlender oder nicht situationsgerechter Kommunikation.

Man muss auch aufpassen, dass man es nicht übertreibt mit der Suche nach der Effizienz im Meeting: wenn man zu wenig Diskussionen zulässt oder Themen abwürgt und wichtige Fragen am Ende offen bleiben, kann es sein, dass die Mitarbeiter spekulieren und es gerade dadurch wieder zu neuen Fehlern kommt. Am Ende war der Effizienzgewinn dann also teuer bezahlt. Andererseits muss man darauf achten, dass nicht zu ausladend über Fehler gesprochen wird und man nicht vom eigentlichen Thema abkommt. Hier die richtige Balance zwischen beiden Polen zu finden, stellt für den Moderator eines Meetings oft ein Drahtseilakt dar.

24.3 Problem- und Störungsmanagement

Problemmanagement und **Störungsmanagement** sind zwei Bereiche des **IT Service Managements (ITSM)**, die sich mit der Behebung von IT-Problemen befassen, aber mit unterschiedlichem Fokus. Das Störungsmanagement (Incident Management) zielt darauf ab, einzelne Störungen schnell und effektiv zu beheben und den normalen Betrieb wiederherzustellen. Das Problemmanagement hingegen konzentriert sich auf die Identifizierung und Behebung der zugrunde liegenden Ursachen von wiederkehrenden Störungen, um zukünftige Vorfälle zu verhindern.

Das Problemmanagement arbeitet sowohl reaktiv als auch proaktiv. Ziel des Problem-Managements ist die dauerhafte Problemlösung. Dazu werden mögliche oder bereits eingetretene Störungen analysiert und daraus Probleme identifiziert, die genauer untersucht werden sollen. Ergebnis dieser Analyse ist entweder ein bereits bekannter Fehler („**known error**") als bekannte Ursache für die Störung oder ein **Workaround** (Umgehungslösung).

Während das Problemmanagement die zugrunde liegenden Ursachen von Störungen identifiziert und langfristige Lösungen anstrebt, konzentriert sich das Fehlermanagement auf die Erkennung, Isolierung und Lösung von Fehlern, oft in einem Netzwerkumfeld.

Alle drei Bereiche sind eng miteinander verbunden. Während das Fehlermanagement vor allem im Rahmen von Entwicklungsprojekten relevant ist, sind Problem- und Servicemanagement für den Betrieb relevant. Im Rahmen des Problemmanagements werden häufig Ticketsysteme genutzt. Dabei ist darauf zu achten, dass Tickets aus der Produktion mit dem Fehlermanagement verbunden und auch bei der Weiterentwicklung des Produkts mitberücksichtigt werden, schon allein um Probleme zu ermitteln, die erst nach der Testphase offenbar wurden.

Der Fehlermanager steht hierbei in der Verantwortung, Prozesse zu definieren und Schnittstellen zu schaffen und die einzelnen Bereiche des Unternehmens bzw. der Anwender mit der Produktentwicklung zu koordinieren.

Literatur

[SIGS2026]: https://www.sigs.de/artikel/das-leben-eines-softwarefehlers/, zugegriffen am 05.01.2026

[FBSW2026]: https://fb-swt.gi.de/fileadmin/FB/SWT/Softwaretechnik-Trends/Verzeichnis/Band_33_Heft_4/01_Friske.pdf, zugegriffen am 05.01.2026

Reifegrad des Fehlermanagements 25

Prozessverbesserungen können nur selten ohne Referenzmodelle durchgeführt werden. Für die Softwareprozessverbesserung existieren einige Modelle, die jedoch nur beschränkt auf das Testen angewendet werden können. Aus diesem Grund hat Sogeti 1998 erstmals das **TPI-Modell** (**Test Process Improvement**) auf den Markt gebracht.

Das TPI-Modell hat sich in vielen Situationen als sehr erfolgreich erwiesen. Das klassische TPI-Modell wurde in den Folgejahren weiterentwickelt und durch das geschäftsbasierte TPI-Modell (**TPI Next**) abgelöst. Dieses Modell bewertet auch Reifegrade für das Fehlermanagement.

25.1 Kernbereiche des TPI-Modells

Das Geschäftsbasierte TPI-Modell besteht aus 16 Kernbereichen, die es ermöglichen, den Testprozess detailliert zu bewerten und schrittweise zu optimieren. Die Kernbereiche werden den Kategorien Stakeholderbeziehungen (SB), Testmanagement (TM) und Testkompetenz (TK) zugeordnet. Durch diese Klassifizierung der Kernbereiche in einer **Testreifematrix** werden die relativen Stärken jeder Kategorie nach der Bewertung des Istzustands eines Testprozesses deutlich erkennbar. Das Fehlermanagement gehört zur Kategorie Testmanagement (TM). Fehlermanagement behandelt im TPI-Next-Modell sowohl den einzelnen Fehler als auch Fehlergruppen. Es werden Grundursachen analysiert und Empfehlungen geliefert.

Die Verwaltung und das Management von Fehlern betrifft zwar das gesamte Softwareentwicklungsprojekt und ist deswegen nicht ausschließlich eine Angelegenheit des Testteams. Es sind aber die Tester, die am stärksten in diese Aktivitäten eingebunden sind. Eine gute Fehlerverwaltung kann den Lebenszyklus eines Fehlers überwachen und verschiedene statistische Übersichten und Berichte wie z. B. Qualitätsempfehlungen liefern.

F. Witte, *Fehlermanagement*, https://doi.org/10.1007/978-3-658-51918-6_25

Die einzelnen Kernbereiche der Testreifematrix beeinflussen durch die Verbesserung der Testprozesse die IT-Ziele des gesamten Unternehmens in unterschiedlicher Intensität. Für das Fehlermanagement gilt:

- mittlerer Einfluss auf die Sicherstellung der Verfügbarkeit der IT-Services gemäß den Anforderungen
- hohe Auswirkung auf die Definition funktionaler, geschäftlicher und Steuerungsanforderungen zu ihrer Überführung in wirksame und wirtschaftlich automatisierte Lösungen
- mittlere Einflussnahme auf die Umsetzung von Projekten unter Einfluss der Qualitätsmaßnahmen im vorgegebenen Zeit- und Budgetrahmen
- hohe Bedeutung für die Verbesserung der Kosteneffizienz der IT und ihren Beitrag zum Unternehmenserfolg
- hoher Einfluss auf die Herstellung von Transparenz und Klarheit zur Sicherstellung von IT-Kosten, Nutzen, Strategie, Richtlinien und Service Leveln

Der Anfangszustand des Fehlermanagements hat den Zustand „Initial“. Auf diesem Reifegrad ist das Fehlermanagement noch ziemlich formlos. Fehlerdaten werden nicht unbedingt auf konsistenter Weise erfasst und Fehler in der Regel mündlich oder formlos (z. B. per E-Mail) kommuniziert. Der Überblick über die Anzahl der Fehler und ihren Status ist unzureichend. Daher besteht kein klarer Einblick in die Produktqualität.

25.2 Fehlermanagement mit dem Reifegrad „Kontrolliert“

Mit dem Reifegrad „Kontrolliert“ werden Fehler einzeln verfolgt und der Fehlerstatus wird überwacht.

Alle während der Testdurchführung gefundenen Fehler werden mithilfe eines einheitlichen Fehlermanagements erfasst. Dieses Fehlermanagement enthält einen im Vorfeld definierten Fehlerlebenszyklus und stellt dadurch allen Beteiligten eine wirksame Fehlerbehandlung und Fehlerüberwachung zur Verfügung.

Die Entscheidung, ob, wie, wann und durch wen ein gefundener Fehler bearbeitet werden soll, wird von den verantwortlichen Projektmitgliedern gemeinsam getroffen, z. B. von Projektmanager, Softwarearchitekt und Testmanager. Zu diesem Zweck können durch das Projekt regelmäßige Konferenzen zur Fehlerbesprechung organisiert werden. Falls dabei keine Einigung über einen Fehler erzielt werden kann oder ein Fehler eine kritische Auswirkung auf den Projekterfolg hat, wird der Fehler bei Bedarf an ein Entscheidungsgremium auf höherer Ebene weitergegeben, in dem der Projektleiter und der Auftraggeber anwesend sein können.

Eine weitere wichtige Funktion des Fehlermanagements besteht darin, einen Überblick über alle gefundenen Fehler und deren Status zu erhalten, um dadurch einen Einblick in die Qualität der getesteten Teile des Systems zu bekommen.

Kontrollpunkte

1. Der Fehlerlebenszyklus wird definiert (einschließlich eines Fehlernachtests) und angewendet.
2. Es werden für jeden Fehler mindestens die folgenden Attribute erfasst: eindeutige Fehler-ID, ggf. die ID des zugehörigen Testfalls, Person, die den Fehler meldet, Datum, Schweregrad, Beschreibung (Aktion und Reproduktion des Fehlers, erwartetes und beobachtetes Ergebnis) und Fehlerstatus.
3. Für die weitere Fehlerbehandlung sind die Verantwortlichen festgelegt.
4. Alle an der Fehlerbewertung und Fehlerbehebung beteiligten Personen können auf das vereinbarte Fehlermanagementwerkzeug zugreifen.

Enabler

1. Projektmanagement: In einer frühen Projektphase müssen die verschiedenen Statusübergänge eines Fehlers definiert und mit den spezifischen Gegebenheiten des Software Development Life Cycle abgestimmt werden. In bestimmten Situationen, wie z. B. bei agiler Entwicklung oder Einbindung externer Dienstleister, kann eine vom Standard abweichende Workflow-Version erforderlich sein.
2. Die das Fehlermanagement betreffenden Aufgaben und Verantwortlichkeiten sind definiert.
3. Problem-/Störungsmanagement: Die Arbeitsvereinbarungen und Terminologie des Problem- und Störungsmanagements können beim Aufbau des Fehlermanagements als Beispiele dienen.

Verbesserungsvorschläge

1. Auf Basis einer Tabelle oder eines Textdokuments wird ein Fehlermanagement eingerichtet. Falls eine große Anzahl von Fehlern erwartet oder eine komplexe Berichterstattung erforderlich ist, sollte ein umfassenderes toolgestütztes Fehlermanagement umgesetzt werden. Diese kann entweder auf die Fehlerverfolgung spezialisiert oder Teil eines breiter angelegten Testmanagementwerkzeugs sein.
2. Im Testteam oder Projekt wird die Aufgabe des **Vermittlers** (**Intermediär**s) definiert. Damit wird der Zweck verfolgt, Fehler und die damit verbundenen Lösungen effektiv zu kanalisieren. Der Intermediär pflegt hierzu Kontakte auf der Ebene der Mitarbeiter, die die eigentliche Arbeit verrichten, hat einen Überblick über alle Fehler und fungiert als Zwischen- und Prüfposten für die Fehler einerseits und deren Behebung andererseits. Dadurch kann die Qualität der Fehler und Lösungen besser überwacht werden und der Verlauf der Kommunikation beschleunigt werden.
3. Es wird sichergestellt, dass alle Fehler gemeldet werden, sobald sie gefunden sind. Jedem Fehler wird eine eindeutige ID zugewiesen, um seine Verfolgbarkeit zu gewährleisten.
4. Die Fehlermeldungen werden aktualisiert, sobald weitere Informationen zur Verfügung stehen.

5. Die Stakeholder werden über Produktrisiken informiert, die bestehen, falls ein bestimmter Fehler nicht behoben wird.
6. Ein Fehlerzyklus wird eingeführt, der die Statuswerte „neu“, „offen“, „abgelehnt“, „behoben“, „geschlossen“ und „Wiedervorlage“ enthält.

25.3 Fehlermanagement mit dem Reifegrad „Effizient“

Auf dem Reifegrad „Effizient“ werden Fehler analysiert, um ähnliche Fehler zu finden.

Auf dem Reifegrad „Effizient“ wird es eher möglich, einen Fehler so entstehungsnah wie möglich zu beheben. Der erste Schritt auf dem Weg zum Reifegrad „Effizient“ ist es, Fehler in der Testbasis zu erfassen und zu korrigieren. Falls dies vor Entwicklung des Systems geschieht, können potenzielle Fehler im System eher vermieden werden.

Darüber hinaus kann ein detaillierter Eindruck in die Qualität des Systems geliefert werden, insbesondere in Bezug auf Trends. Zum Beispiel könnte der Trend beobachtet werden, dass sich die meisten Fehler auf einen Teil der funktionalen Spezifikationen beziehen oder hauptsächlich auf die Benutzeroberfläche konzentrieren. Anhand dieser Informationen lassen sich rechtzeitig geeignete Maßnahmen ergreifen. Um solche Trends analysieren zu können, müssen weitere Fehlerinformationen in einem festgelegten Format erfasst werden.

Trendanalysen können auch eingesetzt werden, um fehleranfällige Bereiche des Systems zu identifizieren. Der in diese Bereiche investierte Testaufwand kann dann erhöht werden, um weitere ähnliche Fehler zu finden.

Kontrollpunkte

1. Das Fehlermanagementwerkzeug erlaubt Statusübergänge von Fehlern nur entsprechend autorisierten Personen. Das bedeutet in der Praxis zum Beispiel, dass ein Entwickler einen Fehler vom Status „offen“ auf den Status „behoben“ aber nicht auf den Status „geschlossen“ setzen darf, weil den Statusübergang von „behoben“ auf „geschlossen“ nur vom Tester durch einen erfolgreichen Nachtest gesetzt werden darf.
2. Alle Personen, die an der Aufzeichnung und/oder Nachverfolgung von Fehlern beteiligt sind, verwenden entweder das gleiche Fehlermanagementtool oder separate Testmanagementwerkzeuge, die nahtlos ineinandergreifen.
3. Das Fehlermanagement bietet umfangreiche Optionen zur Berichterstattung; Reports können auf mehrere Arten sortiert und zusammengestellt werden.
4. Die Identifikation von Trends ist möglich. Zu diesem Zweck werden weitere Informationen über einen Fehler, das Subsystem, die Priorität, das Programm inklusive Version, Fehlerursache, alle Statusübergänge und die fehlerbehebende Person erfasst.

Keine Enabler
Verbesserungsvorschläge:

1. Es empfiehlt sich, die zentrale Bedeutung der **Fehlerpriorisierung** hervorzuheben, weil dadurch Abläufe beschleunigt und ein besserer Einblick in die Testergebnisse erzielt wird. Diese Priorisierung muss immer auf Grundlage der Teststrategie vorgenommen werden. Es ist besonders darauf zu achten, dass Fehler, die den Testfortschritt blockieren, zuerst bearbeitet werden.
2. Es ist sicherzustellen, dass das Fehlermanagementwerkzeug verfügbar und korrekt konfiguriert ist. Alle Stakeholder müssen über die passenden Berechtigungen verfügen und alle am Fehlerprozess Beteiligten müssen das Tool nutzen. Wenn Fehler von einem Beteiligten im Prozess (etwa im Rahmen einer Abnahme oder vom Leiter einer am Projekt nur peripher beteiligten Abteilung) nur ausnahmsweise erfasst werden, so empfiehlt sich evtl. ausnahmsweise die Erfassung über den Fehlermanager. Dann ist aber auch zu prüfen, wer den Nachtest nach der Fehlerbehebung durchführen soll.

25.4 Fehlermanagement mit dem Reifegrad „Optimierend"

Auf dem Reifegrad „Optimierend" werden Gemeinsamkeiten von Fehlern analysiert, um künftige ähnliche Fehler zu vermeiden.

Das Fehlermanagement unterstützt also nicht nur die Überwachung der Produktqualität, sondern verringert die Fehlerquote für die Zukunft. Dazu werden Fehler aus mehreren Projekten untersucht und auf gemeinsame Fehlerursachen hin analysiert. Mit dem Reifegrad „Optimierend" werden außerdem Richtlinien erstellt, um eine Einheitlichkeit bei der Fehleraufzeichnung und dadurch die Berichterstattung auf Unternehmensebene zu ermöglichen. Sollten automatisierte Skripts zur Testdurchführung eingesetzt werden, muss man bei der Programmierung darauf achten, dass Fehlermeldungen vereinheitlicht und optimiert werden. Bei der manuellen Fehlererfassung gilt dies analog. Die Fehlererfassung dauert dann zwar im Zweifelsfall länger, die Zeit ist aber gut investiert da man damit Rückfragen erspart und zusätzliche Fehlerzyklen vermeidet, also die Bearbeitungszeit der Fehler verkürzen kann.

Falls Projekte miteinander verglichen werden, muss die Klassifizierung der Fehler einheitlich beschrieben sein, einschließlich der Richtlinien, die festlegen, wie bestimmte Attribute von Fehlern, insbesondere Priorität und Schwere, behandelt werden sollen.

Weiterhin muss eine Mindestmenge an Statuswerten vorgegeben sein, die in jeden Workflow integriert werden müssen. Falls erforderlich, kann ein Projekt auch zusätzliche projektspezifische Statuswerte hinzufügen, wenn z. B. externe Dienstleister Teil des Workflows sind.

Beispiele für grundlegende Ursachen sind:

- Testumgebung
- Testdaten
- Kein Einsatz eines Qualitätssystems im Entwicklungsprozess (Unit-Tests und/oder Unit-Integrationstests werden nicht korrekt durchgeführt)
- Anforderungen einer bestimmten Fachabteilung

Kontrollpunkte

1. Richtlinien für das Fehlermanagement werden durch die Linienorganisation oder das Projektmanagement bereitgestellt und in jedem Testprojekt angewendet.
2. Das Fehlermanagement liegt in der Verantwortung der Linien- oder Projektorganisation, wobei der Testprozess die notwendigen Daten bereitstellt.
3. Fehler werden nach Gemeinsamkeiten analysiert. Es werden Empfehlungen geliefert, wie künftige Fehler vermieden werden können.

Enabler

Ursachenanalyse und Problemlösung: Fehler werden strukturiert nach ihren Ursachen analysiert, die dann bei der Problemlösung berücksichtigt werden.

Verbesserungsvorschläge

1. Mögliche Zielbereiche für die Zielbereiche der Fehleranalyse werden definiert. Das können u. a. eine bestimmte Funktionalität, der Entwicklungsprozess oder spezifische Rollen (z. B. Analysten, Entwickler) sein.
2. Auf Unternehmensebene werden Richtlinien für das Fehlermanagement erstellt, die für alle Projekte Gültigkeit haben.
3. Bekannte Fehler werden klassifiziert und der Fehlermanager informiert über Risiken und Kosten, wenn das Problem nicht gelöst, sondern z. B. nur durch einen Workaround umgangen wird [TPIN2011].

25.5 Erfahrungen mit dem TPI-Modell

Nach Anwendung des TPI-Modells in der Praxis wurden mit dem überarbeiteten TPI-Modell folgende Erfahrungen vor.

Während im klassischen TPI-Modell konkret vorgegeben war, worüber berichtet werden soll, wird im überarbeiteten Modell nun eher verlangt, dass der Assessor erwägt, was in der konkreten Situation berichtet werden muss. Zwar ist es wichtig zu erfragen, was die Stakeholder gerne wissen wollten, aber auch wenn die Stakeholder keine Auskunft geben, muss der Assessor bewerten, was im konkreten Fall erforderlich ist. Solche Kontrollpunkte sind zwar weniger objektiv, andererseits aber dadurch auch nicht mehr so starr. Man kann sie auch in verschiedenen Softwareprozessmodellen und Teststufen einsetzen. Sie setzen im Vergleich zum klassischen TPI-Modell eine größere Erfahrung des Assessors voraus. Das Modell wird dadurch unabhängiger vom sturen „Abhaken" der Kontrollpunkte. Es lässt dem erfahrenen Assessor den Spielraum für eine umfassendere Bewertung der Prozessreife, macht für weniger erfahrene Assessoren oder Selbst-Assessments jedoch ein vertieftes Studium der im Buch beschriebenen Hintergründe erforderlich.

Das Format der früheren **TPI-Matrix** wurde mit dem überarbeiteten Modell angepasst und ist dadurch leichter verständlich. Das verhilft bei der betrieblichen Umsetzung und Kommunikation gegenüber dem Management.

In einer Bewertung unterschiedlicher Feldtests innerhalb eines großen Projekts wurden die Geschäftsziele in der Kick-Off Sitzung am Anfang eines Assessments diskutiert und festgehalten. Das diente dann als ständiger Bezugspunkt. Später erfolgte die Ableitung der Prioritäten und die Gruppierung der Kontrollpunkte gleicher Priorität. Diese Gruppen wurden zur Erarbeitung von Optimierungsschritten genutzt. Der Zusatzaufwand von einem halben Tag für das gesamte Team brachte einen deutlichen Nutzen, einen fundierten Fahrplan der Optimierungmaßnahmen und somit war dieses Investment sehr gut angelegt.

Immer wieder erleben Assessoren, die die TPI-Matrix begleiten, folgende Aussagen bei den Interviews mit den einzelnen Testern:

- Wir würden gerne strukturiert arbeiten, aber die Rahmenbedingungen lassen das nicht zu
- Die Requirements sind nicht verständlich, widersprüchlich, es gibt Rückfragen und wir wissen nicht, wen wir fragen sollen
- Die Modelle sind nicht aktuell, unvollständig, nicht verfügbar oder unbekannt
- Die Systemarchitektur ist chaotisch oder hängt der Entwicklung meilenweit hinterher
- Die Testumgebung ist instabil, noch nicht fertig, und muss ständig geändert werden
- Das Releasemanagement ist nur ansatzweise vorhanden
- Fehlerkorrekturen dauern viel zu lange

Befragt man ausschließlich die Tester, dann sind die Enabler für alle Engpässe verantwortlich. Als Assessor darf man auf diese Aussagen aber nicht hereinfallen. Wenn die Enabler fehlen, heißt es noch nicht, dass die Tester dem machtlos ausgeliefert sind. Sie müssen sich proaktiv vernünftige Wege zu den Entscheidern der benachbarten Bereiche suchen. Gerade deshalb sind die Einbindung der Stakeholder und die Kommunikation zu ihnen so wichtig. Damit wird wieder klar, wie wichtig ausreichende Testberichte und klar definierte Kommunikationswege sind.

TPI ist und bleibt daher ein kontinuierliches Modell, dessen Hauptziel die Verbesserung des Testprozesses ist. Die leichter verständliche TPI-Matrix hilft dabei, den aktuellen

Stand und den Verbesserungspfad klarer darzustellen. Die Kunden halten die Bewertung des Ist-Zustands und die vorgeschlagenen Schritte zur Prozessverbesserung für zielführend. Der verständliche Zusammenhang der Verbesserungsvorschläge mit ihren Geschäftszielen war für alle wichtig. Zur systematischen Entwicklung von Verbesserungsvorschlägen unter Berücksichtigung der Geschäftstreiber ist aber eine kompetente Beratung durch Assessoren erforderlich [GMTH2026].

Literatur

[TPIN2011]: Sogeti: TPI Next, dpunkt-Verlag Heidelberg 2011

[GMTH2026]: https://www.gm.th-koeln.de/~winter/tav/html/tav29/TAV29P05Hamburg_Das%20neue%20TPI%20V10.pdf, zugegriffen am 9.1.2026

Fehlervermeidung 26

Es ist kein Widerspruch, dass man durch Fehler lernt und dafür auch Fehler machen muss, und andererseits Fehler, die man bereits erahnt, im Vorfeld vermeidet. Es ist wie in der Schiffahrt – wenn man bereits Risiken und schwierige Umstände erkennt, macht es Sinn, die Klippen von vornherein zu umschiffen.

26.1 Strategien zur Fehlervermeidung

Die Verwendung von **Fehlervermeidungsstrategien** ist nicht nur ein Ausdruck hoher Testdisziplin, sondern stellt den größten Faktor der Kostensenkung aller Testaktivitäten dar. Die frühe Erkennung von Fehlern im Entwicklungslebenszyklus verringert die Fortpflanzung von Fehlern von der Anforderungsspezifikation zum Design und von dort zur Implementierung.

Das Einbeziehen von Tests in frühe Stadien der Anwendungsentwicklung wurde im klassischen Ansatz des Testens noch nicht umgesetzt, hat aber seit dem zunehmenden Einsatz agiler Methoden erheblich an Bedeutung gewonnen. Früher stand die Fehlersuche erst am Ende des Entwicklungsprozesses. Man konzentrierte sich dabei auf die ausführbare Datei des fertigen Produkts. Man hat aber in der Software-Industrie längst erkannt, dass die besten Entwicklungsergebnisse dann zu erwarten sind, wenn die Testabteilung in allen Stadien der Systementwicklung mit einbezogen wird. Je früher das Testteam im Entwicklungsprozess mit einbezogen wurde, desto höher sind die Einsparpotenziale für Entwicklungskosten.

Analyse der Einschränkungen

Beim Test einer Programmkonzeptionsphase soll verifiziert werden, dass das Produkt realisierbar und testfähig ist. Eine sorgsame Untersuchung der Ziele und Einschränkungen

F. Witte, *Fehlermanagement*, https://doi.org/10.1007/978-3-658-51918-6_26

kann zur Auswahl einer geeigneten Menge von Teststrategien führen, mit denen besser vorhersagbare, qualitativ hochwertige Ergebnisse erreichbar sind und die ein hohes Maß an Automatisierung gestatten. Mögliche Einschränkungen können zum Beispiel ein kurzes Zeitintervall bis zur geplanten Markteinführung, komplexe Abhängigkeiten oder eine angespannte Personaldecke sein. Neue Prozesse oder die Einführung neuer Testwerkzeuge oder ein Umzug der Testumgebung bedeuten ebenfalls Einschränkungen im Testprozess. Das Testteam muss diese Einschränkungen, welche die Wirksamkeit von Fehlervermeidungstechnologien beeinflussen, sorgfältig prüfen, und in Verbindung mit Fehlererkennungstechnologien Teststrategien ableiten, die für die spezielle Anwendungsentwicklung geeignet sind.

Frühe Einbeziehung des Testteams

Grundsätzlich sollte das Testteam immer den Entwicklungsprozess von Projektbeginn an begleiten. Das ist vor allem in der Anforderungsphase von entscheidender Bedeutung. In einer wissenschaftlichen Untersuchung der Standish Group wurde ermittelt, dass ca. 40 % aller Softwareprojekte fehlschlagen und bei weiteren 30 % die Zeit- und Kostenbudgets überschritten bzw. die zuvor beabsichtigte Funktionalität nur eingeschränkt ausgeliefert werden kann. Laut diesem Bericht sind nur 27 % aller Softwareprojekt erfolgreich. Die wichtigsten Faktoren für den Projekterfolg hängen mit den Anforderungen zusammen. Dazu gehört die Einbeziehung der Benutzer, klare Geschäftsziele und gut organisierte Anforderungen. Verwaltungsfragen, die sich auf Anforderungen beziehen, bilden 45 % der Faktoren, die für den Erfolg eines Projekts verantwortlich sind.

In der Phase der Anforderungsdefinition sollte das Testteam die Formulierung expliziter, eindeutiger Anforderungen unterstützen. Die Einbindung des Testteams in die Anforderungsphase muss auch garantieren, dass Systemanforderungen **testfähig** formuliert werden. In diesem Zusammenhang bedeutet das Wort „testfähig", dass ein Testanalyst bei definiertem Anfangszustand des Systems und bekannter Eingabedaten die erwarteten Systemausgaben exakt vorhersagen kann. Der Test von Systemanforderungen muss in jeder Systementwicklung mit enthalten sein.

Verwendung von Normen

Die Entwicklung von **Normen** trägt ebenfalls dazu bei, Fehler zu vermeiden. Standardrichtlinien vereinfachen die Fehlererkennung und verringern die Aufwände zur Pflege einer Anwendung. Testaktivitäten beeinflussen sich gegenseitig und erfordern von allen Beteiligten ein hohes Maß an Teamarbeit, gerade bei vermehrter Integration von Teilsystemen. Teamarbeit erfordert Regeln für den effektiven Austausch. Normen stellen Regeln oder Richtlinien für das Zusammenspiel des Projektpersonals bereit. Da Normen Methoden oder bewährte Techniken repräsentieren, unterstützt ihre Beachtung die Entwicklung hochwertiger Softwareprodukte. Bei der Testdurchführung muss deshalb auf die Einhaltung der geforderten Normen beachtet werden. In gleichem Maße sollte die Entwicklung von Testverfahren im Hinblick auf eine Norm erfolgen.

Inspektionen und Walkthroughs

Inspektionen und **Durchsichten** bzw. **Walkthroughs** stellen formale Bewertungstechniken dar, die sich in Abhängigkeit von ihrem Anwendungsgebiet Fehlervermeidungs- oder Fehlerbehebungstechnologien zuordnen lassen. Die Verwendung von Inspektionen und Walkthroughs ist eine der wichtigsten Softwarepraktiken überhaupt.

Walkthroughs und Inspektionen bieten eine formale Auswertung von Software-Anforderungen, Designs, Code und anderen Softwareprodukten wie Testverfahren und automatisierte Testskripts. Inspektionen sind u. a. auf das Erkennen von Fehlern und Verstößen gegen Entwicklungsnormen und Probleme mit Testverfahren ausgerichtet. Walkthroughs haben die gleiche Zielsetzung wie Inspektionen, sind aber oberflächlicher.

Inspektionen von Systemanforderungen und Designdokumenten können verhindern, dass später Fehler im Anwendungscode auftreten. Wenn Anforderungen mit Rücksicht auf Testfähigkeit und Korrektheit definiert werden, vermeidet man, dass Fehler in die Systementwicklung Einzug halten, was schließlich zu Fehlern des Gesamtsystems führen würde.

Durch die konsistente Anwendung von Inspektionen im Projekt wird die Erkennung und Entfernung von Fehlern in frühen Phasen im Entwicklungs- und Testprozess unterstützt und die Fehlerfortpflanzung in folgende Entwicklungsphasen verhindert. Dadurch können sowohl die Qualität als auch die Produktivität gesteigert, während Kosten, Entwicklungszeit sowie Pflegeaufwand verringert werden. Technische Prüfungen haben sich als effektive Mittel zur Erkennung und Entfernung von Fehlern erwiesen. Es gibt Werkzeuge zur Verwaltung technischer Reviews, die diese Vorgänge automatisieren.

Qualitätstore

Der erfolgreiche Abschluss von Testaktivitäten stellt ein **Qualitätstor** zur nächsten Phase der Softwareentwicklung dar. Abb. 26.1 zeigt typische Qualitätstore eines Testzyklus. Qualitätstore stehen außerdem im gesamten Entwicklungslebenszyklus nach jeder iterativen Phase.

Die Befolgung dieser Normen durch das Testteam und dessen frühe Einbeziehung in den Entwicklungslebenszyklus macht den positiven Nutzen der Fehlervermeidungsmethoden wahrscheinlich [DUST2001].

Diversitäre Redundanz

Diversitäre Redundanz bezeichnet ein Sicherheitskonzept der Technik, bei dem redundante (mehrfach vorhandene) Komponenten oder Systeme nicht identisch, sondern unterschiedlich (heterogen) ausgelegt sind. Durch verschiedene Hersteller, Technologien oder Funktionsprinzipien werden systematische Fehler (z. B. Software-Bugs, Designfehler) vermieden, bei denen es zu einem gleichzeitigen Ausfall identischer Systeme kommen könnte.

Das bedeutet, dass beim Ausfall von System A ein völlig anders aufgebautes System C einspringen würde, ohne denselben Fehler zu teilen. Dadurch wird eine höhere Verfügbarkeit und höhere **Ausfallsicherheit** als bei homogener (gleicher) Redundanz erreicht. Diversitäre Redundanz wird häufig in sicherheitskritischen Bereichen wie der

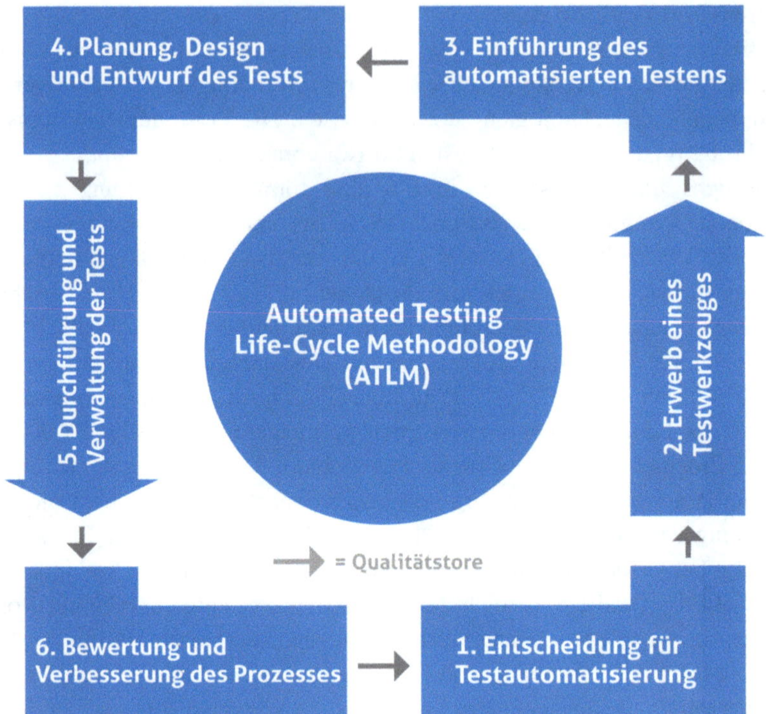

Abb. 26.1 Testlebenszyklus und Qualitätstore

Automatisierungstechnik, bei Kernkraftwerken oder bei IT-Infrastrukturen erreicht. Anwendungsbeispiele sind die Nutzung verschiedener Protokolle zur Steuerung, die Kombination mechanischer und elektronischer Sensoren oder der Einsatz unterschiedlicher Programmiersprachen für Steuerungssoftware. Obwohl der Aufwand für Entwicklung und Wartung höher ist, überwiegt der Gewinn an Sicherheit gegen Totalausfälle.

26.2 Null-Fehler-Strategie

Die **Null-Fehler-Strategie**, auch als **Zero Defects Concept** bekannt, ist ein Qualitätsmanagement-Ansatz, der darauf abzielt, Fehler in Produktions- und Geschäftsprozessen zu vermeiden und die Fehlerquote auf Null zu reduzieren. Das Ziel ist, fehlerfreie Produkte und Dienstleistungen zu erstellen, um Kundenzufriedenheit, Kosteneinsparungen und Wettbewerbsvorteile zu erzielen.

Die Null-Fehler-Strategie ist eine Methode des kontinuierlichen Verbesserungsprozesses (siehe auch Kap. 32). Mit dieser Vorgehensweise sollen Fehler möglichst verringert werden. Dabei wird diese Methode auch als Null-Fehler-Management oder Null Fehler-Prinzip bezeichnet.

Auch hier geht es zentral um die Etablierung einer positiven Fehlerkultur im Unternehmen: Die Frage nach der Fehlerursache ist wichtig, nicht die Suche nach dem Fehlerverursacher. Es spielt keine Rolle, wem der Fehler unterlaufen ist oder wer ihn entdeckt hat. Wichtig ist nur, dass man es als Möglichkeit der Verbesserung sieht. Wurde ein Fehler als ein solcher erkannt, hat die Ursachen- und Lösungssuche oberste Priorität, damit es nicht zu Wiederholungsfehlern kommt.

Um die Methode des Null-Fehler-Prinzips nachhaltig zu gestalten, muss sich derjenige Mitarbeiter, der den Fehler verursacht oder gemeldet hat, auch Gedanken über die mögliche Ursache machen. Optimal wäre die Erarbeitung von Korrekturmaßnahmen in Arbeitsgruppen, da die Erkenntnisse durch den Austausch auf diese Weise den Blickwinkel weiten und auch auf andere Unternehmensbereiche übertragen werden können.

- Wo gibt es ähnliche Vorfälle?
- Was ist die Wurzelursache (**Root Cause**)?
- Welches Ziel wird verfolgt?
- Wie sieht der Idealzustand aus?
- Was muss getan werden, um diesen Zustand zu erreichen?

Der Sinn jeder Korrekturmaßnahme liegt darin, eine Regelung zu finden, die das erneute Auftreten des gleichen Fehlers verhindert. Nur so kann man das Null-Fehler-Management realisieren und das angestrebte Qualitätsziel erreichen.

Nur wer eine solche positive Einstellung zu Fehlern und Problemen entwickelt, kann diese als Lernchancen und Informationsgeschenke nutzen. In solchen Fällen müssen die Fragen lauten:

- Was ist in der akuten Situation zu tun?
- Welche Erkenntnisse können aus diesem Fehler für die Zukunft abgeleitet werden?
- Wie können in der Zukunft ähnliche Fehler vermieden werden?

Wie passt es zusammen, dass einerseits Fehler erlaubt sind und zum Wachstum nötig sind, andererseits aber eine Null-Fehler-Strategie proklamiert wird? Die Null-Fehler-Strategie bedeutet eben nicht, dass keine Fehler mehr auftreten dürfen. Auch bei Anwendung der Null-Fehler-Strategie sind Fehler im Unternehmen nach diesem Ansatz sogar notwendig, um neue Wege zu entdecken. Der Fehler wird erst dann zum Problem, wenn er zum Wiederholungsfehler wird. Das Problem entsteht aber erst dann, wenn der Fehler aus Angst vor Bestrafung oder negativen Folgen für den Mitarbeiter vertuscht oder verleugnet wird und den Fehlerursachen nicht nachgegangen wird. Wiederholungsfehler und somit auch die unnötigen Kosten der Verschwendung bzw. der Nichtkonformität können mit der Null-Fehler-Strategie vermieden werden [QUME2026].

Zur Umsetzung der Null-Fehler-Strategie, die vor allem im japanischen Raum ihre Entstehung hat, wurde **Poka Yoke** als Konzept aus dem Qualitätsmanagement und **Lean Manufacturing** zur Fehlervermeidung in Prozessen entwickeln, um sicherzustellen, dass

Fehler gar nicht erst auftreten oder sofort erkannt und korrigiert werden, bevor sie zu Auswirkungen im Produktionsprozess führen. Poka Yoke stellt sicher, dass vor der Ausführung eines Prozessschritts die richtigen Bedingungen herrschen, und verhindert so von vornherein das Auftreten von Fehlern.

In der Praxis ist ein Poka Yoke eine Technik oder ein Mechanismus, der verhindert, dass ein Herstellungsprozess mit dem nächsten Schritt fortgesetzt wird, wenn er nicht korrekt ist. Poka Yoke kann entweder ein auf Erkennung basierender Kontrollmechanismus sein, der die Bediener vor einem aufgetretenen Fehler warnt, oder ein auf Vorbeugung basierender Alarmmechanismus, der verhindert, dass ein Prozess überhaupt zu einem Fehler führt. Poka Yokes können in praktisch jeder Phase eines Herstellungsprozesses implementiert werden und damit auch in der Software-Entwicklung [MRPE2026]. Beispiele sind automatische Anzeigen der Passwort-Stärke, Suchvorschläge, Pop-ups bei fehlenden Anhängen in E-Mails oder die Unmöglichkeit, Falscheingaben durchzuführen (Eingabefelder, die nur korrekte Formate akzeptieren) oder Code-Automatisierungen, die Best Practices sicherstellen.

Literatur

[DUST2001]: Dustin-Rashka-Paul: Software automatisch testen, Springer-Verlag Berlin Heidelberg 2001

[QUME2026]: https://qualitaetsmanagement.me/kvp-einfuehren/null-fehler-strategie/, zugegriffen am 06.01.2026

[MRPE2026]: https://www.mrpeasy.com/blog/de/poka-yoke/, zugegriffen am 11.01.2026

Zuverlässigkeit, Restfehler und Fehlerprognosen

27

Zuverlässigkeit schafft Vertrauen, indem sie zeigt, dass man sich auf das Wort und die Taten einer Person verlassen kann. Dieses Vertrauen ist die Grundlage für stabile Beziehungen, sowohl im persönlichen als auch im beruflichen Umfeld, da es Sicherheit gibt und die Zusammenarbeit erleichtert. Das gilt im übertragenen Sinne auch für Software: Nur wenn man den Ergebnissen der Software vertrauen kann, wird man sie ohne Vorbehalte einsetzen und sowohl der Software als auch dem Lieferanten der Software vertrauen.

27.1 Zuverlässigkeit

Software-Zuverlässigkeit ist definiert als „Wahrscheinlichkeit der fehlerfreien Funktion eines Computerprogramms in einer spezifizierten Umgebung in einer spezifizierten Zeit". Damit gehört Software-Zuverlässigkeit zu den objektiven, messbaren oder schätzbaren Kriterien der Softwarequalität und kann daher mit Hilfe geeigneter Software-Metriken bestimmt werden. Die Metriken für Zuverlässigkeit von Software basieren im Prinzip auf Fehlerhäufigkeiten, relativ zur Anzahl der ausgeführten Testfälle.

Die Software-Zuverlässigkeit kann durch verschiedene Metriken und Methoden gemessen werden. Dazu gehören die Analyse der Fehlerhäufigkeit, die Bewertung der Ausfallrate, die Berechnung der mittleren Zeit zwischen Ausfällen (**MTBF = Meantime between Failures**) und die Durchführung von Robustheitstests.

Folgende Durchschnittswerte sind dafür gut geeignet:

- mittlere Zeit bis zur Fehlerentdeckung: Durchschnittswert, der angibt, wie lange es dauert, bis ein Team ein Problem oder einen Fehler bemerkt.
- mittlere Zeit zwischen Ausfällen (MTBF): Häufigkeit des Ausstiegs des Programms (dieser Wert sollte auch die Intensität der Programmnutzung berücksichtigen)

F. Witte, *Fehlermanagement*, https://doi.org/10.1007/978-3-658-51918-6_27

- mittlere Zeit zur Fehlerbehebung: mittlere Dauer der Zeitperiode von Erkennen bis Behebung des Fehlers

Außerdem sollten generell Robustheitstests mit der Software (idealerweise automatisiert) durchgeführt werden. Zusätzlich können Kundenfeedback und Benutzerzufriedenheit wichtige Indikatoren für die Softwarezuverlässigkeit sein.

Um statistisch valide Aussagen für eine Metrik zu erhalten, ist eine hohe Anzahl verschiedener Testfälle und die wiederholte Durchführung von Regressionstests notwendig. Innerhalb eines Projekts wird ohnehin inkrementell die Applikation entwickelt und getestet. Eine mehrfache Wiederholung von Testaktivitäten ist also ohnehin einzuplanen. Die wiederholte Testdurchführung impliziert auch, sich über Möglichkeiten der Testautomatisierung im Projekt bereits zu Projektbeginn Gedanken zu machen und sie (zeitlich geringfügig versetzt) zur Ableitung der Testfallspezifikationen aus den Anforderungsdokumenten umzusetzen. Werden die Testfälle wiederholt ausführt, ist eine systematische, jedoch mit dem Testfall unkorrelierte Variation der Umgebungsbedingungen wichtig, denn bei exakt identischen Umgebungsbedingungen wird wegen der Determiniertheit von Software stets das identische Ergebnis auftreten. Bei hinreichender System-Komplexität ist die Determiniertheit jedoch schnell bloße Theorie, eben weil exakt identische Umgebungsvariable in der Praxis meist nicht vorhanden sind.

Zuverlässigkeit bedeutet, dass man den Testergebnissen vertrauen kann. Der Testergebnisbericht muss exakt die Testumgebung definieren; es muss möglich sein, den Test auch nach mehreren Jahren mit der im Testergebnisbericht beschriebenen Testumgebung zu wiederholen. Das ist zum Beispiel dann wichtig, wenn es im produktiven Betrieb der Software zu einem Vorfall bzw. Unfall gekommen ist oder auch wenn die ursprüngliche Software in einem Folgerelease umfangreiche Erweiterungen erhält und Vergleiche zwischen alter und neuer Version vorgenommen werden müssen.

27.2 Testendekriterien

Testendekriterien sind Bedingungen, die erfüllt sein müssen, um einen Testprozess oder eine Teststufe als abgeschlossen zu betrachten. Sie definieren, wann ein Testteam mit seinen Testaktivitäten aufhören kann und legen fest, welche Kriterien erfüllt sein müssen, damit die getestete Software oder Komponente als „fertig" angesehen werden kann. In der Regel ist das Testende von Lieferterminen des Projekts bzw. dem Projektende vorgegeben, die Betrachtung von Testendekriterien, also die Frage, wie lange das Testobjekt getestet werden soll, eher akademischer Natur.

Wenn man die Testendekriterien rechnerisch ermitteln will, wird dazu aus einem Referenzprojekt aus der Vergangenheit die Anzahl der Fehler hochgerechnet. Man verwendet also die alte Anzahl der Fehler und justiert sie durch die Größe und Komplexität des neuen Systems. Hatte das letzte Projekt dieser Art zum Beispiel 400 gemeldete Fehler bei einer Größe von 5000 **Function Points** und einer **Systemkomplexität** von 0,54, wären beim neuen System, das auf 6000 Function Points mit einer Komplexität von 0,6 geschätzt wird, 533 Fehler zu erwarten. Zunächst wird bei der mathematischen Ermittlung die Größe des letzten Systems durch seine Komplexität justiert:

$$gewichteteGr\ddot{o}\beta e_{alt} = 5000\,x\left(0{,}54\,/\,0{,}5\right) = 5400$$

Diese Größe wird durch die Anzahl der Fehler dividiert, um die **Fehlerdichte** zu ermitteln:

$$Fehlerdichte = 400\,/\;5400 = 0{,}074$$

Im nächsten Schritt wird die geschätzte Größe des neuen Systems durch die geschätzte Komplexität justiert:

$$gewichteteGr\ddot{o}\beta e_{neu} = 6000\,x\left(0{,}6\,/\,0{,}5\right) = 7200$$

Diese justierte Systemgröße wird jetzt mit der Fehlerdichte des letzten Systems multipliziert, um die erwartete Fehleranzahl zu errechnen:

$$Erwartete\ Fehleranzahl = 7200\,x\left(0{,}074\right) = 533\,Fehler$$

Das eigentliche Testendekriterium wäre dann, so lange zu testen, bis ein gewisser Prozentsatz der geschätzten Fehler aufgedeckt wird. Diese geschätzte Fehlerzahl muss auch nicht starr bleiben, sondern kann dynamisch angepasst werden: wenn der Testmanager bei der Testdurchführung der ersten Version eine höhere Fehlerdichte feststellt, kann die Anzahl der erwarteten Fehler angehoben werden [SNEE2012].

Da ein rein testfallbasiertes Testen in der Regel nicht die relevanten Schwachstellen der endgültigen Software abdeckt, ist es durchaus sinnvoll die Abdeckung funktionaler Anforderungen und der Codeabdeckung als ein messbares Instrument heranzuziehen, um das Testende zu bestimmen. Im heute in vielen Fällen im Projektumfeld angewendeten agilen Modell ist aber genau dieser Punkt zeitkritisch, in Iterationen von 2–3 Wochen und einem verbleibenden Testzeitraum von wenigen Tagen eine vollständige Abdeckung der beiden Aspekte zu erreichen. Diese Vorgehensweise ist nur mit einem hohen Anteil automatisierter Tests möglich, die vor allem zu Projektbeginn in der Regel noch gar nicht vorhanden sind. Das Testende anhand der Fehlerrate zu bestimmen, ist im agilen Kontext ebenfalls kritisch. Bei kleinen Features bewegt man sich im Rahmen von möglicherweise nur ein bis zwei Fehlern pro Feature. In solch einem Falle ist eine quantitative Grenze schwierig zu ziehen.

Einen Ausweg bietet der Ansatz des **risikobasierten Testens**. Das bedeutet, dass Risiken analysiert, priorisiert und minimiert werden. Das risikogetriebene Testen bietet eine handfeste Strategie, um das Testende zu begründen.

Das Testende wird bereits bei der **Risikopriorisierung** – vorbestimmt. Die Priorisierung der Risiken beleuchtet nur zwei Fragen: Welche Risiken sollen im Rahmen des Tests erkundet werden? Welche Risiken werden in Kauf genommen, ohne ihnen nachzugehen?

Der Tester ist genau dann fertig, wenn er genügend Daten über potenzielle Risiken gesammelt hat. Daten sammeln meint hier sowohl den explorativen Test als auch Absprachen mit dem Product Owner oder den Entwicklern.

Offen bleibt also die Frage, wie ausführlich der Tester seinen explorativen Test gestaltet, um das jeweilige Risiko zu erkunden. In der Praxis wird meist anhand der Rahmenbedingungen Zeit, Aufwandsschätzung und Kritikalität entschieden, wann ein Testrisiko ausreichend erkundet wurde. Richtet sich das Testende nach Deadlines oder durch Vorgaben des Projektmanagers, wird meist zu viel oder zu wenig getestet. Beides ist kostspielig und ineffizient. Stattdessen sollte der Tester seine Arbeit systematisch abschließen. Hierzu benötigt er Erkenntnisse anhand derer ein Team entscheiden kann, ob es die Software ausliefern möchte. Harte Testendekriterien eignen sich für das agile Vorgehensmodell nur bedingt. Stattdessen lassen sich solche Kriterien als Hilfsmittel nutzen, um eine Software oder eine Softwarekomponente systematisch zu erkunden [TEAK2026].

27.3 Restfehler

Zur Abschätzung der Restfehler gehört auch die Kalkulation der Aufwände für die Programmwartung. Es stellt sich dabei die Frage, wie viele Fehler nach Produkteinführung noch in der Anwendung versteckt sind, die von den Testaktivitäten nicht gefunden wurden. Diese Zahl wird auch als **Restfehlerrate** bezeichnet. Man kann sie sowohl auf Programmzeilen als auch auf Function Points beziehen.

Die Anzahl an Restfehlern pro KLOC (1000 Zeilen Code) liegt im Industriedurchschnitt bei 1–3, bei sehr kritischen Anwendungen in der Medizintechnik oder der Raumfahrt unter 1. Man kann davon ausgehen, dass nur diejenigen Unternehmen ihre Restfehlerrate öffentlich bekannt geben, die ihren Prozess zur Software-Erstellung sehr gut unter Kontrolle haben. Bei manchen Unternehmen ist die Restfehlerrate auch heute noch erschreckend hoch.

Wenn man bei der Ermittlung der Restfehlerrate davon ausgeht, dass erfahrungsgemäß ca. 10 % der Restfehler in die Klasse mit der höchsten Fehlerschwere fallen, kann man das mit der Auslieferung der Software verbundene Risiko ermitteln und mit Zusatzkosten angemessen quantifizieren [THAL2000].

Auch für ausgelieferte Software sollten Fehlermetriken erhoben und ausgewertet werden, weil die Wartungsaufwände von der Anzahl der noch vorhandenen Restfehler erheblich negativ beeinflusst werden können. Für die Wartungsphase muss ebenfalls definiert werden, welche Informationen Fehlermeldungen aus dem produktiven Einsatz beinhalten müssen. Die Art des Fehlers und seine Begleitumstände sind genau zu beschreiben, da sich sonst eine Rekonstruktion in der eigenen Referenz- bzw. Entwicklungsumgebung (und damit auch die Fehlerbehebung) als schwierig gestaltet. Daher müssen die Felder des Entwicklertools mit den Feldern eines in der Produktion eingesetzten Ticketsystems übereinstimmen bzw. die nötigen Informationen aus dem Tool des Ticketsystems werden können.

27.4 Fehlerüberdeckung und Testabdeckung

Mit der Ermittlung der Kennzahl der Fehlerdichte kann auch die **Testabdeckung** ermittelt werden. Lag beispielsweise die Fehlerdichte in den bisherigen Projekten bei 0,003, dann ist zu vermuten, dass dies auch in Zukunft so bleibt. In Unternehmen, die die Fehlerrate konsequent und regelmäßig messen, bestätigen, dass sie über Jahre hin relativ konstant bleibt, solange dieselben Mitarbeiter am Werk sind. Demzufolge kann die Fehlerdichte mit der neuen Anweisungszahl hochgerechnet werden. Wenn das neue System 50.000 Anweisungen und die bisherige Fehlerdichte 0,003 umfasst, dann kann mit 150 Fehlern im Systemtest gerechnet werden. Nach 120 erkannten Fehlermeldungen hat das Testteam demnach erst 80 % Testabdeckung erreicht. Diese Art der Fehlerüberdeckung ist oft der einzige Anhaltspunkt, den Systemtester haben, wenn sie über keine Dokumentation haben, auf die sie sich beziehen können. In der Praxis gibt es aber oft Parameter, die die bisherige Ermittlung positiv oder negativ beeinflussen, sodass es klar sein muss, dass diese Schätzungen eine gewisse Unsicherheit aufweisen. Ein angemessener Risikofaktor von 10 bis 20 % sollte daher immer mitberücksichtigt werden.

Man kann auch mehrere Metriken kombinieren, um eine Aggregation der Messungen aufzustellen. Es kann zum Beispiel die Function-Point-Überdeckung mit der Anforderungsüberdeckung zusammengefügt werden. Dadurch kann die Systemüberdeckung aus mehreren Perspektiven betrachtet werden; die verschiedenen Testabdeckungsmaße ergänzen sich gegenseitig [SNEE2012]. Es kommt dabei aber immer zuallererst darauf an, dass überhaupt genügend aussagefähige Daten erhoben werden, die dann mit Hilfe von Tools und – in den letzten Jahren zunehmend – mit Hilfe künstlicher Intelligenz ausgewertet werden können. Die Datengewinnung ist daher die erste Voraussetzung zur Optimierung. Mehrere Analysen geschickt zu kombinieren, um die Ergebnisse korrekt zu interpretieren und geeignete Handlungsempfehlungen daraus abzuleiten bleibt damit eine große Herausforderung für die Optimierung von Projekten.

Literatur

[THAL2000]: Thaller: Software-Metriken, HUSS-Medien Berlin, 2. Auflage 2000

[SNEE2012]: Sneed, Baumgartner, Seidl: Der Systemtest, Hanser-Verlag München 2012

[TEAK2026]: https://testautomatisierung-gewusst-wie.de/testen-im-agilen-kontext-wann-habe-ich-genug-getestet-wann-hoere-ich-auf/, zugegriffen am 06.01.2026

KI und Fehlerprognose 28

KI-gesteuertes Testen wird die Qualitätssicherung von Software weiter verändern. Teams werden **künstliche Intelligenz (KI)** nutzen, um Testprozesse zu optimieren und zu verbessern.

Generative KI steht an der Spitze dieser Revolution. Sie ermöglicht Teams die Automatisierung der Testerstellung und -wartung und liefert gleichzeitig intelligente Erkenntnisse zur Verfeinerung und Optimierung von Teststrategien.

Der Trend geht dahin, dass KI-gesteuerte Tests ein wesentlicher Bestandteil des Entwicklungslebenszyklus sein werden. Da Unternehmen mit immer komplexeren Softwaresystemen konfrontiert sind, beschleunigt sich die Integration von KI in Softwareentwicklungs- und Testabläufe [PARA2026].

28.1 Nutzen von KI bei Test und Fehlermanagement

Die zunehmende Komplexität von Software in Verbindung mit steigenden Kundenerwartungen hinsichtlich Geschwindigkeit, Sicherheit und Zuverlässigkeit haben dazu geführt, dass herkömmliche Testmethoden unzureichend sind. KI unterstützt den Softwaretest durch Automatisierung sich wiederholender Aufgaben und einer damit einhergehenden Erhöhung der Testabdeckung. Dadurch lassen sich schnellere Feedback-Zyklen und durch diese Prozessoptimierung eine beschleunigte Fehlerbehebung erzielen.

KI überbrückt die Lücke zwischen technischen Analysten, manuellen und automatisierten Tests. KI ermöglicht eine schnellere Testerstellung für komplexe Arbeitsabläufe, verbessert damit die Testabdeckung und Qualität und reduziert den Testaufwand, sodass der einzelne Tester mehr Zeit für kreative Aufgaben gewinnt und weniger Routinearbeiten erledigen muss. Die Generierung und Wartung von Testfällen wird von der KI übernommen und verbessert somit die Erfahrung von Entwicklern und Testern und führt

F. Witte, *Fehlermanagement*, https://doi.org/10.1007/978-3-658-51918-6_28

zu weniger Fehlern [PARA2026]. Entscheidend dafür ist allerdings, dass die Sprachmodelle der KI mit Hilfe von ausreichend Daten gut trainiert sind. Diese Entwicklung steht aktuell noch ziemlich am Anfang, wird aber in den nächsten Jahren zunehmend an Bedeutung gewinnen.

Generell zeichnet sich KI durch verschiedene Merkmale und Eigenschaften aus:

- **Lernfähigkeit**: KI-Systeme können aus Erfahrungen und Daten lernen. Sie können Muster erkennen, Zusammenhänge verstehen und ihr Verhalten anpassen, um ihre Leistung im Laufe der Zeit zu verbessern.
- **Wissensrepräsentation**: KI-Systeme können Wissen in Form von Regeln, Graphen oder anderen Datenstrukturen verwenden, um Probleme zu lösen, Fragen zu beantworten oder Entscheidungen zu treffen.
- **Schlussfolgerung und Problemlösung**: KI-Systeme sind in der Lage, Informationen zu verarbeiten, Schlussfolgerungen zu ziehen und Probleme zu lösen. Sie können Logiken anwenden, um Rückschlüsse aus vorhandenen Informationen zu ziehen, Gesetzmäßigkeiten zu erkennen und dadurch neue Erkenntnisse gewinnen.
- **Natürliche Sprachverarbeitung**: KI ist in der Lage, natürliche Sprache zu verstehen, zu analysieren und zu generieren. Dadurch werden eine Mensch-Maschine-Kommunikation und Aufgaben wie Textanalyse, Spracherkennung oder automatische Übersetzungen ermöglicht.
- **Wahrnehmung und Sensorik**: KI-Systeme können Informationen aus der Umgebung wahrnehmen und interpretieren. Dies kann visuelle Datenverarbeitung umfassen, bei der Bilder oder Videos analysiert werden, aber auch andere Sensorik wie Audio- oder Sensordaten physischer Geräte.
- **Autonomie**: Einige KI-Systeme sind in der Lage, eigenständige Entscheidungen zu treffen und Handlungen, ohne ständige menschliche Überwachung oder Steuerung auszuführen. Autonome KI-Systeme können komplexe Aufgaben eigenständig durchführen und sich an verändernde Umgebungen anpassen.

Der Einsatz von KI in der Softwareentwicklung kann die Anzahl der Softwarefehler vermindern bei gleichzeitiger Erhöhung der Entwicklungsperformance und Anfängern in der Software-Entwicklung einen schnelleren Einstieg erlauben [DUSC2025]. Sie wird aber auch mittelfristig den Programmierer nicht ersetzen können. Aktuell hat KI noch nicht die benötigte Reife, um Fehler von Anfang an zu vermeiden. Mit KI werden im Gegenteil in einer Übergangsperiode die Fehler eher noch ansteigen, eben weil die Sprachmodelle derzeit noch sehr lückenhaft sind.

Wie eine Studie von Tricentis zeigt, bewerten fast 70 % der Unternehmen das Potenzial von KI-gestützten DevOps-Tests als äußerst oder sehr wertvoll. Die neue Technologie kann zum Beispiel dabei helfen, risikobasiert zu testen, Testfälle zu erstellen oder Testergebnisse zu analysieren. Generative KI ist mit 45 % die KI-Art, die im DevOps-Bereich am häufigsten eingesetzt wird. Besonders hoch ist die Nachfrage nach Copiloten, die automatisiert Test Cases generieren [DIGB2026].

28.2 Fehlervorhersage mit Hilfe von KI

Eine Fehlervorhersage beruht meist aus Daten vorangegangener Testdurchführungen. Je mehr Tests (vor allem im Rahmen von Regressionstests) bereits durchgeführt wurden, desto besser ist die Ausgangslage für eine **Fehlerprognose**. Bei geeigneten Ausgangsbedingungen kann man mit Hilfe der Fehlervorhersage

- das Vorhandensein eines Fehlerzustands vorhersagen
- die Anzahl der vorhandenen Fehlerzustände prognostizieren
- eine Vorhersage treffen, ob diese Fehlerzustände gefunden werden können

Mit den gewonnenen Informationen können Tests priorisiert oder erweitert werden.

Die Qualität der Fehlervorhersage hängt von der Reife des Werkzeugs und der Datenbasis ab. Eine Vorhersage beruht z. B. auf folgenden Daten:

- Daten aus der Fehlerdatenbank
- Quellcodemetriken, wie z. B. die zyklomatische Komplexität nach McCabe oder kontrollflussorientierten Metriken
- Prozess- und Produktmetriken z. B. zu den Testkosten, der Testabdeckung oder der Fehlerschwere
- Menschlichen und organisatorischen Metriken, wie z. B. Anzahl und Expertise der Entwickler und Auslastungsgrad

Bei der Fehlervorhersage gilt es, sehr viele Daten und Faktoren zu berücksichtigen und die einzelnen Parameter mit den richtigen Faktoren zu gewichten, um zu aussagefähigen Indexwerten zu gelangen. Viele Daten korrelieren miteinander oder haben sogar einen kausalen Zusammenhang. Die Bestimmung der Wahrscheinlichkeit von Fehlerzuständen ist folglich sehr komplex und übersteigt unsere menschlichen Fähigkeiten. Es besteht also die Notwendigkeit, dafür KI-basierte Ansätze (meist mit Hilfe von **Machine Learning**) zu verwenden, um zu verlässlichen Vorhersagen zu Fehlerzuständen zu kommen. Es gibt dazu bereits vielversprechende Ansätze, wenn auch die Algorithmen noch weiter optimiert werden müssen. Die Vorhersage von Fehlerzuständen funktioniert am besten bei ähnlichen Gegebenheiten, in denen die Daten entstanden sind, also z. B.

- gleiche Codebasis
- gleiches Entwicklungsteam
- gleiches Testteam
- gleiche oder ähnliche verwendete Tools

Auch in der Wissenschaft wurden Fehlervorhersagen mit Hilfe von Machine Learning bereits erfolgreich angewendet. Dabei wurde beobachtet, dass die besten Prädikatoren organisatorische oder personenbezogene Metriken sind, die sich beispielsweise auf Kommunikationswege oder Hierarchien beziehen. Auch wer ein bestimmtes Modul programmiert hat, ist eine wesentliche Information, weil auch der Programmierstil einzelner Entwickler unterschiedlich ist und dadurch verschiedene Stärken und Schwächen aufweist. Die Verwendung von KI bietet dabei oft erheblich genauere Prognosen als z. B. die Kennzahlen zur zyklomatischen Komplexität oder die Lines of Code [ROET2024].

28.3 Einsatz von KI zur Fehlersuche

Ein Beispiel zum Einsatz von KI bei einer automatisierten Testdurchführung sind Tests der GUI. Fehlerzustände findet man im Test auch in der GUI selbst, wenn falsche Farben dargestellt werden, sich Seitenbereiche überlagern, Buttons verdeckt sind, Abhängigkeiten nicht richtig geladen werden oder der HTML-Code nicht mehr passt. Tools mit Modellen, die auf Machine Learning basieren, können mithilfe von Heuristiken und überwachtem Lernen solche und ähnliche Fehler finden bzw. die Güte einer GUI beurteilen. Dabei ist es u. a. möglich

- falsch dargestellte Elemente zu identifizieren
- nicht zugängliche oder schwer zu erkennende Objekte zu finden
- Probleme mit dem Erscheinungsbild der GUI festzustellen, beispielsweise Überschneidungen von Objekten oder Texten

Auch Bilderkennung oder andere Formen des „**maschinellen Sehens**" können als Unterstützung für Regressionstests verwendet werden.

Dazu werden Bilder miteinander verglichen und Änderungen der Objekte

- am Layout
- an der Größe
- an der Farbe
- in der Schriftart
- an sonstigen sichtbaren Attributen

identifiziert. Mithilfe der dabei erkannten Änderungen kann die KI beurteilen, ob sich die Änderungen negativ auf die GUI auswirken können. Bei der Testdurchführung muss man also nicht mehr die gesamte GUI überprüfen, sondern nur die Teile, die die KI gekennzeichnet hat. Dies kann besonders bei Regressionstests, die immer wieder ausgeführt werden müssen, viel manuelle Arbeit bei der Beurteilung der Qualität sparen.

Tools, die durch die beschriebene KI gestützt werden, können auch für Kompatibilitätstests auf verschiedenen Browsern, Geräten (z. B. Smartphones verschiedener Hersteller) und Plattformen eingesetzt werden, um sicherzustellen, dass das Testobjekt sich auf allen Geräten (ungefähr) gleich verhält und aussieht, dass also das Look and Feel und der

Wiedererkennungswert des Produkts gegeben ist [ROET2024]. KI kann Fehler und Bugs im Code schneller erkennen und Lösungsvorschläge bieten, wodurch die Qualität und Effizienz der Softwareentwicklung verbessert wird [GECK2026].

28.4 Einsatz von KI zur Fehleranalyse

Auch bei der Analyse gemeldeter Fehler, z. B. im Rahmen des Defect Control Boards, kann künstliche Intelligenz in verschiedener Hinsicht unterstützen:

- Kategorisierung von Fehlern: Mit **NLP** können Texte in natürlicher Sprache verarbeitet werden. NLP kann dafür eingesetzt werden, um Texte in Fehlerberichten zu analysieren und die darin beschriebenen Themen zu identifizieren, z. B. ob ein kritisches Systemverhalten genannt ist. Ebenso kann die betroffene Funktionalität bestimmt und zusammen mit weiteren Metadaten in Clusterbildungsalgorithmen weiterverarbeitet werden. Solche Algorithmen können k-nächster Nachbar oder Stützvektormaschinen sein. Mithilfe dieser Algorithmen können sowohl Kategorien von Fehlern als auch doppelte Einträge identifiziert werden. Vor allem in sehr großen Projekten bieten sich für KI umfangreiche Einsatzbereiche. Auch hier gilt: Je mehr Daten, desto effektiver ist die KI. Solche Techniken werden bereits seit einiger Zeit angewendet.
- Bestimmung der **Kritikalität** und Priorisierung der Fehler: Mit einem Machine Learning Modell können die Merkmale der kritischsten und am häufigsten auftretenden Fehler in den Absturzberichten trainiert werden. Mit dem so trainierten Modell können neue Fehler, die wahrscheinlich zu häufigen Systemausfällen führen, identifiziert und im Defect Control Board behandelt werden. Dabei können auch weitere Kategorien in die KI mit einbezogen werden. So können zum Beispiel Fehler im Zusammenhang mit der Benutzbarkeit immer höher priorisiert werden als Fehler, die für die Endkunden nicht sichtbar sind. Je nachdem, was gebraucht wird, wird eine KI für den Anwendungsfall erstellt.
- Zuweisung an weitere Instanzen: Machine Learning Modelle können in einem Defect Control Board-Meeting oder auch bei anderen Gelegenheiten vorschlagen, was mit dem Fehlerbericht passieren soll. Das Modell könnte zum Beispiel vorschlagen, wer im Entwicklungsteam das Ticket bearbeiten sollte. Eventuell erkennt die KI auch, dass zunächst Absprachen mit den Stakeholdern vorgenommen werden müssen, und die Tickets werden einem verantwortlichen Testmanager zugewiesen. Die Grundlage für diese Vorschläge bilden der Inhalt der Fehlermeldung und vorangegangene Zuweisungen aus der Fehlerdatenbank. Nur wenn in der Vergangenheit ausreichend Fehler gesammelt, bewertet und zugewiesen wurden und Informationen über diese Vorgänge ebenfalls protokolliert wurden, kann das System aus der Vergangenheit lernen. Auch hier gilt: Je besser die Datengrundlage im Projekt ist, desto besser gelingt es, eine KI für einen konkreten Einsatz anzupassen. Dabei spielt nicht nur die Menge der Daten, sondern auch die Zusammenhänge und die Qualität eine Rolle [ROET2024].

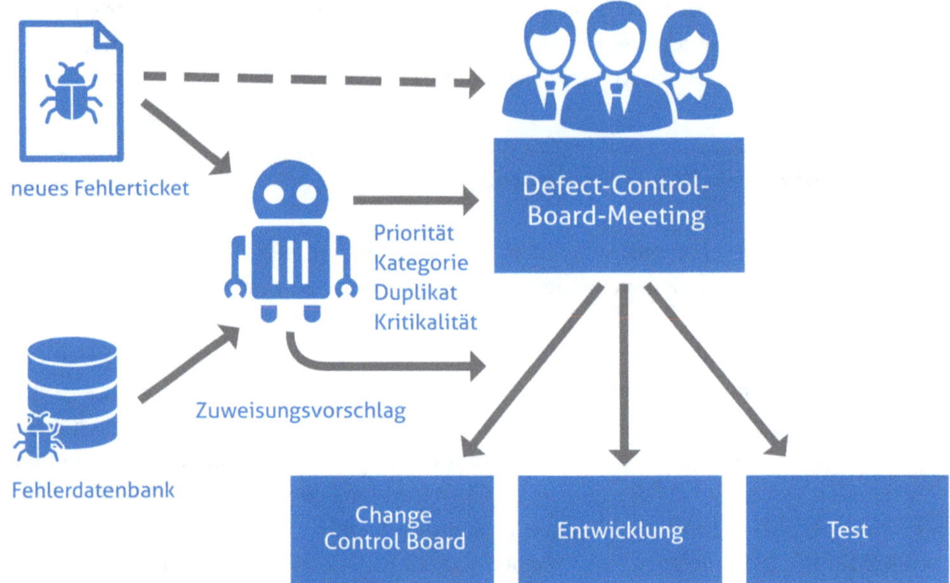

Abb. 28.1 KI und Fehlermanagement

Abb. 28.1 verdeutlicht die möglichen Einsatzbereiche einer KI in Zusammenhang mit dem Fehlermanagement.

Auch eine KI muss aber regelmäßig geprüft, gewartet und optimiert werden, um wirklich ihr volles Potenzial zu entfalten. Jede Technologie, die nennenswerte Fortschritte im Unternehmen erzielt, hat die Tendenz, in ihren Anfängen zu einem Hype zu werden und zum Allheilmittel ausgerufen zu werden und dadurch völlig überschätzt zu werden. In einer nächsten Phase setzt dann meistens zu viel Ernüchterung ein und erst mittelfristig kann die Technologie ihr volles Potenzial entfalten. Man überschätzt oft massiv, was in einem Jahr an technologischem Fortschritt erreicht werden kann, unterschätzt aber andererseits was in 10 Jahren erreicht werden kann.

Eine kontinuierliche Verbesserung und die Eliminierung von Fehlern bleibt jedoch auch mit der Nutzung von KI weiterhin notwendig. Ansonsten entstehen mit ungenauen Aussagen der KI nur neue Fehlerquellen.

Im Laufe der nächsten Jahre wird KI sukzessive zu einem selbstverständlichen Element beim Softwaretest werden – mit gewaltigen Chancen und hohem Optimierungspotenzial. Dadurch werden aber Fehler in der Software keineswegs verschwinden.

Literatur

[ROET2024]: Röttger-Runze-Dietrich: Basiswissen KI-Testen, dpunkt-Verlag Heidelberg 2024

[PARA2026]: https://de.parasoft.com/blog/annual-software-testing-trends/ https://www.iapm.net/de/blog/richtiges-fehlermanagement/, zugegriffen am 06.01.2026

[DIGB2026]: https://www.digitalbusiness-magazin.de/software-testing-trends-2026-a-a102958cdf78cb95d17ec37b2211012a/, zugegriffen am 06.01.2026

[DUSC2025]: Software-Fehler erkennen und vermeiden, Springer-Vieweg Verlag Wiesbaden 2025

[GECK2026]: https://www.gecko.de/wissenshub/die-top-trends-in-der-software-entwicklung-2025/, zugegriffen am 18.01.2026

29 Fault Seeding und Mutation Testing

Beim **Fault Seeding** oder **Bebugging** oder **Fehlerinjektion** werden künstlich Fehler in das Testobjekt eingebaut und geprüft, ob Testfälle – automatisiert oder manipuliert – den Fehler entdecken. Die manipulierten Testobjekte dürfen natürlich nicht ihren Weg in die Produktivumgebung finden. Diese Methode wird vor allem bei der Testautomatisierung angewendet, da ein automatisierter Testfall oft im Testset der durchzuführenden Testfälle verschwindet und nicht mehr betrachtet wird, während bei einer manuellen Durchführung der Tester immer noch ein Auge auf die Qualität des Testfalls hat [BUCS2015].

29.1 Methode des Fault Seeding

Bei der Fehlerinjektion werden Fehler spontan eingebracht, um den normalen Programmablauf zu stören, entweder um die Testabdeckung zu erweitern oder das System einem Stresstest zu unterziehen. **Software-Überlebensfähigkeit** und **Software-Zuverlässigkeit** hängen beide mit der Software-Leistung unter verschiedenen Bedingungen zusammen. Die Software-Zuverlässigkeit beschreibt in diesem Zusammenhang die Fähigkeit eines Programms, unter bestimmten Bedingungen für einen bestimmten Zeitraum korrekt zu funktionieren. Software-Überlebensfähigkeit hingegen ist die Fähigkeit eines Programms, in jeder Situation und zu jedem Zeitpunkt weiterhin zu funktionieren.

In einer amerikanischen Studie zur Fehlerinjektion wurden drei verschiedene Bedrohungen für die Software-Überlebensfähigkeit untersucht: Softwarefehler, böswillige Angriffe und anomales Verhalten von Drittanbietersoftware. Softwarefehler im Programmquellcode sind Fehler, die vom Programmierer unbeabsichtigt in das System eingebracht wurden. Böswillige Angriffe nutzen Sicherheitslücken in der Software aus – dabei handelt es sich um intelligente, zielgerichtete Aktionen eines Benutzers oder eines Dritten, die ein anderes als das ursprünglich vom Programmierer beabsichtigte Ziel verfolgen.

F. Witte, *Fehlermanagement*, https://doi.org/10.1007/978-3-658-51918-6_29

Anomales Verhalten von Drittanbietersoftware umfasst Komponentenfehler und die Tatsache, dass kommerzielle Standardanwendungen (**Commercial Off-The-Shelf** oder auch **COTS**) fehlerhaft sein können. Diese Bedrohungen für die Überlebensfähigkeit haben sehr unterschiedliche Ursachen und äußern sich auf unterschiedliche Weise in der Softwareleistung. Aufgrund dieser Unterschiede ist es wichtig, beim Testen der Software-Überlebensfähigkeit jede Art von Bedrohung zu berücksichtigen. Dieselben Methoden decken keine Fehler auf, die für separate Bedrohungen anfällig sind [FAUI2008].

Die Methodik basiert auf der Annahme, dass dann, wenn eine bekannte und kontrollierte Anzahl von Fehlern eingeschleust wird und der Anteil der durch den Testprozess entdeckten Fehler gemessen wird, anhand dieses Anteils die Anzahl der noch zu entdeckenden echten (nicht vorhandenen) Fehler vorhergesagt werden können. Bei richtiger Anwendung kann die Methode des Fault Seeding darüber Aufschluss darüber geben, auf welche Bereiche sich die Tests konzentrieren sollten und wie umfangreich sie sein sollten. Im Fall von Software kann sie darüber hinaus Aufschluss über die tatsächliche Verteilung der Fehlerdichte geben.

29.2 Vorgehensweise beim Fault Seeding

Fault Seeding ist eine Technik, die in der Softwareentwicklung verwendet wird, um die Rate zu bestimmen, mit der Softwareentwicklungstests Fehler erkennen und die Anzahl der nicht erkannten Fehler im System. Ein oder mehrere Fehler werden absichtlich in eine Codebasis eingebracht, ohne die Tester zu informieren. Dadurch können Metriken erzeugt werden, um die Qualität des Quellcodes zu bestimmen:

- Die **Fehlererkennungsrate** misst die Testeffektivität und ist ein wichtiger Aspekt der Testqualität. Sie beantwortet die Frage, wie viele der (manipulierten) Fehler (in %) durch die bestehenden Softwaretests gefunden werden.
- Die **Anzahl der verbleibenden Fehler** liefert Informationen zur Anzahl der verbleibenden Fehler nach den Tests. Sie ist ein Aspekt der Softwarequalität und beantwortet die Frage, wie viele Fehler nach den Testaktivitäten in der Software verbleiben.
- Zusätzlich kann die Zeit bis zur Entdeckung des Fehlers ermittelt werden: S ist die Gesamtzahl der Fehlererkennungen und s(t) die Anzahl der zum Zeitpunkt t entdeckten Fehler. s(t)/S ist die Effektivität der Fehlererkennung bis zum Zeitpunkt t. Wenn angenommen wird, dass Fehlererkennungen die tatsächlichen Fehler repräsentieren, kann die Effektivität der Fehlererkennung als repräsentativ für die Gesamteffektivität des Tests angenommen werden.

Aus diesen beiden Werten lassen sich weitere Indexwerte ableiten.

Nach dem Einfügen von künstlichen Fehlern in die Software wird anschließend die Anzahl künstlicher und echter Fehler ermittelt, die von den Softwaretests entdeckt werden.

Der komplette Prozess beim Fault Seeding besteht daher im Einzelnen aus folgenden Schritten:

- Definition künstlicher Fehler (**Fault Modeling**)
- Einfügen der Fehler in den Programmcode (Fehlerinjektion oder **Fault Injection**)
- Testdurchführung
- Berechnung von Kennzahlen
- Interpretation der Testergebnisse und der Kennzahlen

Das folgende Beispiel zeigt den Prozess im Detail:

Fehlermodellierung
Im ersten Schritt werden künstliche Fehler modelliert. Der Entwickler kann beispielsweise arithmetische, relationale oder logische Operatoren ersetzen, Funktionsaufrufe entfernen oder den Datentyp von Variablen ändern. Es gibt viele Arten von Fehlern – es ist also Kreativität gefragt.

Zur Verdeutlichung hier ein Beispiel. Folgende Formel zeigt den ursprünglichen Quellcode. Wenn die Variable a größer als 5 ist, wird die Funktion func() ausgeführt.

$$if\left(a>5\right)\left\{func(\ );\right\}$$

Nun wird ein neuer künstlicher Fehler modelliert, indem der ursprünglichen Quellcode manipuliert wird. Wenn die Variable a gleich oder größer als 5 ist, wird die Funktion func() ausgeführt. Dadurch wird dieser Quellcode mit einem künstlichen Fehler erzeugt:

$$if\left(a>=5\right)\left\{func(\ );\right\}$$

Fault Injection
Diese künstlichen Fehler werden dann in die Software eingebracht. Die Anzahl der eingebrachten Fehler wird selbst bestimmt und hängt von der Größe der Software ab. Wenn das Testobjekt beispielsweise 1000 Codezeilen umfasst, reichen fünf künstliche Fehler möglicherweise nicht aus. Eine genaue Regel zur Bestimmung der Anzahl künstlicher Fehler gibt es leider nicht.

Das Einbringen künstlicher Fehler in den Master-Branch muss unbedingt vermieden werden. Es wird empfohlen, einen neuen Branch zu erstellen und die Fehlereinbringung in diesem Branch durchzuführen.

Testdurchführung
Bei der Testdurchführung werden im Rahmen einer definierten Testkampagne die manuellen oder automatisierten Tests ausgeführt. Es sollten dabei möglichst wenig Parameter verwendet werden, also z. B. sollte dasselbe Testteam und möglichst eine vergleichbare

Testumgebung eingesetzt werden Ziel dieser Tests ist es, möglichst viele Fehler zu entdecken – seien sie nun reale Fehler oder durch die Fault Seeding Methode injektierte Fehler.

Berechnung von Kennzahlen

Die Tests decken (hoffentlich) eine angemessene Anzahl realer und künstlicher Fehler auf. Die Anzahl der entdeckten Fehlerquellen, die Anzahl der Fehlerquellen und die Anzahl der entdeckten realen Fehler sind nun bekannt. Die folgenden mathematischen Gleichungen veranschaulichen die Berechnung der Fehlererkennungsrate und der Anzahl der verbleibenden Fehler. Die folgende mathematische Gleichung stellt die grundlegende Beziehung zwischen Fehlerquellen und realen Fehlern dar, auf der die Fehlerquellenmethode basiert.

entdeckte injektierte Fehler / Anzahl injektierte Fehler = entdeckte echte Fehler / Anzahl echte Fehler

Anzahl echte Fehler = Anzahl injektierte Fehler x(entdeckte echte Fehler / entdeckte injektierte Fehler)

Interpretation

Das Hauptziel von Fault Seeding ist die Bewertung der Software- und Testqualität. Auf Basis dieser Informationen können Mängel der Tests identifiziert und in der Folge Verbesserungsmaßnahmen definiert und umgesetzt werden, um die identifizierten Mängel zu reduzieren.

Dabei kann z. B. ermittelt werden, wie hoch die Testabdeckung ist und in welchen Bereichen sie gezielt gesteigert werden sollte. Man erkennt die Qualität der Testdurchführung und bekommt genauere Daten, um Aufwand und Nutzen der Testmaßnahmen zu bewerten [MEDI2016]. Dazu müssen jedoch weitere Kennzahlen ermittelt und sinnvoll miteinander in Beziehung gesetzt werden.

Gerade beim vermehrten Einsatz künstlicher Intelligenz ist Fault Seeding eine geeignete Methode, um Algorithmen zu verbessern: Da das Fault Seeding bereits für automatisierte Übersetzungstools wie Google Translate eingesetzt wird, bei dem es darum geht, die Sorgfalt, die Kompetenz und die Effektivität eines Übersetzungsprogramms zu bewerten, ist sie für analoge Anwendungen, indem Vorhersagen aufgrund großer Datenmengen getroffen werden, sehr gut geeignet, um Schwachstellen aufzudecken. Nach einer Optimierung notwendiger Parameter im Test- und Fehlermanagement kann dann in einer späteren Phase die Methode erneut mit veränderten Fehlern bzw. anderen Daten eingesetzt werden.

29.3 Vorgehensweise beim Mutation Testing

Einen ähnlichen Ansatz wie das Fault Seeding verfolgt das **Mutation Testing** .

Eine Mutation ist eine geringfügige Änderung im Code. Bei Mutation Testing als Form des White Box Testing werden gezielt einzelne Codestellen verändert, um zu prüfen, ob Tests diese Änderungen entdecken (Mutant wird „getötet") oder nicht (Mutant „überlebt"). Dafür können **syntaktische** und **semantische** Mutationen verwendet werden.

Syntaktische Mutationen bedeutet die Veränderung einzelner Zeichen oder Operatoren im Code. Diese Mutationen prüfen, ob Tests auf kleinste Veränderungen reagieren. Dazu gehören zum Beispiel

- **Arithmetic Operator Replacement** (AOR): z. B. „+" wird zu „–"
- **Conditional Operator Replacement** (COR): Vergleichsoperatoren werden ersetzt
- **Return Value Replacement** (RVR): Rückgabewerte werden verändert
- **Logical Connector Replacement** (LCR): „Und" und „Oder"-Verknüpfungen werden verändert (&& <-> ||)
- **Negate Conditionals** (NCR): Bedingungen werden negiert

Semantische Mutationen entdecken oft schwerwiegende Testlücken, da sie reale Fehlerszenarien simulieren. Dazu gehören:

- **Logic Replacement**: korrekte Logik wird durch falsche Logik ersetzt
- **Argument Order Mutation**: Reihenfolge der Parameter wird vertauscht
- **Hidden Logic/Wrong Default**: Default-Verhalten wird manipuliert

Nach der Testdurchführung mit Hilfe von Mutation Testing lassen sich die Ergebnisse anhand der folgenden Kriterien analysieren:

- **Prozentuale Testabdeckung**: Codestellen (z. B.Methoden), die nicht durch Tests abgedeckt werden, lassen sich identifizieren. Ungedeckte Bereiche erzeugen Mutationen, die zwangsläufig überleben.
- **Zahl der am häufigsten überlebenden Mutationen im Code** zur Identifikation von Mustern und Priorisierung von Optimierungsmaßnahmen
- **Top-Klasen mit der höchsten Anzahl überlebender Mutationen** um zu erkennen, welcher Code zuerst geprüft und überarbeitet werden sollte
- **Mutation Survival Index (MSI)**: Index zur zentralen Kennzahl für Testqualität. Dabei bezeichnet der **MSIstrict** die Kennzahl *getötete Mutationen/alle Mutationen*, während der **MSIfull** zusätzlich nicht getestete Codeteile mit einbezieht. Ein niedriger MSI deutet auf die Notwendigkeit hin, die Tests zu erweitern und die Testabdeckung zu steigern, in etwa durch zusätzliche Negativtests oder Prüfung geeigneter Äquivalenzklassen.

29.4 Künstliche Intelligenz und Mutation Testing

Mit dem Aufkommen von KI hat das Mutation Testing ein neues Level erreicht, in dem ein System aus KI-Agenten zum Einsatz kommt Der gesamte Prozess des Mutation Testings wird dadurch erweitert und automatisiert. Die Auswahl geeigneter Mutationen, die automatisierte Analyse und einheitliche Reporting-Strukturen verbessern die Test- und Codequalität erheblich und verkürzen die Testlaufzeiten.

Jeder der nachfolgend bezeichneten Agenten ist dabei für eine bestimmte Phase zuständig – von der Analyse vergangener Tests bis zur Generierung neuer Methoden und der Erstellung von Berichten:

- **KI-Agent zur Analyse historischer Testdaten**: Dazu gehören folgende Funktionen:
  - Auswertung früherer Mutationstests und Erkennung von Mustern, Schwachstellen und ineffizienten Teststrategien
  - Verknüpfung überlebender Mutanten mit Abdeckungslücken oder ineffektiven Tests
  - Erkennung von Regelmäßigkeiten in überlebenden Mutationen (Typ, Position, Klasse)
  - Lernen aus Metriken früherer Berichte: MSI, Mutationen, Laufzeiten
    Identifikation priorisierter Bereiche zur Erhöhung der Testabdeckung
- **KI-Agent zur Erstellung zielgerichteter Mutationen**
  - Analyse von neuem Code und Erzeugung von Mutationen, die speziell auf die Architektur und Logik eines Projekts zugeschnitten sind
  - Berechnung der Mutationsanfälligkeit von Klassen und Methoden
  - Erstellung neuer Mutationsklassen, die auf die individuelle Geschäftslogik zugeschnitten sind
    Anpassung an die Systemarchitektur des betrachteten Projekts
- **KI-Agent für Vereinheitlichung und Reporting:**
  - Sammlung von Reports aus verschiedenen Quellen und Tools und Konvertierung in ein einheitliches Format
  - Automatische Dokumentation zur besseren Vergleichbarkeit der Ergebnisse aus dem Mutation Testing (Abdeckungsdynamik, Veränderung des MSI)
    Generierung von Heatmaps und Reports [SQMA2025]

Literatur

[BUCS2015]: Bucsics, Baumgartner, Sneed, Gwihs: Basiswissen Testautomatisierung, dpunkt-Verlag Heidelberg, 2. Auflage 2015

[FAUI2008]: https://www.cs.umd.edu/~atif/Teaching/Spring2008/Solutions/fault%20injection.pdf, zugegriffen am 06.01.2026

[MEDI2016]: https://medium.com/@michael_altmann/fault-seeding-why-its-a-good-idea-to-insert-bugs-in-your-software-part-1-245827e840b3, zugegriffen am 06.01.2026

[SQMA2025]: SQ-Magazin Ausgabe 75 Dezember 2025

Messung der Qualitätsverbesserung 30

Um Qualitätsverbesserung zu messen, ist nicht nur die Anzahl der Softwarefehler von Interesse. Man geht davon aus, dass die Stakeholder, also das Team, das für die Erstellung und schließlich Auslieferung eines Softwareprodukts verantwortlich ist, einen hohen Einfluss auf die Qualität des Produkts hat. Im Folgenden sollen die einzelnen Faktoren im Hinblick auf den Entwicklungs- und Testaufwand einerseits, auf die Frage der Softwarequalität andererseits, untersucht werden. Die hier formulierten Thesen haben sich in mehreren unabhängigen Studien bestätigt.

30.1 Faktor „Erfahrung“

Die folgende Übersicht zeigt eine Reihe von Thesen zur Ermittlung des Testaufwands und der Fehlerprognose. Nicht alle Thesen sind für jedes Projekt relevant, die Betrachtung ist individuell anzupassen und zu gewichten.

Folgende Thesen wurden dabei formuliert (durchnummeriert mit „T1“ bis „T34“):

1. Je strategisch wichtiger ein Softwareprodukt ist, desto höher ist ceteris paribus der Testaufwand.
2. Je mehr Kunden und Nutzer bereits ein Vorreales des Softwareprodukts einsetzen, desto höher ist ceteris paribus der Testaufwand.
3. Je mehr Kunden und Nutzer erwartet werden, desto höher ist der Testaufwand und desto mehr Fehler werden gefunden.
4. Je höher der geplante Produktpreis ist, desto höher ist der Testaufwand und desto mehr Fehler werden gefunden.

F. Witte, *Fehlermanagement*, https://doi.org/10.1007/978-3-658-51918-6_30

5. Bei Re-Design-Projekten fällt ceteris paribus mehr Testaufwand an als bei Verbesserungen des Produkts, und bei Verbesserungsprodukten ceteris paribus mehr Testaufwand als bei Neuentwicklungen.
6. Je mehr Vorreleases zu einem Produkt existieren, desto geringer ist ceteris paribus der Testaufwand.
7. Je länger die im Projekt verwendete Entwicklungstechnologie bereits verwendet wird, desto weniger Testaufwand ist ceteris paribus erforderlich.
8. Je häufiger und je später sich Anforderungen ändern, desto größer ist ceteris paribus der Testaufwand.
9. Je größer die Variabilität der Nutzung des Produkts, desto größer ist ceteris paribus der Testaufwand.
10. Je kritischer die Kunden die Prozessunterstützung durch das Produkt einstufen, d. h. je höher die Kosten im Fall eines Ausfalls eines Softwareprodukts sind, desto höher ist das Risiko für den Softwarehersteller, für Folgekosten von fehlerhaftem Verhalten der Software haftbar gemacht zu werden. Je mehr Aufwand in Tests gesteckt wird, desto weiter lässt sich das Risiko derartiger Kosten verringern.
11. Wenn es Vergleichsprodukte aus Kundensicht gibt, ist der Testaufwand höher, als wenn es keine Vergleichsprodukte gibt.
12. Je mehr Beschwerden vom Kunden zum Vorrelease des zu testenden Produkts beim Hersteller eingingen, desto höherer Testaufwand wird ceteris paribus betrieben.
13. Je größer der Umfang der Anforderungen, die in einem Entwicklungsprojekt umzusetzen sind, desto höher ist ceteris paribus der Testaufwand.
14. Die im Projekt eingesetzten Entwicklungstechnologien beeinflussen den Testaufwand nicht direkt, sondern anhand ihrer Eignung für die umzusetzenden Anforderungen, ihrer allgemeinen Verbreitung und ihrer Bekanntheit in der jeweiligen Organisation.
15. Je mehr externe Schnittstellen neu entwickelt oder geändert werden, desto höher ist ceteris paribus der Testaufwand.
16. Je mehr interne Schnittstellen neu entwickelt oder geändert werden, desto höher ist ceteris paribus der Testaufwand.
17. Je wichtiger und je höher ausgeprägt die angestrebte Funktionalität, desto höher ist ceteris paribus der Testaufwand.
18. Je wichtiger und je höher ausgeprägt die angestrebte Zuverlässigkeit, desto höher ist ceteris paribus der Testaufwand.
19. Je wichtiger und je höher ausgeprägt die angestrebte Benutzbarkeit, desto höher ist ceteris paribus der Testaufwand.
20. Je wichtiger und je höher ausgeprägt die angestrebte Effizienz, desto höher ist ceteris paribus der Testaufwand.
21. Je qualitativ höherwertiger, d. h. je besser die Spezifikation und die Entwurfsdokumentation ihren Zweck als Arbeitsgrundlage erfüllen, desto höher ist ceteris paribus der Testaufwand.
22. Je mehr Erfahrung mit dem Fachgebiet die jeweiligen Entwickler haben, desto geringer ist ceteris paribus der Testaufwand.

23. Je erfahrener die Entwickler mit Analyse, Entwurf und Codierung sowie mit Projektarbeit sind, desto geringer ist ceteris paribus der Testaufwand.
24. Je mehr Produkterfahrung beteiligte Tester haben, desto geringer ist ceteris paribus der Testaufwand.
25. Je mehr Erfahrung beteiligte Tester mit ihren Aufgaben haben, desto geringer ist ceteris paribus der Testaufwand.
26. Je engagierter die Tester im Projekt mitarbeiten, desto geringer ist ceteris paribus der Testaufwand.
27. Je engagierter die Entwickler im Projekt mitarbeiten, desto geringer ist ceteris paribus der Testaufwand.
28. Je wichtiger die Produktqualität aus Sicht des Projektleiters ist, desto höher ist ceteris paribus der Testaufwand.
29. Je größer das Team, desto höher ist ceteris paribus der Testaufwand.
30. In Projekten, die von einem eingespielten Team durchgeführt werden, ist der Testaufwand ceteris paribus geringer, als wenn das Team vor dem Projekt noch nicht zusammengearbeitet hat.
31. Verfolgen alle Mitarbeiter primär ein gemeinsames Ziel, führt dies ceteris paribus zu geringerem Testaufwand, als wenn primär individuelle Ziele verfolgt werden.
32. Mit der Anzahl unterschiedlicher Muttersprachen steigt ceteris paribus der Testaufwand.
33. Auf je mehr Standorte die Mitarbeiter in einem Projekt verteilt sind, desto höher ist ceteris paribus der Testaufwand.
34. Wenn die Testfälle von Entwicklern erstellt und ausgeführt werden anstelle von Testern, ist der Testaufwand ceteris paribus höher, als wenn Tester diese Aufgaben wahrnehmen.

„**Ceteris paribus**" bedeutet, dass die anderen Parameter in der Betrachtung unverändert bleiben. Es handelt sich demnach um Korrelationen und Kausalitäten, die isoliert betrachtet sind, also um ein rein theoretisches Modell. In der Praxis wird es nie der Fall sein, dass sich im Projektverlauf nur ein einziger Parameter verändert, sondern fast alle Parameter sind ständigem Wechsel unterworfen. Um ein wirklich umfassendes und praxisgerechtes Bild der Qualitätsverbesserung zu erhalten, muss man also wesentlich komplexere Analysen anstellen und Wechselwirkungen zwischen den einzelnen Parametern betrachten korrekt gewichten, um zu einer aussagefähigen Bewertung zu gelangen.

Hier stellt sich also die Aufgabe, den Horizont des eigenen Denkens zu erweitern und den Verstand und die Vernunft darin zu schulen, komplexe Zusammenhänge mit mehreren Variablen zu erfassen. Es wirken mehrere Variablen zusammen und allein schon mit den Parametern die bekannt sind ist die Gewichtung der einzelnen Kriterien angemessen zu berücksichtigen, also welcher Parameter zu wie viel Prozent auf ein Ergebnis einzahlt. Es kann aber durchaus sein, dass noch weitere Einflussgrößen vorhanden sind, die gar nicht erhoben werden. Daher sind treffende Aussagen zur Softwarequalität so schwierig und mehrdimensional.

Die folgende Tabelle (Tab. 30.1) zeigt zu jedem der formulierten Thesen den Einflussfaktor, dem das Merkmal zugeordnet ist [DOWI2009]:

Tab. 30.1 Thesen und Einflussfaktoren

These Nr	Merkmal	Einflussfaktor, dem das Merkmal zugeordnet ist
T1	Strategische Bedeutung des Softwareprodukts	Marktbedeutung des Softwareprodukts
T2	Anzahl Kunden des Vorreleases	Marktbedeutung des Softwareprodukts
T3	Anzahl erwarteter Kunden	Marktbedeutung des Softwareprodukts
T4	Geplanter Produktpreis	Marktbedeutung des Softwareprodukts
T5	Projekttyp (Neuentwicklung, Verbesserung, Re-Design)	Neuartigkeit
T6	Anzahl Vorgängerreleases	Neuartigkeit
T7	Bekanntheit der eingesetzten Entwicklungs-technologie	Neuartigkeit
T8	Anzahl und Zeitpunkt der Anforderungsänderungen während des Projekts	Dynamik der Anforderungen
T9	Variabilität der Nutzung des Produkts	Grad der Kundenindividualität
T10	Wichtigkeit des Produkts aus Kundensicht (Kritikalität)	Kundenerwartungen an das Produkt
T11	Existenz von Vergleichsprodukten aus Kundensicht	Kundenerwartungen an das Produkt
T12	Anzahl Beschwerden von Kunden des Vorreleases	Kundenerwartungen an das Produkt
T13	Umfang der Anforderungen	Umfang des Softwareprodukts
T14	Eingesetzte Entwicklungstechnologien	Komplexität des Softwareprodukts
T15	Anzahl externer Schnittstellen	Komplexität des Softwareprodukts
T16	Anzahl interner Schnittstellen	Komplexität des Softwareprodukts
T17	Angestrebte Funktionalität	Angestrebte Qualität
T18	Angestrebte Zuverlässigkeit	Angestrebte Qualität
T19	Angestrebte Benutzbarkeit	Angestrebte Qualität
T20	Angestrebte Effizienz	Angestrebte Qualität
T21	Qualität der Spezifikation und der Entwurfsdokumentation	Dokumentation der Anforderungen und des Entwurfs
T22	Erfahrung der Entwickler mit dem Fachgebiet	Erfahrung
T23	Erfahrung der Entwickler mit ihren Aufgaben	Erfahrung
T24	Erfahrung der Tester mit dem Produkt	Erfahrung
T25	Erfahrung der Tester mit ihren Aufgaben	Erfahrung
T26	Engagement der Tester	Motivation und Einstellung zur Qualität
T27	Engagement der Entwickler	Motivation und Einstellung zur Qualität
T28	Einstellung des Projektleiters zur Qualität	Motivation und Einstellung zur Qualität
T29	Anzahl Projektteammitarbeiter	Teamgröße
T30	Kontinuität des Teams	Kommunikation
T31	Verfolgung eines gemeinsamen Ziels	Kommunikation
T32	Anzahl verschiedener Muttersprachen im Team	Kommunikation
T33	Anzahl der Standorte der Projektmitarbeiter	Kommunikation
T34	Testfallerstellung und Testdurchführung durch Entwickler	Rollenbesetzung

30.2 Interpretation der Messwerte

Welcher Faktor in welchen Anteilen für das Gelingen von Projekten zuständig ist, ist dabei individuell zu untersuchen. Der Testaufwand korreliert dabei nicht immer exakt mit der Anzahl der Fehler.

Daher sollten zunächst die einzelnen Einflussfaktoren untersucht und bewertet werden. Mit einer umfassenden Projektbewertung kann man sowohl die Anzahl der Fehler als auch den Aufwand für das Test verringern und zusätzlich die Qualität erhöhen. Für ein effizientes Benchmarking müssen die Werte zunächst überhaupt erhoben werden. Allein daran scheitert es in vielen Projekten bereits – entweder die Datenerhebung findet gar nicht statt oder sehr unregelmäßig. Es zahlt sich aber in jedem Fall aus, umfangreiche Daten für die Grundlage von Analysen zu erheben.

Das Nutzerverhalten im Internet wird von Meta, Amazon oder Google seit Jahren getrackt, damit dem einzelnen User die Beiträge oder Produkte angezeigt werden, die für ihn am passendsten erscheinen. In den Jahren zwischen ca. 2005 bis 2015 ging es vor allem darum, zunächst diese Daten überhaupt detailliert zu erheben. Man benötigt einen gewissen Vorlauf für eine genügend große Datenbasis, um wirklich valide statistische Werte zu erheben. Das gilt für die Auswertung von KPIs in Projekten analog. Wenn aber erst einmal genügend Daten vorliegen, sind zielgerichtete Maßnahmen und Optimierungen umso besser möglich.

Es kommt bei der Datensammlung zunächst nicht primär darauf an, sofort den Verwendungszweck der Daten zu kennen. Elektrofahrzeuge (vor allem chinesischer Hersteller) zeichnen bei jedem Auto eine Vielzahl an Informationen auf, nur um sie überhaupt vorrätig zu haben. Für welche Zwecke man sie sinnvoll nutzt, kann man sich auch später noch überlegen; wichtig ist, sie zunächst zu erfassen. Historische Werte bergen oft wesentlich mehr Anhaltspunkte als gemeinhin angenommen wird.

In den meisten Organisationen mangelt es nicht nur daran, Daten überhaupt zu erheben, zu strukturieren und zu analysieren. Oft liegen durchaus genügend interessante Daten vor, aber in unterschiedlichen Systemen, unterschiedlichen Formaten, auf verteilten Laufwerken und irgendwo in Dokumenten versteckt. Nur wenn überhaupt genügend messbare Werte für Analysen verfügbar sind, sind sinnvolle Auswertungen möglich. Ein Extrembeispiel ist die Erforschung des Meeresgrundes: weniger als 0,001 % der verfügbaren Informationen werden manuell untersucht. Bei der schieren Menge an Daten ist es schlichtweg nicht anders möglich. Der Großteil der Daten wird automatisiert verarbeitet, um Muster und Veränderungen zu erkennen (z. B. Waldsterben, Eisschmelze). Aber auch hier gilt, dass permanent wesentlich mehr Daten gesammelt werden, als derzeit ausgewertet werden können, weshalb einheitliche Standards und bessere Methoden zur Analyse dringend benötigt werden. Selbst wenn man in einem Softwareprojekt bereits viele relevante Daten und Informationen zur Verfügung hat, bleibt – wie auf dem Meeresboden – eine Menge an Informationen, die sowohl für Fehler als auch zielführende Softwareprojekte relevant sind, nach wie vor unentdeckt. Eine wesentliche Herausforderung dabei ist, die nicht relevanten Informationen (quasi das „Rauschen“ aus den übermittelten Signalen) aus den gewonnenen Daten herauszufiltern. Es ist aber schon heute deutlich zu erkennen, dass auch hierbei der Einsatz von KI erhebliche Optimierungspotenziale bieten kann.

Bei der Interpretation empfiehlt es sich, die Gewichtung der einzelnen Messwerte zu variieren, um herauszubekommen, welcher Faktor in welcher Relation zum Ergebnis steht. Das ist ein mühevoller und langwieriger Weg und rechnet sich in der Regel nicht wenn man nur ein aktuelles Projekt zum Gelingen bringen will (und das gilt gerade dann, wenn es sich um ein kleineres Projekt handelt). Es gehört auch eine gewisse Erfahrung dazu, die einzelnen Daten in geeigneter Weise in Beziehung zu setzen und „zwischen den Zeilen lesen zu können“. So manche Daten in so manchen Testreports sind wahrer Zündstoff, deren Tragweite nicht genügend als Alarmsignale gewürdigt werden. Diese Maßnahmen mögen durchaus umfangreich und kostenintensiv erscheinen, rechnen sich aber langfristig und können zu einem erheblichen **Return on Invest** führen, um die Qualität deutlich zu erhöhen, bessere Produkte herzustellen und die Zufriedenheit von Kunden und Mitarbeitern nachhaltig zu steigern. Hier zeigt sich, wie wichtig es ist, dass Projektaktivitäten in Aufgaben der Linienorganisation zurückfließen und dort grundsätzlich für die gesamte Organisation verbessert werden. Dieser Rückfluss lässt häufig zu wünschen übrig.

Literatur

[DOWI2009]: Testaufwandsschätzung in der Softwareentwicklung, Eul-Verlag Lohmar 2009

31 Lessons Learned

Lessons Learned (deutsch „gewonnene Erkenntnisse“) ist ein Fachbegriff des Projektmanagements beziehungsweise des Wissensmanagements. Im Projektmanagement wird auch die Bezeichnung **Projekt-Retrospektive** verwendet.

Unter Lessons Learned versteht man die schriftliche Aufzeichnung und das systematische Sammeln, Bewerten und Verdichten von Erfahrungen, Entwicklungen, Hinweisen, Fehlern und Risiken aus Projekten. Deren Beachtung und Vermeidung kann sich als nützlich für zukünftige Projekte erweisen. Lessons Learned kann auch ein Teil der Projektabschlussdokumentation sein. In strukturierter, zugänglich archivierter Form, beispielsweise in einer **Projektdatenbank**, dienen die Ergebnisse der Vorbereitung ähnlicher Projekte. Die Betrachtung einer Anzahl solcher Dokumente über eine Reihe von Projekten hinweg kann zu Ideen führen, wie das Projektmanagement einer Organisation strukturell verbessert werden kann. Daher ist es vorteilhaft, zu Beginn eines neuen Projektes das Beachten der Lessons Learned vorangegangener Projekte verbindlich vorzuschreiben.

Der genaue Inhalt der Lessons Learned ist nicht normiert und hängt von der Situation des betrachteten Projekts ab. So enthalten die Lessons Learned eines Dienstleisters andere Informationen als die einer internen Entwicklungsabteilung. Auch die Behandlung der Ergebnisse ist abhängig vom Inhalt. So werden kritische Anmerkungen auf der Beziehungsebene wertvolle Hinweise für Folgeprojekte haben, aber kaum den Weg in eine strukturierte Datenbank mit unternehmensweitem Zugriff finden oder gar anderen Unternehmen (über beteiligte Lieferanten) kenntlich werden.

Lessons Learned ist mittlerweile fester Bestandteil im Projektportfoliomanagement.

F. Witte, *Fehlermanagement*, https://doi.org/10.1007/978-3-658-51918-6_31

31.1 Beispiele für Lessons Learned

Merkmal einer Lessons Learned ist, dass sie auf einer praktischen Erfahrung beruht und nicht theoretisch abgeleitet ist. Im richtigen Zusammenhang ist der Nutzen einer Lessons Learned deswegen sehr hoch, andererseits ist ihre Übertragbarkeit auf andere Situationen nicht gewährleistet. Ein Beispiel soll dies erläutern: Ein Techniker stellt fest, dass das Spannungsmessgerät XY bei Temperaturen unter dem Gefrierpunkt nicht mehr zuverlässig funktioniert, obwohl es dafür spezifiziert ist. Nun hängt es von der Situation ab, welche Lessons Learned er daraus ableitet. Dabei sind verschiedene Möglichkeiten denkbar:

- Wenn er für die Bedienung einer bestehenden Anlage, in der das Messgerät eingebaut ist, einen Hinweis geben will, könnte er formulieren: „Die angezeigten Spannungswerte sind unter 0 Grad Celsius unzuverlässig."
- Wenn er seine Kollegen informieren will, sagt er vielleicht: „Das Spannungsmessgerät XY entspricht nicht den Spezifikationen."
- Wenn er die Lessons Learned für weitere Produktentwicklungen formuliert, könnte sie lauten: „Auch Spezifikationen von Messgeräten müssen durch Tests überprüft werden."

Jede der drei Lessons Learned hat je nach Kontext ihren Wert, aber nur die dritte ist hinreichend allgemein, um auch in anderen Zusammenhängen eine sinnvolle Empfehlung zu geben.

31.2 Aspekte einer Lessons Learned

Typische Lessons Learned in Projekten betreffen unter anderem folgende Aspekte:

- Vermeidung von Fehlern
- Risiken, ihre Auswirkungen, ihre Eintrittswahrscheinlichkeiten und Maßnahmen zu ihrer Bewältigung
- Maßnahmen zur Sicherung der Produktqualität
- Nutzung von Chancen
- Effizienz der Projektorganisation (z. B. Entscheidungsprozesse)
- Effizienz des Projektmanagements (z. B. Methoden) [PMLL2026]

Wenn ein Lessons Learned als Alibiveranstaltung abgehalten wird und nur vereinzelte Mitarbeiter, die teilweise nur am Rande an der täglichen operativen Umsetzung im Projekt beteiligt waren, für 30 Minuten eingeladen werden, ist der Nutzen überschaubar. Diese Form von Lessons Learned habe ich leider mehrmals schon selbst in unterschiedlichen Unternehmen erlebt. Hier lag der Wunsch nach Schönfärberei zugrunde; die wahren Ursachen wollte man gar nicht sehen sondern die Misserfolge während der Projektlaufzeit möglichst schnell vergessen und verdrängen. Auch wenn nur ein Mitarbeiter ein Dokument in die Runde verteilt mit der Bitte um Anmerkungen und das Feedback nicht aktiv eingefordert und vor allem nicht im Detail ausgewertet wird (und da kommt es auch auf die Aussagen „zwischen den Zeilen“ an), ist das Vorgehen nicht zielführend.

Für die Etablierung einer Fehlerkultur muss Kritik erlaubt sein und darf nicht abgebügelt werden. Das gilt im Besonderen für Lessons Learned.

Die Bewertung von Fehlern nach Einführung des Softwareprodukts gehört ebenfalls zu Lessons Learned. Das verhilft zu einem umfassenderen Einblick in das Produkt. Daher kann es sinnvoll sein, bei langen Projekten das Lessons Learned nach einer definierten Projektphase durchzuführen, um aus den gewonnenen Erkenntnissen den weiteren Verlauf des aktuellen Projekts zu optimieren.

31.3 Vorgehensweise bei der Durchführung von Lessons Learned

Folgende Methode für Lessons Learned empfiehlt sich, um die gesamte Projektstrecke zu begleiten. Diese Vorgehensweise beinhaltet vier Phasen (siehe auch Abb. 31.1):

- Teaminformation und Teamfindung
- Sammelphase
- Workshop-Vorbereitung
- Workshop-Durchführung und Analyse

Abb. 31.1 Phasen beim Lessons Learned

Phase der Teaminformation und Teamfindung

In dieser Phase wird das Projektteam informiert, dass ein Lessons Learned geplant ist und wer aktiv daran beteiligt ist. Wichtig ist insbesondere, dass sich niemand ausgeschlossen fühlt.

Phase der Sammlung von Erkenntnissen

Während des gesamten Projektes besteht die sogenannte **Sammelphase**. In diesem Zeitraum ist jeder aktiv Beteiligte dazu angehalten, Erkenntnisse, Erlebtes, Wahrnehmungen etc. – positive wie auch negative – festzuhalten. Es ist die Ansammlung der Informationen, die in dem folgenden Lessons Learned Workshop Relevanz haben können. Um die Informationssammlung einfacher zu gestalten, ist ein sogenanntes **Log-Buch** hilfreich. Dort können die aktuellen Begebenheiten aus dem Projekt notiert werden. Dies muss nicht detailliert erfolgen, sollte dennoch die Situation kurz widerspiegeln.

Phase der Workshop-Vorbereitung

Neben dem Organisatorischen wie Workshop-Materialien, Raumreservierung etc. ist zentral der Inhalt und Ablauf vorzubereiten. Dabei ist zu klären, welche Themen im Workshop behandelt werden sollen, um den höchsten Nutzen und die größte Relevanz zu erhalten.

Hier ist es ratsam, dass der Organisator des Lessons Learned Meetings eine Vorauswahl von Themen trifft, die Schlüsselerlebnisse im Projekt waren. Genau das sind dann die Themen, die im Workshop gezielt behandelt werden.

Für die Auswahl der geeigneten Themen eignen sich Gespräche mit den Beteiligten im Vorfeld des Workshops, bei denen das Log-Buch zur Hilfestellung eingesetzt wird. Dadurch hat jeder aktiv Beteiligte eine Sammlung geeigneter Themen zur Auswahl. Aus diesen Gesprächen filtert man dann schlussendlich die brisantesten und am häufigsten genannten Begebenheiten heraus. Wichtig hierbei ist, ein gutes und ausgewogenes Gemisch zwischen positiven und negativen Aspekten zu erhalten, da Lessons Learned beide Bereiche umfasst. Das gilt auch für Projekte, die in der allgemeinen Stimmungslage als sehr negativ und herausfordernd empfunden wurden, da sonst die Motivation und die Perspektive für Verbesserungen zu wenig gewürdigt werden.

Phase der Workshop-Durchführung und Analyse

Am Workshop sollten aktive beteiligten Personen, Projektleiter, Stakeholder (optional, aber das schafft Transparenz und Vertrauen) teilnehmen:

Für die Vorbereitung eines Lessons Learned Workshops sind die Projektmitglieder einzuladen, eine Agenda aufzustellen und geeignete Fragen zu formulieren. Die Moderation sollte unbedingt von einem projektfremden Mitarbeiter mit Moderationserfahrung mit Hilfe geeigneter Techniken vorgenommen werden, um größtmögliche Neutralität zu gewährleisten und den Workshop unvoreingenommen leiten zu können. Eine Präsenzveranstaltung ist für diesen Zweck auf jeden Fall erforderlich, da man sonst Emotionen und nonverbale Signale nicht ausreichend wahrnehmen kann. Die aktuelle Stimmung im Team wahrzunehmen ist eine wichtige Aufgabe für das Management, um aus Fehlern lernen zu können und die Qualität damit nachhaltig zu optimieren. Auch die Wahrnehmung der Körpersprache ist dafür wichtig.

Erfahrungsgemäß sollte mindestens ein halber, besser ein kompletter Arbeitstag für ein Lessons Learned vorgesehen werden. Sehr gut eignen sich Termine mit anschließender Übernachtung oder Weihnachtsfeier.

Anbei ein Beispiel einer geeigneten Agenda.

- Begrüßung und Projektvorstellung: Vorstellung des Projekts durch den Moderator, Ziele und Meilensteine des Projekts
- Vorstellungsrunde und Erwartungen: Eigener Anteil am Projekt jedes Teilnehmers, Formulierung von Erwartungen an den Workshop
- Einleitung: Grund des Lessons Learned, Initiator, geleistete Vorarbeiten, Fokus und Ziel des Workshops
- Reglement: Es sollte von der Moderation klar kommuniziert werden, dass man in Lösungen denken soll, Ich-Botschaften aussenden („was würde mir weiterhelfen"), auf Schuldzuweisungen verzichten und den Teamgedanken betonen (Hierarchiestufen sind für den Workshop aufgelöst)
- Emotionen: Feststellung der Stimmung der Beteiligten, ggf. durch eine Zahlen-Skala, als grobe intuitive Bewertung des Projekts
- Themendarstellung: Skizzierung der einzelnen Themenbereiche. Diese Themenbereiche dienen als roter Faden durch den Workshop sollte durch Feedback der Teilnehmer angereichert werden.
- Themenanalyse und Empfehlungen: In diesem zentralen Teil des Workshops werden die einzelnen Themen betrachtet und Handlungsempfehlungen für die Zukunft erarbeitet. Folgende Leitfragen sind dabei zu nutzen:
  - Ursache: Wie ist es zu dieser Situation gekommen? Was war ausschlaggebend?
  - Auswirkung: Was war die Folge, das Ergebnis, die Konsequenz?
  - Handlungsempfehlung: Was war gelungen, was hätte optimiert werden können?

Dieser Themenbereich kann im gesamten Plenum oder in Kleingruppen abgewickelt werden. Handlungsempfehlungen entstehen nicht nur aus negativen Situationen. Es gibt auch erfolgreiche Ereignisse/Begebenheiten in einem Projekt, die zukünftig weiterempfohlen werden dürfen. Es gibt dafür keine Musterlösung. Lessons Learned dient dazu, kreative, umsetzbare Lösungen aus der Praxis heraus zu erarbeiten und Aspekte und Möglichkeiten zu eruieren, die nicht aus dem Lehrbuch kommen.

- Resultat: Ergebnisse der Themendarstellung werden im Plenum klar formuliert und anschließend dokumentiert. Ziel ist, dass jede Handlungsempfehlung für jeden Teilnehmer schlüssig, sinnvoll und einsatzfähig ist und das gesamte Team mit der Vorgehensweise einverstanden ist. Die Handlungsempfehlungen können für spätere Phasen oder künftige Projekte eingesetzt und dadurch evaluiert werden.

- Weiteres Vorgehen und Transfer: Vereinbarung von Folgemeetings und Planung weiterer Aktivitäten
- Feedback-Runde: Feedback der Teilnehmer über den Workshop, Vergleich mit den Erwartungen zu Beginn des Workshops [PMLP2026]

Im persönlichen Austausch auch am Rande des Lessons Learned erfährt man oft wertvolle Hinweise über Wahrnehmungen einzelner Mitarbeiter im Projekt und Probleme, die im formalen Teil höchstens am Rande gestreift werden. Es empfiehlt sich ein informeller Abschluss des Workshops (also z. B. ein gemeinsames Abendessen) um die Stimmungslage zu erkunden und zu verbessern. Projektmanagement bedeutet immer auch Psychologie.

Literatur

[PMLL2026]: https://www.projektmagazin.de/glossarterm/lessons-learned, zugegriffen am 06.01.2026
[PMLP2026]: https://www.theprojectgroup.com/blog/lessons-learned-im-projektmanagement/, zugegriffen am 06.01.2026

Kontinuierliche Verbesserung 32

Der **kontinuierliche Verbesserungsprozess** (**KVP**, auch **CIP- Continuous Improvement Process** genannt) ist eine Strategie des **Qualitätsmanagements**, dessen Ziel es ist, die Produktionsprozesse ständig in kleinen Schritten hinsichtlich ihrer Wertschöpfung, Effizienz aber auch Sicherheit und Messbarkeit zu verbessern [DERS2026]. Der Zeitpunkt der Entdeckung der Abweichung ist in diesem Zusammenhang von entscheidender wirtschaftlicher Wichtigkeit. Nachdem durch Vorgaben des Qualitätsmanagements zunächst einmal definiert wurde, wie ein Fehler definiert ist (z. B. das Vorliegen von Messergebnissen außerhalb einer bestimmten Toleranz) wird der Prozess in regelmäßigen Abständen oder sogar permanent überwacht und ein Soll-/Ist-Vergleich vorab festgelegter Prozesskenngrößen gefahren. In diesem Rahmen muss die gesamte Wertschöpfungskette betrachtet werden, denn ein Fehler wird umso teurer, je später er entdeckt wird.

32.1 Analyse von Prozessabweichungen

Die sogenannte „Zehnerregel der Fehlerkosten" aus dem KVP besagt, dass sich die Kosten der Fehlerbehebung mit jedem Prozessschritt, in dem der Fehler entdeckt wird, verzehnfachen wobei gleichzeitig die Möglichkeit Abstellmaßnahmen einzuleiten im gleichen Faktor abnimmt.

Aus der Zehnerregel der Fehlerkosten lässt sich ableiten, dass ein frühzeitiges Erkennen von Prozessabweichungen sowohl die Möglichkeiten der Einflussnahme erhöht als auch enormes Einsparpotenzial bietet.

Verschiedene Werkzeuge der Fehleranalyse bieten die Möglichkeit, nicht nur Ursachenforschung zu betreiben, sondern Fehler auch nach ihrer Häufigkeit, Komplexität und Auswirkung zu kategorisieren.

F. Witte, *Fehlermanagement*, https://doi.org/10.1007/978-3-658-51918-6_32

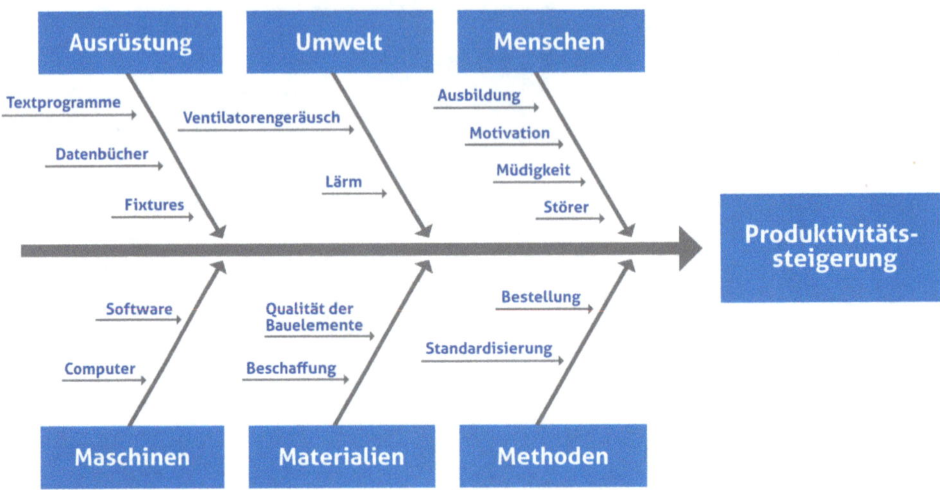

Abb. 32.1 Ishikawa-Diagramm

Das **Ishikawa-Diagramm** (oder **Fischgräten-Diagramm**, benannt nach dem japanischen Wissenschaftler Kaoru Ishikawa, siehe Abb. 32.1) bietet beispielsweise eine Übersicht aller Faktoren, die Einfluss auf die Qualität eines Prozesses haben:

Das Ishikawa-Diagramm findet in unterschiedlichen Bereichen Anwendung:

- systematische und vollständige Ermittlung von Problemursachen
- Analyse und Strukturierung von Prozessen
- Visualisierung und Gewichtung komplexer Strukturen (Ursache-Wirkungs-Geflechte)
- Erörterung von Problemstellungen innerhalb eines Teams (Brainstorming in einer Gruppe oder einem Team)

Die Erstellung des Ursache-Wirkungs-Diagramms erfolgt idealerweise im Team, um möglichst viele Sichtweisen und Einblicke hinsichtlich des Problems abzubilden. Nach der erfolgreichen Erstellung des Fischgräten-Diagramms lässt sich dieses dazu nutzen, konkrete und effiziente Maßnahmen zur Problemlösung zu erarbeiten [PERS2026].

32.2 Umsetzung des Fehlermanagements zur kontinuierlichen Verbesserung

Bildhaft gesprochen sind Fehler Unkrautgewächse im Garten und Rasen Qualität. Um den Rasen zu erhalten, ist es nicht ausreichend über das Unkraut drüber zu mähen, denn dann wächst es nach. Das Unkraut wird mitsamt der Wurzel beseitigt um dem Rasen mehr Platz zum Wachsen, kurz, mehr Qualität zu geben.

Die Umsetzung dieses Prozesses erfolgt in vier Schritten:

1.Schritt: Ermitteln und planen
Beginnend mit der Vorgabe des Soll-Zustandes, also den Spezifikationen, besteht die Aufgabe des Fehlermanagements darin, im ersten Schritt vorrausschauend zu planen und im Idealfall auf bereits vorhandenes Wissen zuzugreifen:

- Welche Fehler können auftreten?
- Wie kann man diese Fehler systematisch vermeiden?
- Welche Methodik steht zur Verfügung?

Dabei sind Fehlerstellen anhand von Quellen ausfindig zu machen: Reklamationen, Fehlermeldungen oder auch Lessons Learned können hier helfen. Auch Fehler, die bereits in der Vergangenheit passiert sind, können zur Fehlerprävention in Produkten oder Prozessen dienen. Eine FMEA-Software mit Vermeidungsmaßnahmen nimmt eine zentrale Stellung zur effektiven Fehlervermeidung ein.

Auch der **8D-Report** ist ein geeignetes Element zur strukturierten Planung. Ein 8D-Report (**8-Disziplinen-Report** als Ergebnis der **8D-Methode**) ist ein strukturiertes Dokument, das zur Problemlösung in Unternehmen verwendet wird, insbesondere in der Reklamationsbearbeitung. Er ist ein Teil des Qualitätsmanagements und dient der systematischen Analyse und Lösung von Problemen. Das Ziel ist, Fehler nicht nur zu beheben, sondern auch die Ursachen zu identifizieren und Maßnahmen zu ergreifen, um ein Wiederauftreten zu verhindern. Im 8D-Report werden die Art der Beanstandung, Verantwortlichkeiten und Maßnahmen zum Beheben des Mangels festgeschrieben. Die 8D-Methode kann vor allem dann angewendet werden, wenn die Ursache eines Problems unbekannt ist oder belegt werden muss und die Lösung des Problems über die Kenntnisse einer Einzelperson hinausgeht, also ein Team (aus zum Beispiel verschiedenen Abteilungen) benötigt wird.

Die 8D-Methode kann nur dann wirksam funktionieren, wenn der 8D-Report das Fortschreiten der Verbesserungsbemühungen zeitnah dokumentiert und als Arbeitsmittel zur Reklamationsbearbeitung genutzt wird. Fälschlicherweise wird ein 8D-Report oft erst aus formalen Gründen nach Abschluss einer Reklamation erstellt, da der Kunde solch einen Report fordert.

Der 8D-Report besteht wiederum aus 8 Schritten, die sich im PDCA-Zyklus teilweise wiederfinden:

- D1: Teamzusammenstellung zur Problemlösung
- D2: Problembeschreibung
- D3: Sofortmaßnahmen
- D4: Ursachenanalyse
- D5: Auswahl und Verifizierung der Abstellmaßnahmen
- D6: Einführung und Bewertung der Abstellmaßnahmen
- D7: Vermeidung der Fehlerwiederholung
- D8: Abschluss und Würdigung der Teamleistung

2.Schritt: Überprüfen und abgleichen

Basierend auf der Ausgangsbasis der Soll-Vorgabe wird überprüft, ob die Planung zur Fehlervermeidung greift und wie die Wirklichkeit aussieht:

- Sind die Fehlervermeidungsstrategien angemessen?
- Greifen die Vermeidungsmechanismen, um wenigstens entsprechende Risiken zu beherrschen?
- Treten die Fehler dennoch auf bzw. können sie überhaupt auftreten?

Dazu müssen vorgegebene Kennzahlen und die Wirksamkeit von Vermeidungsstrategien geprüft werden, indem der Ist-Zustand mit dem Soll-Zustand abgeglichen wird. Treten beispielsweise Reklamation auf? Lassen sich aus diesen Reklamation Muster bzw. Fehlersystematiken erkennen? Wenn das zutrifft, konnten Fehler anhand des aktuellen Wissenstands nicht vermieden werden und die Fehlervermeidung ist gescheitert. In diesem Fall liegt eine deutliche Differenz zwischen dem Soll- und Ist-Zustand vor. Auch Audits spielen im Fehlermanagement eine wichtige Rolle, sowohl in der Planung als auch für Überprüfung und Durchführung des Audits. Festgestellte Abweichungen geben beim Prozessaudit die Wirklichkeit wieder, wie der Prozess optimal sein sollte und wie er in Wirklichkeit im Unternehmen gelebt wird.

3.Schritt: Auswerten und bewerten

In diesem Schritt wird die eigene Umsetzung bewertet: Sind Planung und Annahme aus Schritt 1 wirklich komplett und erschöpfend? Können evtl. Sachverhalte eintreten, die bisher noch gar nicht berücksichtigt wurden? Sind bereits neue Fehler aufgetreten, die im Vorhinein noch gar nicht bedacht wurden?

4.Schritt: Ergreifen und handeln

Sind Abweichungen aufgetreten, besteht die nächste Aufgabe des Fehlermanagements darin, das wiederholte Auftreten von neuen wie bekannten Fehlern sowie deren Entstehung systematisch zu vermeiden. Dabei ist zu prüfen, welche Tätigkeiten und Vermeidungsmaßnahmen dazu eingesetzt werden müssen. Diese Erkenntnisse können erneut mithilfe einer FMEA-Software verarbeitet werden, um Fehler in Produkten und Prozessen präventiv zu vermeiden. Auch die Disziplinen D5, D6 und D7 im 8D-Prozess können hilfreiche Tools sein.

Der PDCA-Zyklus

Für ein erfolgreiches Fehlermanagement bietet der **PDCA-Zyklus** (siehe Abb. 32.2) eine sinnvolle Orientierung:

P: Plan: Die Soll-Vorgabe gibt die Planung für die weiteren Methoden und entsprechenden Tools vor, z. B. APQP, FMEA, PLP/Prüfplan, Audit.

D: Do: Die Realität wird mit der Planung überprüft bzw. abgeglichen, z. B im Wareneingang und -ausgang oder mit **SPC (statistische Prozesslenkung)** und **Erstbemusterung**.

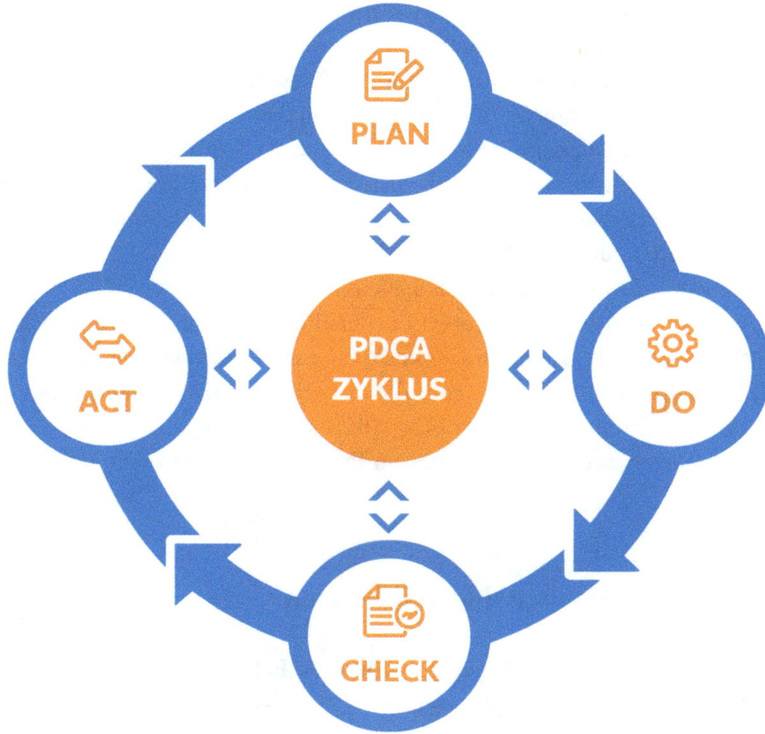

Abb. 32.2 PDCA-Zyklus

C: Check: Gibt es Differenzen zwischen Soll und Ist? Das kann anhand von Regelkarten, Auswertungen und vorgegebenen Kennzahlen, Reklamationen sowie aussagekräftigen Audits festgestellt werden.

A: Act: Sind Fehler aufgetreten, muss im Sinne einer zielgerichteten Fehlerbehebung gehandelt werden, um das wiederholte Auftreten solcher Fehler zu vermeiden, z. B. mit dem Maßnahmenmanagement bzw. FMEA-Vermeidungsmaßnahmen?

Dieser Qualitätsregelkreis ist auf der ständigen Suche nach Fehlern, ihren Ursachen und nachhaltigen Lösungen. Dadurch kann eine stetige Verbesserung der Prozesse und somit ein nachhaltiger Unternehmenserfolg erzielt werden.

Im Zusammenhang mit dem PDCA-Zyklus ist die **A3-Methode** (auch **A3-Report** genannt) zu erwähnen. Es handelt sich dabei um eine bewusst einfach gehaltene formularartige Dokumentenvorlage, die zur Identifizierung und Lösungsfindung von Problemstellungen im Qualitätsmanagement eingesetzt wird. Sie dient der Prozessplanung und -optimierung und beinhaltet neben Bildern auch Diagramme und Graphiken, um ein besseres Verständnis der zu analysierenden Informationen zu ermöglichen.

Der Name geht auf das dabei verwendete DIN-A3-Papierformat zurück, das eine übersichtliche und ausreichende Darstellung des Problems und seiner Lösungsansätze ermöglicht. Der A3-Report ist ein Qualitätsmanagement-Werkzeug, das im kontinuierlichen

Verbesserungsprozess zur Erarbeitung von Verbesserungsvorschlägen und Steigerung der Wettbewerbsfähigkeit eines Unternehmens verwendet wird.

Neben Texten enthält die A3-Methode auch Diagramme und andere grafische Elemente, um Informationen anschaulich darzustellen und ein vertieftes Verständnis von Zusammenhängen zu ermöglichen. Dieses Grundmuster wird in der Regel im Qualitätsmanagement verwendet. In diesem Bereich hilft es bei der Identifizierung von Problemstellungen und bei der Lösungsfindung und dient so der Prozessplanung und -optimierung.

Mitarbeiter werden durch den Einsatz des A3-Reports befähigt, Unstimmigkeiten selbst zu erkennen, die Ursachen zu analysieren und Ansätze zur Behebung zu entwickeln – sowie, im besten Fall, das Problem nachhaltig zu lösen. Der A3-Report hebt sich von anderen Methoden ab, da er den Denkprozess zur Problemlösung transparent macht: Wer ihn einsetzt, durchläuft nacheinander die einzelnen Analyse- und Handlungsschritte zur Problemlösung. Damit wird die Problematik besser verstanden. Auf dieser Grundlage können dadurch nachhaltige Lösungen für ein Problem entworfen und umgesetzt werden [REFA2026].

32.3 Umwandlung von Fehlern in Wissen

Ein systematisch wie methodisch gut durchdachtes Fehlermanagement kann nicht nur dazu genutzt werden, um durch Optimierung der Prozesse das wiederholte Auftreten von Fehlern zu vermeiden, sondern darüber hinaus, innerhalb der Optimierungsmaßnamen wertvolles Wissen zu gewinnen.

Ausgangsposition sind Planung und Annahme, die vorhandene **Wissensbasis** und die FMEA. In den Prozess FMEAs ist bereits alles enthalten, was in die Planung miteinbezogen werden muss: Was kann hier an Fehlern auftreten und was muss wo und wie beachtet werden? 8D nutzt dieses Wissen durch die Überprüfung der Wirklichkeit in Form von 8D-Prozessen, z. B. das Auftreten berechtigter Reklamationen, und greift auf die FMEA zu (z. B. durch Fehlerkataloge). Neue Fehler liefern dabei neues Wissen, dass im späteren Verlauf wieder als Wissensbasis und bei der FMEA genutzt werden kann. Werden bereits bekannte Fehler ermittelt, erkennt man, dass das bisherige Fehlermanagement zur Fehlerentdeckung Lücken aufweist, denn diese Fehler sollten laut Wissenstand des FMEA ja gar nicht auftreten. Um herauszufinden, wo der Fehler liegt, muss die Differenz zwischen dem Soll- und Ist-Zustand neu bewertet werden. Im Idealfall werden direkt neue Fehlerquellen aufgedeckt, die bisher gar nicht erkannt waren und für deren Vermeidung folglich auch keine Maßnahme geplant wurde. Dadurch kann ein neues, verbessertes Maßnahmenmanagement entwickelt werden.

Der 8D-Prozess ist das letzte Element in der Wirksamkeitsbestätigung der Maßnahmen zur Fehlervermeidung: Findet diese Maßnahme berechtigte Reklamationen, also Fehler und deren Ursachen, so kann man daraus aussagekräftige Rückschlüsse über die Qualität der Wirksamkeit der bisherigen Maßnahmen gewinnen. Entdeckung wie auch Vermeidung von Fehlern ist diesem Fall nicht allzu wirksam. Dennoch sind die Entdeckungsmaßnahmen (das Prüfen mithilfe der Prüfpläne in der FMEA) ein Indikator für die Wirksamkeit der eingeleiteten Vermeidungsmaßnahmen [PEAK2026].

Auch hier gilt: Je mehr Wissen im Unternehmen gesammelt und angemessen archiviert wird, desto besser kann man es für zukünftige Optimierungsmaßnahmen nutzen.

Literatur

[DERS2026]: https://de.rs-online.com/web/content/discovery-portal/produktratgeber/fehlermanagement, zugegriffen am 06.01.2026

[PEAK2026]: https://www.peakavenue.de/news-events/blog/detail/fehlermanagement, zugegriffen am 06.01.2026

[PERS2026]: https://www.personio.de/hr-lexikon/ishikawa-diagramm/, zugegriffen am 06.01.2026

[REFA2026]: https://refa.de/service/refa-lexikon/a3-methode-a3-report, zugegriffen am 03.02.2026

Nachwort

Der Softwaretest dient der Qualitätssicherung und der Minimierung von Fehlern nach Produktauslieferung. Dafür ist ein effizientes Fehlermanagement von zentraler Bedeutung, um Produkte zu verbessern. Es gibt zahlreiche Optionen und Parameter, um diesen Prozess zu beschleunigen und die Zahl der Fehler zu minimieren.

Auf die Notwendigkeit einer gesunden Fehlerkultur wurde in diesem Buch an verschiedenen Stellen bereits hingewiesen. Fehler müssen nicht nur erlaubt sein. Fehler müssen sogar erwünscht sein, weil nur durch Versuch und Irrtum entstehen Innovationen und man erkennt, welche Parameter in welcher Ausprägung für den Erfolg eines Produkts (und damit im Endeffekt auch für den Erfolg eines Unternehmens) zu welchen Anteilen erfüllt sein müssen.

Neugier ist der Beginn von Fortschritt. Doch es braucht Mut der eigenen Neugier zu folgen, denn in der Geschichte ging es anfangs oft schief. So zahlten Pioniere wie Otto Lilienthal oder Marie Curie ihren Fortschrittswillen mit dem Leben. Doch ihre Neugier legte den Grundstein für die Welt, in der wir heute leben.

Außerdem provoziert Neugierde Skeptiker. Die ersten Schritte geht man oft allein im Gegenwind der Tradition. So war es auch mit der Erfindung digitaler Medien, die die Digitalisierung einleiteten Computer? Wofür sollte das gut sein? In einem virtuellen Raum einkaufen? Noch vor 30 Jahren war das unvorstellbar. Mit Hilfe künstlicher Intelligenz einen höheren Ernteertrag erwirtschaften? Vielerorts heute immer noch ein Grund die Augenbrauen hochzuziehen. Und dennoch sind diese Dinge vielerorts mittlerweile Standard.

Das Digitalzeitalter ist hier und wem das nicht gefällt, der wird auf kurz oder lang ein Problem haben, denn vieles wird der Digitalisierung „zum Opfer fallen". Neugierige Unternehmen werden im digitalen Zeitalter durch Fortschritt, Erfolg und dem Neid ihrer Wettbewerber belohnt. Neugier schafft Erkenntnis und Wissen ist im Digitalzeitalter wichtiger als jemals zuvor. Neugier und der Mut neue Wege zu gehen, erhöhen die Gefahr zu Scheitern. Gerade in der jetzigen Zeit, in der Innovationen im Umfeld der künstlichen Intelligenz an Fahrt aufnehmen, sind neue Wege gefordert, und es wird dabei auch

F. Witte, *Fehlermanagement*, https://doi.org/10.1007/978-3-658-51918-6

Rückschläge und Fehler geben. In vielen Unternehmen unserer Leistungsgesellschaft werden Fehler heute immer noch mit Versagen gleichgesetzt, was sich teilweise drastisch auf die Zusammenarbeit mit dem Kunden auswirkt. Fehler werden vertuscht oder verschwiegen, was weitreichende Folgen haben kann, vor allem in Hinblick auf die Vertrauensbasis. Scheitern ist ein wichtiger Bestandteil des Lernprozesses, durch den man sich selbst weiterentwickelt und das Unternehmen vorantreibt. Diese Sichtweise setzt sich seit einiger Zeit auch auf dem deutschen Arbeitsmarkt durch. Eine offene Fehlerkultur macht aus Unternehmen zeitgemäße Arbeitgeber und steigert ihre Attraktivität bei Fachkräften, wodurch sie auf nationaler wie auch auf internationaler Ebene wettbewerbsfähig bleiben. Nur wer Fehler offen kommuniziert, akzeptiert und angemessen und umfangreich analysiert bekommt Erkenntnisse zur Verbesserung [IFHK2026].

Fast überall in deutschen Unternehmen hat sich das Mantra verbreitet, dass man sehr viel falsch machen muss, um erfolgreich zu sein. In schicken bunten Bürolandschaften trifft man auf Change-Gurus, die den Betrieb mit agilen Arbeitsweisen umkrempeln wollen. Führungskräfte legen vor Betreten der „Zukunftslabore“ symbolisch die Krawatten ab. Angeblich, so das Credo einer von der Start-up-Mentalität abgeleiteten Denkweise, gibt es ohne Scheitern keine Innovation. Mitarbeiter und Manager lernen, den Fehler zu umarmen und Vorstände, die jahrzehntelang auf Zero-Fehlertoleranz gesetzt haben, sollen plötzlich den Fehler lieben lernen. Kann das gut gehen? Eher nicht.

Häufig verläuft der hippe Ansatz im Sand der Projektmacherei. Oder die von oben verordnete Fehlerkultur löst enormen internen Druck unter Mitarbeitern aus – gerade bei den erfahrenen Jahrgängen und gerade in konservativen Branchen wie zum Beispiel der Finanzwelt. Denn Fehler sind nun mal seit unserer frühen Kindheit mit negativen Assoziationen verknüpft, mit Versagen, Ängsten und dem reflexartigen Suchen nach dem Schuldigen. Keiner macht freiwillig Fehler und niemand möchte zugeben, falsch gelegen zu haben. Es ist nicht disruptiv, Scheitern zur Religion zu überhöhen: Aus Schaden wird man nicht automatisch klug. Wenn jeder, der scheitert, automatisch erfolgreich wäre, gäbe es nur Gewinner.

Die Erlaubnis, Fehler zu machen, ist weder die Bedingung für den Erfolg, noch das einzige Mittel. Fehlerkultur muss wachsen, und kann nicht per Dienstanweisung von oben eingeführt werden.

Eine Bank oder eine Versicherung fit für die Zukunft zu machen, ist immer auch ein emotionaler Prozess. Deswegen sollte man zuerst einen Fehler beenden: den Begriff der Fehlerkultur zum neuen Management-Leitbild zu erheben. Think positive: Meistens lernen Menschen zu wenig aus ihren Erfolgen und analysieren diese im Vergleich zu ihren Fehlschlägen deutlich zu wenig.

Doch wie gelingt Veränderung? Wie erzeugt man positive Aha-Effekte, um den Weg freizumachen für neue Ideen? Natürlich kann man aus Fehlern lernen. Man soll das auch tun. Nur im richtigen Rahmen und mit einem definierten Ziel. Es muss definiert sein, wo Fehler punktuell erlaubt sind und wo sie unbedingt vermieden werden müssen. Während der Transformation eines Unternehmens braucht man klar definierte Spielfelder, einen geschützten Raum, in denen neue Ideen nach dem Prinzip Trial and Error ausprobiert werden können. Ein Freiraum, in dem Scheitern ohne Sanktionen möglich ist. Wenn daraus etwas Brauchbares entsteht, wunderbar. Wenn nicht, nächstes Projekt, weitermachen. Daraus – und darauf muss es heute ankommen – entsteht eine positive Transformationskultur, die die kontinuierliche Weiterentwicklung zum Ziel hat.

In der Antike benutzte man eine Schreibtafel, die in der Form an heutige Tablets erinnert. Auch das Wischen kannte man schon. Wenn die wachsüberzogene Schicht vollgeschrieben war, schabte man die Schrift einfach ab. Daher kommt der Ausdruck des „Tabula rasa machen". Alles auf Anfang, neu beginnen mit einem unbeschriebenen Blatt. Davon inspiriert ist das TABULARAZA, ein kreativer Ort für digitale Transformation, in den Mitarbeiter von Sparkassen, Banken und Versicherungen zu Workshops eingeladen werden. Was erwartet der Kunde? Wie sieht das Banking und die Versicherung im Jahr 2030 oder 2040 aus? In Hamburg, im achten Stock eines unscheinbaren Bürohauses mit Blick auf die Elbphilharmonie wird mit den Vorständen und Führungskräften eine gemeinsame Vision für Morgen entwickelt und erprobt. Mit Freude an der Lösung von Problemen. Pragmatisch, vernünftig, kritisch. Nicht mehr und nicht weniger: Verstehen, erleben und kreieren. Testbare Prototypen erarbeiten und dabei Schwachstellen und Stärken erkennen. Ein Gespür dafür zu bekommen, unter welchen Umständen welches Handeln richtig ist.

Beim gemeinsamen Ringen um den richtigen Weg geht es längst nicht mehr darum, Fehler zu machen oder zu unterlassen, sondern um viel mehr: um die Zukunft. Wer heute im Vorstand einer Bank oder anderswo die Transformation als Thema nicht erkannt hat, hat wahrscheinlich einen Fehler gemacht. Und wer glaubt, ohne Fehler zu sein, endet vermutlich bald einsam: ohne Kunden [ZEBC2026].

In der heutigen schnelllebigen und komplexen Welt, in der sich die Industrien ständig weiterentwickeln, kann die Bedeutung eines proaktiven Fehlermanagements nicht hoch genug eingeschätzt werden. Fehler, ob sie durch menschliche Faktoren, technisches Versagen oder organisatorische Prozesse verursacht werden, können schwerwiegende Folgen für Unternehmen und Industrien als Ganzes haben. Proaktives Fehlermanagement bedeutet, potenzielle Fehler zu antizipieren und proaktive Maßnahmen zu ihrer Vermeidung zu ergreifen. Der Ansatz des proaktiven Fehlermanagements umfasst die Entwicklung von Systemen und Prozessen, die Einführung strenger Qualitätskontrollmaßnahmen und die Förderung einer Kultur der kontinuierlichen Verbesserung und des Lernens innerhalb der Organisation. Mitarbeiter auf allen Ebenen werden ermutigt, potenzielle Fehler zu erkennen und zu melden, wodurch das Gefühl der Eigenverantwortung für die Fehlervermeidung gefördert wird. Der Übergang zu einem proaktiven Fehlermanagement erfordert einen umfassenden Ansatz. Aus technischer Sicht können Unternehmen fortschrittliche Werkzeuge und Technologien wie Automatisierung, künstliche Intelligenz und prädiktive Analysen nutzen, um potenzielle Fehler zu erkennen und Risiken in Echtzeit zu minimieren. Bei den menschlichen Faktoren geht es darum, ein sicheres und psychologisch geschütztes Arbeitsumfeld zu schaffen, in dem sich die Beschäftigten wohl fühlen, wenn sie Fehler melden und ohne Angst vor Repressalien zur Fehlervermeidung beitragen können.

Durch den Übergang zu einem proaktiven Fehlermanagement können Strategien entwickelt werden, um Fehler zu erkennen, bevor sie auftreten, um den Projekterfolg zu sichern und Verzögerungen zu vermeiden. Dies kann durch das Team in Zusammenarbeit mit dem Projektmanager und in Verbindung mit Technologie und Datenanalyse erreicht werden. Auf diese Weise können Unternehmen ihre Effizienz steigern, einen Wettbewerbsvorteil erzielen und langfristig in ihren jeweiligen Branchen erfolgreich sein [IAPM2026].

Literatur

[ZEBC2026]: https://share.google/3evbKPC7HMSLaNNOo, zugegriffen am 06.01.2026
[IFHK2026]: https://www.ifhkoeln.de/aktives-fehlermanagement-ist-der-schluessel-eines-erfolgreichen-entwicklungsprozesses-interview-mit-be-inside-sponsoring-partner-dotsource/, zugegriffen am 06.01.2026
[IAPM2026]: https://www.iapm.net/de/blog/richtiges-fehlermanagement/, zugegriffen am 06.01.2026

Stichwortverzeichnis

F. Witte, *Fehlermanagement*, https://doi.org/10.1007/978-3-658-51918-6

Zeitfracht Medien GmbH
Ferdinand-Jühlke-Straße 7
99095 Erfurt, Deutschland
produktsicherheit@kolibri360.de